KB057353

개인회생, 파산·면책

이렇게 신청하세요!

저자 조희진

법문북스

머 리 말

요즈음 중동 및 북유럽지역에서 일어난 전쟁상태로 세계적인 경제 불황과 코로나19 사태가 끝났지만 고금리와 고물가로 인하여 많은 개인과 기업들이 경제적 어려움을 겪고 있습니다. 이에 따라 국내 경제도 어려움으로 인하여 급여소득자 및 영업소득자 들은 과도한 빚을 지게 되고 이를 변제치 못하게 되어 여러 금융권에서 대출을 받아 돌려 막기를 하다 보니 결국 파산의 위기에 직면하고 있는 사람이 급격하게 증가하게 되어 법원에 회생 및 파산을 신청하는 사례가 매년 증가하고 있습니다.

개인회생제도는, 재정적 어려움으로 인하여 파탄에 직면하고 있는 개인채무자로서 장래 계속적으로 또는 반복하여 수입을 얻을 가능성이 있는 자에 대하여 채권자 등 이해관계인의 법률관계를 조정함으로써 채무자의 효율적 회생과 채권자의 이익을 도모하기 위하여 마련된 절차로서, 2004난 9월부터 시행하고 있습니다.

개인파산제도의 주된 목적은, 모든 채권자가 평등하게 채권을 변제받도록 보장함과 동시에, 채무자에게 면책절차를 통하여 남아 있는 채무에 대한 변제책임을 면제하여 경제적으로 재기·갱생할 수 있는 기회를 부여하는 것입니다. 개인파산제도는 성실하지만 불운하게도 과도한 채무를 지게 되어 절망에 빠지고 생활의 의욕을 상실한 채무자에게는 좋은 구제책이 될 수 있습니다.

이 책에서는 개인회생 및 파산과 면책의 제도와 절차를 신속하고 정확하게 신청하여 처리할 수 있도록 대법원의 전자민원센터의 자료, 법제처 생활법령과 대한법률구조공단의 상담자료들을 참고하였으며, 이를 종합적으로 정리·분석하여 일목요연하게 편집하였습니다. 여기에 수록된 상담사례들은 개인의 법률문제 해결에 도움을 주고자 게재하였으며, 개개의 문제에서 발생하는 구체적 사안은 동일하지는 않을 수 있으므로 참고자료로 활용하시기 바랍니다.

이 책이 과도한 채무로 인해 어려움에 직면하여 개인회생이나 파산을 하고 싶은 모든 분들에게 조그마한 도움이 되리라 믿으며, 열악한 출판시장임에도 불구하고 흔쾌히 출간에 응해주신 법문북스 김현호 대표에게 감사를 드립니다.

2024.

편저자

차 례

개인회생

Part 6. 개인회생에 대한 상담사례 ——————— 47

개인파산·면책절차

Part 5. 면책결정 및 복권 ——————— 230

Part 6. 개인파산 및 면책에 대한 상담사례 ───── 240

제1장

개인회생

Part 1. 개인회생절차 개관

1. 개인회생절차 개념

1-1. "개인회생절차"란?

① 개인회생절차는 재정적 어려움으로 파탄에 직면한 개인채무자 중 장래에 계속적으로 또는 반복해 수입을 얻을 가능성이 있는 사람의 채권자 등 이해관계인의 법률관계를 조정함으로써 채무자의 효율적 회생과 채권자의 이익을 도모하기 위해 마련된 절차입니다(「채무자 회생 및 파산에 관한 법률」(이하「채무자회생법」이라 합니다. 제1조).

② 개인회생제도는 2004년 9월 23일부터 시행하게 되었습니다. 즉 개인회생제도란, 총 채무액이 무담보채무의 경우에는 10억원, 담보부채무의 경우에는 15억원 이하인 개인채무자로서 장래 계속적으로 또는 반복하여 수입을 얻을 가능성이 있는 자가 3년간(「채무자회생법」 제611조 제5항 단서의 경우 5년) 일정한 금액을 변제하면 나머지 채무의 면제를 받을 수 있는 절차입니다.

③ 개인회생제도는 채무자가 채무를 조정받아 법원이 허가한 변제계획에 따라 3년이내(단, 특별한 사정이 있는 때에는 5년이내) 채권자에게 분할변제를 하고 남은 채무는 면책받을 수 있도록 한 것입니다. 채무자는 채권자 목록과 변제계획안을 법원에 제출해야 하고 법원이 임명한 회생위원은 채무자의 재산과 수입을 조사하여야 합니다. 법원이 변제계획안을 허가하면 채무자는 변제계획에 따라 변제해야 하고 변제계획을 모두 이행하면 나머지 채무는 면책받을 수 있습니다.

1-2. 개인파산과는 어떠한 차이가 있나요?

Q. 개인파산과는 어떠한 차이가 있나요?

A. 개인회생제도는 채무자에게 일정한 수입이 있는 것을 전제로 채무자가 원칙적으로 3년간(「채무자 회생 및 파산에 관한 법률」 제611조 제5항 단서의 경우 5년) 원금의 일부를 변제하면 나머지를 면책받을 수 있는 제도입니다. 이에 반해 개인파산제도의 주된 목적은, 모든 채권자가 평등하게 채권을 변제받도록 보장함과 동시에, 채무자에게 면책절차를 통하여 남아 있는 채무에 대한 변제 책임을 면제받아 경제적으로 재기·갱생할 수 있는 기회를 부여하는 것입니다. 개인파산을 신청하는 이유는 주로 파산선고를 거쳐 면책결정까지 받음으로써 채무로부터 해방되기 위한 것입니다.

2. 개인회생절차의 신청자격

2-1. 신청조건

개인회생절차는 다음 조건을 충족해야 신청할 수 있습니다.

① 파산의 원인인 사실이 있거나 그런 사실이 생길 염려가 있는 사람으로 다음에 해당하는 금액 이하의 채무를 부담하는 급여소득자 또는 영업소득자(「채무자회생법」 제579조 제1호)

    1. 유치권·질권·저당권·양도담보권·가등기담보권·「동산·채권 등의 담보에 관한 법률」에 따른 담보권·전세권 또는 우선특권으로 담보된 개인회생채권: 15억원

    2. 위 담보채권 외의 개인회생채권: 10억원

② 다음과 같은 일정 소득을 장래에 계속적으로 또는 반복해 얻을 가능성이 있는 사람[「개인회생사건 처리지침」(대법원 재판예규 제1849호, 2023. 2. 23. 발령, 2023. 3. 1. 시행) 제7조의2]

    1. 급여소득자: 급여, 연금, 아르바이트, 파트타임 종사자, 비정규직, 일용직 등 그 고용형태와 소득신고의 유무에 불구하고 정기적이고 확실한 수입을 얻을 가능성이 있는 모든 개인

    2. 영업소득자: 부동산임대소득·사업소득·농업소득·임업소득그 밖에 이와 유사한 수입(소득신고 유무와 관계없음)을 장래에 계속적으로 또는 반복해 얻을 가능성이 있는 모든 개인

2-2. 개인회생을 신청하면 어떤 불이익이 있나요?

Q. 개인회생을 신청하면 어떤 불이익이 있나요?

A. 파산과 달리 개인회생절차를 신청하는 경우에는 법률상 특별한 불이익을 받지 않습니다. 오히려 변제계획안이 인가되면 그 사실이 은행연합회에 통보되어 채무자에 대한 연체정보 등록이 해제되고, 채권자들로부터 추심도 받지 않을 수 있어 채무자가 일상생활을 하는데 도움이 되는 제도입니다.

2-3. 신청자격

개인회생절차를 이용할 수 있는 채무자는 일정한 수입이 있는 "급여소득자"와 "영업소득자"로서 현재 과다한 채무로 인하여 지급불능의 상태에 빠져있거나 지급불능의 상태가 발생할 염려가 있는 개인만이 신청할 수 있습니다. 개인회생절차는 신용회복위원회의 지원제도를 이용 중인 채무자, 배드뱅크 제도에 의한 지원절차를 이용 중인 채무자도 이용할 수 있고, 파산절차나 회생절차가 진행 중인 사람도 개인회생절차를 신청할 수 있습니다.

2-4. 개인회생절차흐름도

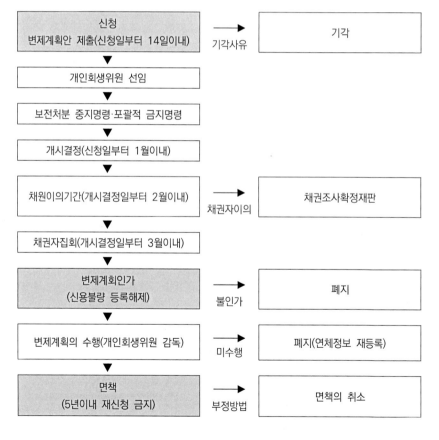

신청 변제계획안 제출(신청일부터 14일이내)	→ 기각사유	기각
개인회생위원 선임		
보전처분 중지명령·포괄적 금지명령		
개시결정(신청일부터 1월이내)		
채원이의기간(개시결정일부터 2월이내)	→ 채권자이의	채권조사확정재판
채권자집회(개시결정일부터 3월이내)		
변제계획인가 (신용불량 등록해제)	→ 불인가	폐지
변제계획의 수행(개인회생위원 감독)	→ 미수행	폐지(연체정보 재등록)
면책 (5년이내 재신청 금지)	→ 부정방법	면책의 취소

Part 2. 개인회생절차의 개시신청

1. 신청서 등의 작성

1-1. 신청서 작성

① 개인회생절차개시 신청서에는 다음의 사항이 기재되어야 합니다(「채무자회생법」 제589조 제1항 및 「채무자 회생 및 파산에 관한 규칙」 제79조 제2항).

　1. 채무자의 성명·주민등록번호 및 주소

　2. 신청의 취지 및 원인

　3. 채무자의 재산 및 채무

　4. 채무자에게 연락할 수 있는 전화번호(집, 직장 및 휴대전화)

1-2. 제출서류의 발급기한

　개인회생절차개시신청서에 첨부할 서류 중 관공서에서 작성하는 서류는 특별한 사정이 없는 한 신청일로부터 2개월 내에 발급받은 것이어야 합니다[「개인회생사건 처리지침」(대법원 재판예규 제1849호, 2023. 2. 23. 발령, 2023. 3. 1. 시행) 제4조 제1항].

1-3. 부본의 제출

　개인회생절차개시신청 시 신청서 부본 1부 및 알고 있는 개인회생채권자 수에 2를 더한 만큼의 개인회생채권자목록 부본을 함께 제출해야 합니다(「채무자 회생 및 파산에 관한 규칙」 제85조 제1항).

1-4. 각종 첨부서류 및 작성요령

　신청서에는 다음의 서류 등이 첨부되어야 합니다(다만, 신청자 개인별로 사건내용에 따라 필요한 서면이 있을 수 있음).

첨부서류	관련사항
채권자목록	① 필수 기재사항(「채무자 회생 및 파산에 관한 규칙」 제80조 제1항) 　－ 채권자의 성명 및 주소 　－ 채권의 원인 및 금액 ② 추가 기재사항(「채무자 회생 및 파산에 관한 규칙」 제80조 제2항·제3항 및 제4항). 　－ 별제권자(채무자의 재산에 담보권을 설정한 채권자)가 있는 경우: 별제권의 목적과 그 행사로 변제받을 수 없는 채권액 　－ 개인회생절차개시 신청 당시에 소송이 진행 중인경우: 법원·당사자·사건명 및 사건번호 　－ 개인회생절차개시 신청 당시에 전부명령이 있는경우: 전부명령을 내린 법원·당사자·사건명 및 사건번호, 전부명령의 대상이 되는 채권의 범위, 제3채무자에 대한 송달일 및 전부명령의 확정 여부
재산목록	① 개인회생재단에 속하는 재산: 개인회생절차개시결정 당시 채무자가 가진 모든 재산과 채무자가 개인회생절차 개시결정 전에 생긴 원인으로 장래에 행사할 청구권 및 개인회생절차진행 중에 채무자가 취득한 재산(「채무자회생법」 제580조 제1항). ② 개인회생재단에 속하지 않는 재산(「채무자회생 법」 제580조 제3항, 제383조 제1항·제2항 및 「채무자회생법 시행령」 제16조) 　－ 압류할 수 없는 재산 　－ 채무자 또는 그 피부양자의 주거용으로 사용하고있는 건물의 임차보증금 중 ㉠「주택임대차보호법」에 따라 우선변제를 받을 수 있는 금액, ㉡ 그 금액이 주택가격의 2분의 1을 초과하는 경우에는주택가격의 2분의 1에 해당하는 금액만큼 채무자의 신청으로 개인회생재단에서 면제 　－ 6개월간의 생계비에 사용할 특정한 재산으로서1천110만원을 초과하지 않는 부분
수입 및 지출에 관한 목록	
진술서	
변제계획안	

금지명령 신청서
중지명령 신청서

■ 제가 채권을 가지고 있는 회사가 회생절차에 들어간 경우 어떻게 해야 할까요?

Q. 제가 채권을 가지고 있는 회사가 회생절차에 들어갔습니다. 이미 회사재산에 강제집행 등이 이루어지고 있는데, 제 채권을 다 변제받기도 전에 다른 채권자들에게 먼저 집행되어서 남는 것이 없을까 걱정입니다. 어떻게 해야 할까요?

A. 회생절차의 개시신청이 있은 경우에 필요하다고 인정하는 때에는 법원은 이해관계인의 신청에 의하여 또는 직권으로 회생절차개시의 신청에 관한 결정이 있을 때까지 다음 어느 하나에 해당하는 절차의 중지를 명할 수 있습니다(「채무자회생법」 제593조 제1항).

1. 채무자에 대한 회생절차 또는 파산절차

2. 개인회생채권에 기하여 채무자의 업무 및 재산에 대하여 한 강제집행·가압류 또는 가처분

3. 채무자의 업무 및 재산에 대한 담보권의 설정 또는 담보권의 실행 등을 위한 경매

4. 개인회생채권을 변제받거나 변제를 요구하는 일체의 행위. 다만, 소송행위를 제외합니다.

5. 「국세징수법」 또는 「지방세징수법」에 의한 체납처분,국세징수의 예(국세 또는 지방세 체납처분의 예를 포함)에 의한 체납처분 또는 조세채무담보를 위해 제공된 물건의 처분. 이 경우 징수의 권한을 가진 자의 의견을 들어야 합니다.

2. 신청서 제출법원

2-1. 재판관할

① 개인회생사건은 다음 어느 한 곳을 관할하는 회생법원의 관할에 전속합니다(「채무자회생법」 제3조 제1항).

- 채무자의 보통재판적이 있는 곳

※ 채무자의 "보통재판적"은 채무자의 주소에 따라 정해집니다. 다만, 대한민국에 주소가 없거나 주소를 알 수 없는 경우에는 거소(居所)에 따라 정하고, 거소가 일정하지 않거나거소도 알 수 없으면 마지막 주소에 따라 정합니다(「민사소송법」 제3조).

- 채무자의 주된 사무소나 영업소가 있는 곳 또는 채무자가계속하여 근무하는 사무소나 영업소가 있는 곳

- 위에 해당하는 곳이 없는 경우에는 채무자의 재산이 있는곳(채권의 경우에는 재판상의 청구를 할 수 있는 곳을 말함)

② 채무자의 소재지가 울산광역시나 경상남도인 경우에 회생사건, 간이회생사건, 파산사건 또는 개인회생사건은 부산회생법원에도 신청할 수 있습니다(「채무자회생법」 제3조 제11항).

③ 다음의 어느 하나에 해당하는 사람에 대한 개인회생사건이 계속되어 있는 경우 다음 각각에 규정된 다른 사람에 대한 개시신청은 그 회생사건이 계속되어 있는 회생법원이 관할할 수 있습니다(「채무자회생법」 제3조 제3항 제3호).

- 주채무자와 보증인

- 채무자 및 그와 함께 동일한 채무를 부담하는 자

- 부부

> ## ※ 서울회생법원
>
> ① 기업회생업무의 전문성과 효율성을 제고하기 위해 서울중앙지방법원 파산부를 확대 개편해 2017년 3월 출범한 국내 첫 회생 파산 전문법원입니다.
> ② 회생법원은 법원 내 상담센터를 설치하고 파산관재인, 회생위원, 유관기관 직원을 상담위원으로 위촉하여 개인회생 파산 제도의 안내 및 회생절차를 이용하고 싶지만 그 방법을 알지 못하는 채무자들에게 무료로 상담 서비스를 제공하고 있습니다.

2-2. 이송

법원은 현저한 손해 또는 지연을 피하기 위해 필요하다고 인정되는 경우 직권으로 개인회생사건을 다음 중 어느 하나에 해당하는 회생법원으로 이송할 수 있습니다(「채무자회생법」제4조).

- 채무자의 다른 영업소 또는 사무소나 채무자 재산의 소재지를 관할하는 회생법원
- 채무자의 주소 또는 거소를 관할하는 회생법원
- 「채무자회생법」제3조 제2항 또는 제3항에 따른 회생법원
- 「채무자회생법」제3조 제2항 또는 제3항에 따라 해당 회생법원에 개인회생사건이 계속되어 있는 때에는 「채무자회생법」제3조 제1항에 따른 회생법원

3. 신청비용 및 접수 · 보정

3-1. 신청비용

3-1-1. 인지대

① 개인회생절차개시 신청서에는 3만원의 인지를 붙여야 합니다(「민사소송 등 인지법」 제9조 제1항 제3호).

② 「채무자회생법」 제593조에 따른 금지명령 또는 중지명령 신청서에는 각 2천원의 인지를 붙여야 합니다(「채무자 회생 및 파산에 관한 규칙」 제4조 제10호).

3-1-2. 예납비용

신청인은 개인회생절차의 개시신청 시 절차 비용으로 다음 금액을 미리 납부해야 합니다(「채무자회생법」 제590조 및 「채무자 회생 및 파산에 관한 규칙」 제87조 제1항).

- 송달료
- 공고비용
- 회생위원의 보수
- 그 밖에 절차 진행을 위해 필요한 비용

■ **개인회생절차개시 신청 시 송달료 및 공고비용 계산방법은?**

Q. 개인회생절차개시 신청 시 송달료 및 공고비용 계산방법이 궁금합니다.

A. ① 개인회생절차개시 신청 시에 예납할 송달료는 (10회분) + (채권자수 × 8회분)의 금액을 납부해야 합니다[「송달료규칙의 시행에 따른 업무처리요령」 (대법원 재판예규 제1859호, 2023. 9.14. 발령, 2023.10.19. 시행) 별표 1]. ② 개인회생절차에서의 공고는 법원 홈페이지 법원공고란에 게시하는 방법으로 하므로[「개인회생사건 처리지침」 제6조 제2항], 별도의 비용이 들지는 않습니다.

3-2. 추가예납

법원은 예납된 비용이 부족한 경우 신청인에게 추가 예납을 하도록 할 수 있습니다(「채무자 회생 및 파산에 관한 규칙」제87조 제3항).

3-3. 신청비용을 납입하지 않는 경우의 처리

법원은 채무자가 절차 비용을 납부하지 않은 경우 개인회생절차개시의 신청을 기각할 수 있습니다(「채무자회생법」제595조제3호).

4. 서류심사 및 보정

4-1. 보정권고에 따른 보정서류 제출

① 신청인은 개인회생절차의 개시신청서를 접수한 다음 신청서의 기재사항에 오류 또는 누락이 있거나 첨부서류에 누락이 있는 경우 등에는 접수담당 법원서기관·법원사무관·법원주사 또는 법원주사보로부터 보정권고 또는 안내를 받을 수 있습니다(「개인회생사건 처리지침」 제3조 제1항 및 제2항).

② 신청인은 법원의 보정권고에 따라 정해진 기간 내에 보정서류를 제출해야 합니다. 법원이 정한 제출기한을 준수하지 않는 경우 개인회생절차개시신청은 기각될 수 있습니다(「채무자회생법」 제595조 제2호).

4-2. 보정서의 작성 및 제출

① 신청인은 개인회생절차의 개시신청서를 접수한 다음 신청서의 기재사항에 오류 또는 누락이 있거나 첨부서류에 누락이 있는 경우 등에는 접수담당 법원서기관·법원사무관·법원주사 또는 법원주사보로부터 보정권고 또는 안내를 받을 수 있습니다[「개인회생사건 처리지침」(대법원 재판예규 제1849호, 2023. 2. 23. 발령, 2023. 3. 1. 시행) 제3조제1항 및 제2항].

② 신청인은 법원의 보정권고에 따라 정해진 기간 내에 보정서류를 제출해야 합니다. 법원이 정한 제출기한을 준수하지 않는 경우 개인회생절차개시신청은 기각될 수 있습니다(「채무자회생법」 제595조 제2호).

Part 3. 개인회생절차 개시결정

1. 개시결정 등

1-1. 개인회생절차 개시결정의 시기

법원은 신청일부터 1개월 이내에 개인회생절차의 개시 여부를 결정해야 합니다(「채무자회생법」 제596조 제1항).

1-2. 개시결정문의 공고

개시결정문에는 다음의 사항을 공고하여야 합니다(「채무자회생법」 제596조 제4항 및 제597조 제1항).

- 개인회생절차개시결정의 주문
- 이의기간
- 개인회생채권자가 이의기간 안에 자신 또는 다른 개인회생채권자의 채권 내용에 관해 개인회생채권조사확정재판을 신청할 수 있다는 뜻
- 개인회생채권자집회의 기일
- 결정의 연·월·일·시

1-3. 개시결정의 효력

① 개인회생절차 개시결정은 그 결정시부터 효력이 발생합니다(「채무자회생법」 제596조 제5항).

② 개인회생절차 개시결정이 있는 경우 다음의 절차나 행위는 중지 또는 금지됩니다(「채무자회생법」 제600조 제1항).

- 채무자에 대한 회생절차 또는 파산절차
- 개인회생재단에 속하는 재산에 대한 강제집행 가압류 또는가처분(채권자 목록에 기재된 채권에 한함)
- 개인회생채권을 변제받거나 변제를 요구하는 일체의 행위.단, 소송행위

제외(채권자목록에 기재된 채권에 한함)

- 「국세징수법」 또는 「지방세징수법」에 따른 체납처분, 국세징수의 예(국세 또는 지방세 체납처분의 예를 포함)에 따른체납처분 또는 조세채무담보를 위해 제공된 물건의 처분(채권자목록에 기재된 채권에 한함)

③ 개인회생절차개시의 결정이 있는 경우 변제계획의 인가결정일 또는 개인회생절차 폐지결정의 확정일 중 먼저 도래하는 날까지 개인회생재단에 속하는 재산에 대한 담보권의 설정 또는 담보권의 실행 등을 위한 경매는 중지 또는 금지됩니다(「채무자회생법」 제600조 제2항).

④ 개인회생절차개시결정으로 처분을 할 수 없거나 중지된 경우 그 기간 중에 시효는 진행하지 않습니다(「채무자회생법」 제600조 제4항).

2. 개인회생절차개시결정 후 채권자 목록 수정

2-1. 개시결정 후 수정

① 채무자가 책임을 질 수 없는 사유로 개인회생채권자목록에 누락했거나 잘못 기재한 사항을 발견한 경우에는 개인회생절차개시결정 후라도 법원의 허가를 받아 개인회생채권자목록의 기재 사항을 수정할 수 있습니다(「채무자 회생 및 파산에 관한 규칙」 제81조 제1항 본문).

② 변제계획인가결정이 있은 경우에는 채권자목록을 수정하지 못합니다 (「채무자 회생 및 파산에 관한 규칙」 제81조 제1항 단서).

2-2. 수정 후 절차

① 법원은 개인회생채권자목록이 수정된 경우 그 수정사항에 관한 이의기간을 정해 공고하고, 채무자 및 알고 있는 개인회생채권자에게 이의기간이 기재된 서면과 수정된 개인회생채권자목록을 송달해야 합니다(「채무자 회생 및 파산에 관한 규칙」 제81조 제2항 본문).

② 다만, 수정으로 불리한 영향을 받는 개인회생채권자가 없는 경우 또는 불리한 영향을 받는 개인회생채권자의 의사에 반하지 않는다고 볼만한 상당한 이유가 있는 경우에는 그렇지 않습니다(「채무자 회생 및 파산에 관한 규칙」 제81조 제2항 단서).

※ 사기회생죄란?

채무자가 자기 또는 타인의 이익을 도모하거나 채권자를 해할 목적으로 다음 어느 하나에 해당하는 행위를 하고, 채무자에 대하여 개인회생절차개시의 결정이 확정된 때에는 사기회생죄에 해당되어 5년 이하의 징역 또는 5천만원 이하의 벌금에 처해집니다(「채무자회생법」 제643조제3항).

- 재산을 은닉 또는 손괴하거나 채권자에게 불이익하게 처분하는 행위

- 허위로 부담을 증가시키는 행위

※ 사기회생죄에서 말하는 '재산의 은닉'의 의미

① 대법원은 "구 개인채무자회생법(2005. 3. 31. 법률 제7428호 채무자 회생 및 파산에 관한 법률 부칙 제2조로 폐지) 제87조 제1호 사기개인회생죄에서 말하는 '재산의 은닉'은 재산의 발견을 불가능하게 하거나 곤란하게 만드는 것을 말하고, 재산의 소재를 불명하게 하는 경우뿐만 아니라 재산의 소유관계를 불명하게 하는 경우도 포함한다. 다만, 채무자가 법원에 개인회생절차개시신청을 하면서 단순히 소극적으로 자신의 재산 및 수입 상황을 제대로 기재하지 아니한 재산목록 등을 제출하는 행위는 위 죄에서 말하는 '재산의 은닉'에 해당한다고 할 수 없다."고 판시하였습니다(대법원 2009. 1. 30. 선고 2008도6950 판결).

② 따라서 단순히 소극적으로 자신의 재산 및 수입 상황을 제대로 기재하지 아니한 재산목록 등을 제출하는 행위는 채무자 회생 및 파산에 관한 법률 제643조 사기회생죄에 해당하지 않는다 할 것입니다.

2-3. 대법원판례

【판시사항】

구 개인채무자회생법 제87조 제1호 사기개인회생죄에서 말하는 '재산의 은닉'의 의미

【판결요지】

구 개인채무자회생법(2005. 3. 31. 법률 제7428호 채무자 회생 및 파산에 관한 법률 부칙 제2조로 폐지) 제87조 제1호 사기개인회생죄에서 말하는 '재산의 은닉'은 재산의 발견을 불가능하게 하거나 곤란하게 만드는 것을 말하고, 재산의 소재를 불명하게 하는 경우뿐만 아니라 재산의 소유관계를 불명하게 하는 경우도 포함한다. 다만, 채무자가 법원에 개인회생절차개시신청을 하면서 단순히 소극적으로 자신의 재산 및 수입 상황을 제대로 기재하지 아니한 재산목록 등을 제출하는 행위는 위 죄에서 말하는 '재산의 은닉'에 해당한다고 할 수 없다(대법원 2009. 1. 30. 선고 2008도6950 판결).

3. 송달 및 변제액 임치

3-1. 개시결정문 등의 송달

① 법원은 다음에 해당하는 사람에게 ㉠ 개인회생절차 개시결정문, ㉡ 개인회생채권자 목록, ㉢ 변제계획안을 발송합니다(「채무자회생법」 제597조 제2항).

- 채무자

- 알고 있는 개인회생채권자

- 개인회생절차가 개시된 채무자의 재산을 소지하고 있거나그에게 채무를 부담하는 사람

② 법원은 송달해야 하는 장소를 알기 어렵거나 도산절차의 진행이 현저하게 지연될 우려가 있는 경우 공고로써 송달을 갈음할 수 있습니다(「채무자회생법」 제10조 제1항 및 「채무자 회생 및 파산에 관한 규칙」 제7조 제1호).

3-2. 개시결정 후 변제액의 임치

채무자가 변제계획안을 제출하면서 변제계획안의 인가 이전이라도 변제계획안의 제출일로부터 60일 후 90일 내의 일정한 날을 제1회로 하여 매월 일정한 날에 변제계획안의 매월 변제금을 회생위원에게 임치할 뜻을 기재한 경우, 해당 변제금을 회생위원이 지정한 계좌에 입금해야 합니다[「개인회생사건 처리지침」(대법원 재판예규 제1849호, 2023. 2. 23. 발령, 2023. 3. 1. 시행) 제7조 제3항 및 제11조 제3항].

※ **"회생위원"이란?**

① "회생위원"이란 다음에 해당하는 업무 수행을 위해 법원이 선임한 사람을 말합니다(「채무자회생법」 제602조 제1항).

　1. 채무자의 재산 및 소득에 대한 조사

　2. 부인권 행사명령의 신청 및 그 절차 참가

---

3. 개인회생채권자집회의 진행

4. 그 밖에 법령 또는 법원이 정하는 업무

② 법원은 이해관계인의 신청에 의하거나 직권으로 다음의 해당하는 사람을 회생위원으로 선임할 수 있습니다(「채무자회생법」 제601조 제1항).

1. 관리위원회의 관리위원

2. 법원서기관·법원사무관·법원주사 또는 법원주사보

3. 변호사·공인회계사 또는 법무사의 자격이 있는 사람

4. 법원주사보·검찰주사보 이상의 직에 근무한 경력이 있는 사람

5. 「은행법」에 의한 은행에서 근무한 경력이 있는 사람으로서 회생위원의 직무수행에 적합한 사람

6. 채무자를 상대로 신용관리교육·상담 및 신용회복을 위한 채무조정업무 등을 수행하는 기관 또는 단체에 근무중이거나 근무한 경력이 있는 사람으로서 회생위원의 직무수행에 적합한 사람

7. 1. 부터 6. 까지 규정된 자에 준하는 사람으로서 회생위원의 직무수행에 적합한 사람

■ 개인회생채무자의 채권자가 수령하는 임치금에 대하여 가압류를 할 수 있을까요?

Q. 개인회생채무자의 채권자가 수령하는 임치금에 대하여 가압류를 할 수 있을까요?

A. 변제계획이 인가되면 채무자는 인가된 변제계획에 따라서 개인회생채권자에게 변제하여야 할 금원을 회생위원에게 임치하여야 합니다(「채무자회생법」 제617조 제1항). 개인회생채권자는 임치된 금원을 변제계획에 따라서 회생위원으로부터 지급받아야 합니다. 만약 개인회생채권자가 매일 지급받아야 할 변제금을 수령할 계좌를 신고하지 않으면 지급해야 할 금원을 공탁할 수 있습니다.

그렇다면 제3채무자를 대한민국(소관: 개인회생위원)한 변제금수령채권에 압류를 할 수 있을 것으로 보이고, 만약 개인회생채권자에게 지급할 금원이 공탁되면 공탁금출급청구권에 압류를 할 수 있을 것으로 생각됩니다.

4. 신청의 취하 및 기각

4-1. 취하시기

① 채무자는 개인회생절차의 개시결정이 있기 전에는 신청을 취하할 수 있습니다(「채무자회생법」 제594조 본문).

② 다만, 채무자가 보전처분이나 중지명령을 받은 후에는 법원의 허가를 받아야 신청을 취하할 수 있습니다(「채무자회생 법」 제594조 단서).

4-2. 기각사유

법원은 다음 중 어느 하나에 해당하는 경우 개인회생절차개시신청을 기각할 수 있습니다(「채무자회생법」 제595조).

- 채무자가 신청자격을 갖추지 않은 경우
- 채무자가 신청서의 첨부서류를 제출하지 않거나, 허위로 작성해 제출했거나, 법원이 정한 제출기한을 준수하지 않은 경우
- 채무자가 절차의 비용을 납부하지 않은 경우
- 채무자가 변제계획안의 제출기한을 준수하지 않은 경우
- 채무자가 신청일 전 5년 이내에 면책(파산절차에 의한 면책포함)을 받은 사실이 있는 경우
- 개인회생절차를 개시하는 것이 채권자 일반의 이익에 적합하지 않은 경우
- 그 밖에 신청이 성실하지 않거나 상당한 이유 없이 절차를 지연시키는 경우

※ 기각 사유의 판단에 관한 기준

대법원은 「채무자 회생 및 파산에 관한 법률」 제595조 제7호와 관련하여 "소정의 '그 밖에 신청이 성실하지 아니한 때'에 해당한다는 이유로 채무자의 개인회생절차 개시신청을 기각하려면 채무자에게 제595 조제1호 내지 제5호에 준하는 절차적인 잘못이 있거나, 채무자가 개인회생절차의 진행에 따른

효과만을 목적으로 하는 등 부당한 목적으로 개인회생절차 개시신청을 하였다는 사정이 인정되어야 한다.

그리고 법원 또는 회생위원은 채무자가 제출한 자료에 보완이 필요한 경우 언제든지 채무자에게 금전의 수입과 지출 그 밖에 채무자의 재산상의 업무에 관하여 보고를 요구할 수 있고, 필요하다고 인정하는 경우에는 재산상황의 조사, 시정의 요구 그 밖의 적절한 조치를 취할 수 있으며, 채무자가 법원의 보정 요구에 일단 응한 경우에는 그 내용이 법원의 요구사항을 충족시키지 못하였다 하더라도 특별한 사정이 없는 한 법원이 추가적인 보정 요구나 심문 등을 통하여 이를 시정할 기회를 제공하지 아니한 채 곧바로 그 신청을 기각하는 것은 허용되지 않는다."라고 판시하였습니다(대법원 2013. 7. 12. 자 2013마668 결정 참조).

4-3. 불복방법

개인회생절차개시신청의 기각결정에 대해서는 재판이 고지된 날부터 1주 이내에 서면으로 즉시항고를 할 수 있습니다(「채무자회생법」 제14조, 제33조 및 「민사소송법」 제444조제1항).

5. 채권자의 이의제기 절차

5-1. 개인회생채권자집회

"개인회생채권자집회"란 채무자가 개인회생채권자에게 변제계획의 요지를 설명하고, 개인회생채권자는 변제계획에 관해 이의를 진술할 수 있도록 마련된 자리입니다(「채무자회생법」 제613조 제1항 및 제5항 참조).

5-2. 변제계획에 관한 이의진술

① 채무자는 개인회생채권자집회에 출석해 개인회생채권자의 요구가 있는 경우 변제계획에 관해 필요한 설명을 해야 합니다(「채무자회생법」 제613조 제2항).

② 법원은 채무자가 정당한 사유 없이 출석 또는 설명을 하지 않거나 허위의 설명을 한 경우 직권으로 개인회생절차 폐지결정을 할 수 있습니다(「채무자회생법」 제620조 제2항 제2호).

③ 채권자는 개인회생채권자집회에서 변제계획에 관해 이의를 진술할 수 있습니다(「채무자회생법」 제613조 제5항).

④ 이의 진술은 개인회생채권자가 개인회생채권자집회기일의 종료 시까지 이의진술서를 법원에 제출하는 방식으로 갈음할 수 있습니다(「채무자회생 및 파산에 관한 규칙」 제90조 제1항).

5-3. 개인회생채권자집회 종료 전 계좌신고

① 개인회생채권자는 개인회생채권자집회 기일 종료시까지 변제계획에 따른 변제액을 송금받기 위한 금융기관의 계좌 번호를 회생위원에게 신고해야 합니다(「채무자 회생 및 파산에 관한 규칙」 제84조 제1항).

② 법원은 계좌신고를 하지 않는 개인회생채권자가 있는 경우 지급할 변제액은 변제계획에서 정하는 바에 따라 공탁할 수 있습니다(「채무자 회생 및 파산에 관한 규칙」 제84조 제2항).

6. 채권자 목록에 대한 이의제기

6-1. 서면에 의한 이의제기

개인회생채권자목록의 내용에 관해 이의가 있는 개인회생채권자는 이의기간 안에 서면으로 이의를 신청할 수 있습니다(「채무자회생법」 제604조 제1항 전단).

6-2. 개인회생채권조사확정재판

① "개인회생채권조사확정재판"이란 개인회생채권자목록의 내용에 이의가 있는 개인회생채권자가 이의기간 안에 개인회생절차를 진행하고 있는 법원에 재판을 신청하면 법원이 조사하여 확정하는 재판을 말합니다 (「채무자회생법」 제604조 참조).

② 개인회생채권조사확정재판은 별도의 소송으로 소송비용을 내야 하므로, 대부분의 경우에는 이의기간에 이의를 제기하는 방식을 취합니다.

6-3. 이의제기로 인한 수정

채무자가 채권자의 이의내용을 인정하는 경우에는 법원의 허가를 받아 개인회생채권자목록을 변경할 수 있습니다. 이 경우 법원은 조사확정재판 신청에 대한 결정을 하지 않을 수 있습니다(「채무자회생법」 제604조 제1항 후단).

6-4. 개인회생채권의 확정

① 개인회생채권자목록에 기재된 채권자가 이의기간 안에 이의를 제기하지 않은 경우 및 개인회생채권조사확정재판신청이 각하된 경우 개인회생채권자목록의 기재대로 채권이 확정됩니다(「채무자회생법」 제603조 제1항).

② 개인회생채권이 확정되면 개인회생채권자 전원에 대해 확정판결과 동일한 효력이 있습니다(「채무자회생법」 제603조 제3항).

Part 4. 개인회생절차의 인가 및 변경

1. 개인회생절차의 인가

1-1. 인가결정

① 이의가 없는 경우의 인가결정

법원은 개인회생채권자 또는 회생위원이 이의를 제기하지 않고, 다음 요건이 모두 충족된 경우 변제계획인가결정을 합니다(「채무자회생법」 제614조 제1항 본문). 다만, 법원의 변제계획안 수정명령에 불응한 경우에는 그렇지 않습니다(제614조제1항 단서).

- 변제계획이 법률의 규정에 적합할 것

- 변제계획이 공정하고 형평에 맞으며 수행가능할 것

- 변제계획인가 전에 납부되어야 할 비용·수수료 그 밖의 금액이 납부되었을 것

- 변제계획의 인가결정일을 기준일로 평가한 개인회생채권에대한 총변제액이 채무자가 파산하는 경우에 개인회생 채권자가 배당받을 총액보다 적지 않을 것(단, 채권자가 동의한 경우 제외)

② 이의가 있는 경우의 인가결정

법원은 개인회생채권자 또는 회생위원이 이의를 제기한 경우 이의가 없는 경우의 인가결정 요건 외에 다음 요건을 구비하고 있는 경우에 한해 변제계획인가결정을 할 수 있습니다(「채무자회생법」 제614조 제2항).

- 변제계획의 인가결정일을 기준일로 이의를 제기한 개인회생채권자에 대한 총변제액이 채무자가 파산하는 경우에 그 채권자가 받을 배당받을 총액보다 적지 않을 것

- 채무자가 최초의 변제일부터 변제계획에서 정한 변제기간동안 수령할 수 있는 가용소득의 전부가 변제계획에 따른 변제에 제공될 것

- 변제계획의 인가결정일을 기준일로 평가한 개인회생채권에대한 총변제액이 3천만원을 초과하지 않는 범위 안에서 다음의 금액보다 적지 않을 것

✓ 변제계획의 인가결정일을 기준일로 평가한 개인회생채권의 총금액이 5천만원 미만인 경우 위 총금액에 100분의 5를 곱한 금액

✓ 변제계획의 인가결정일을 기준일로 평가한 개인회생채권의 총금액이 5천만원 이상인 경우에는 위 총금액에 100분의 3을 곱한 금액에 1백만원을 더한 금액

1-2. 인가결정의 공고

법원은 변제계획인부결정을 선고하고 그 주문, 이유의 요지와 변제계획의 요지를 공고해야 합니다. 이 경우 송달은 하지 않을 수 있습니다(「채무자회생법」 제614조 제3항).

2. 개인회생절차 인가결정의 효력

2-1. 효력발생시기

① 변제계획은 인가결정이 있은 때부터 효력이 생깁니다(「채무자회생법」 제615조 제1항 본문).

② 다만, 변제계획에 따른 권리의 변경은 면책결정이 확정되기까지는 생기지 않습니다(「채무자회생법」 제615조 제1항 단서).

2-2. 채무자 재산의 귀속

① 변제계획인가결정이 있는 경우 개인회생재단에 속하는 모든 재산은 채무자에게 귀속됩니다(「채무자회생법」 제615조 제2항 본문).

② 다만, 변제계획 또는 변제계획인가결정에서 다르게 정한 경우에는 그렇지 않습니다(「채무자회생법」 제615조 제2항 단서).

2-3. 다른 절차의 효력 상실

① 변제계획인가결정이 있는 경우 개인회생절차개시결정으로 중지된 회생절차 및 파산절차와 개인회생채권에 기한 강제집행·가압류 또는 가처분은 그 효력을 잃습니다(「채무자회생법」 제615조 제3항 본문).

② 다만, 변제계획 또는 변제계획인가결정에서 다르게 정한 경우에는 그렇지 않습니다(「채무자회생법」 제615조 제3항 단서).

2-4. 한국신용정보원의 장에 대한 통보

법원은 변제계획인가결정이 있는 경우 사건번호, 채무자의 성명, 주민등록번호, 인가결정일 등을 한국신용정보원의 장에게 통보해야 합니다[「개인회생사건 처리지침」(대법원 재판예규 제1849호, 2023. 2. 23. 발령, 2023. 3. 1. 시행) 제18조 제1항 제1호].

2-5. 채권자목록 수정불가

변제계획인가결정 후에는 개인회생채권자목록 수정이 불가능합니다(「채무자 회생 및 파산에 관한 규칙」 제81조 제1항 단서).

2-6. 즉시항고

이해관계를 가진 자는 재판의 공고가 있은 날부터 14일 이내에 서면으로 변제계획인가결정에 대한 즉시항고를 할 수 있습니다(「채무자회생법」 제13조제2항, 제14조 및 제618조제1항).

■ **개인회생절차를 신청하면 연체정보등록에서는 언제 해제되나요?**

Q. 개인회생절차를 신청하면 연체정보등록에서는 언제 해제되나요?

A. 개인회생절차에서 변제계획안에 대한 인가결정을 받으면 연체정보등록에서 해제됩니다(법원이 인가결정을 전국은행연합회에 통지하면 전국은행연합회에서 연체정보등록을 해제해주도록 되어 있음). 개인회생절차의 개시신청부터 변제계획안의 인가결정시까지는 6개월 정도가 소요될 것으로 예상되므로 통상은 개시신청 후 약 6개월이면 연체정보등록에서 해제될 수 있습니다.

---

3. 폐지결정의 대상

3-1. 변제계획인가 전 개인회생절차의 폐지

① 법원은 다음 중 어느 하나에 해당하는 경우 이해관계인의 신청이나 직권으로 개인회생절차 폐지결정을 해야 합니다(「채무자회생법」 제620조 제1항).

- 개인회생절차의 개시결정 당시 채무자가 신청권자의 자격을 갖추지 않은 경우

- 채무자가 개인회생절차 신청일 전 5년 이내에 면책(파산절차에 의한 면책 포함)을 받은 사실이 있는 경우

- 채무자가 제출한 변제계획안을 인가할 수 없는 경우

② 법원은 다음 중 어느 하나에 해당하는 경우 직권으로 개인회생절차 폐지결정을 할 수 있습니다(「채무자회생법」 제620조제2항).

- 채무자가 「채무자 회생 및 파산에 관한 법률」 제589조 제2항에 따른 첨부서류를 제출하지 않거나, 허위로 작성하여 제출 또는 법원이 정한 제출기한을 준수하지 않은 경우

- 채무자가 정당한 사유 없이 개인회생채권자집회에 출석 또는 설명을 하지 않거나 허위의 설명을 한 경우

3-2. 변제계획인가 후 개인회생절차의 폐지

법원은 다음 중 어느 하나에 해당하는 경우 이해관계인의 신청이나 직권으로 개인회생절차 폐지결정을 해야 합니다(「채무자회생법」 제621조 제1항).

- 면책불허가결정이 확정된 경우

- 채무자가 인가된 변제계획을 이행할 수 없음이 명백한 경우(단, 변제를 완료하지 못했으나 면책신청을 할 수 있는 요건을 갖추어 면책결정을 받은 경우 제외)

- 채무자가 재산 및 소득의 은닉 그 밖의 부정한 방법으로 인가된 변제계획을 수행하지 않는 경우

3-3. 폐지결정의 공고

　　법원은 개인회생절차 폐지결정을 한 경우 그 주문과 이유의 요지를 공고하고, 송달은 하지 않을 수 있습니다(「채무자회생 법」 제622조).

4. 폐지결정의 효력

4-1. 강제집행

개인회생절차 폐지결정이 확정되면 개인회생채권자는 채무자에 대해 개인회생채권자표에 기해 강제집행을 할 수 있습니다(「채무자회생법」 제603조 제4항).

4-2. 기 변제금액에 대한 영향

변제계획인가 후 개인회생절차의 폐지는 이미 행한 변제와 「채무자 회생 및 파산에 관한 법률」에 따라 생긴 효력에 영향을 미치지 않습니다(「채무자회생법」 제621조 제2항).

4-3. 한국신용정보원의 장에 대한 통보

법원은 개인회생절차 폐지결정이 확정된 경우 사건번호, 채무자의 성명, 주민등록번호, 폐지결정일, 폐지결정의 확정일을 한국신용정보원의 장에게 통보합니다[「개인회생사건 처리지침」(대법원 재판예규 제1849호, 2023. 2. 23. 발령, 2023. 3. 1. 시행) 제18조 제1항 제3호].

4-4. 불복방법

개인회생절차 폐지결정에 대해서는 즉시항고를 할 수 있습니다(「채무자회생법」 제623조 제1항).

※ **개인회생절차폐지결정이 확정된 경우 개인회생절차가 종료하는지 여부**

개인회생절차폐지결정이 확정된 경우 개인회생절차가 종료하는지 여부에 대해 대법원은 "「채무자 회생 및 파산에 관한 법률」(이하 '법'이라 함) 제621조 제1항은 개인회생절차에서 변제계획인가 후 채무자가 인가된 변제계획을 이행할 수 없음이 명백한 때 등의 사유가 있는 때에는 법원은 개인회생절차를 폐지하여야 한다고 규정하고 있다. 개인회생절차에서 개인회생채권자는 변제계획에 의하지 아니하고는 변제하거나 변제받는 등 이를 소멸하게 하는 행위를 하지 못하는데, 개인회생채권자는 개인회생절차폐지결정이 확정된 때에는 채무자에 대하여 개인회생채권자표에 기하여 강제집행을 할 수 있어 개인회생채권자가 개인회생절차폐지결정의 확정으로 절차적 구속에서 벗어나는 점 등에 비추어 보면, 개인회생절차폐지결정이 확정된 경우에 개인회생절차는 종료한다고 봄이 타당하다. 「채무자 회생 및 파산에 관한 규칙」 제96조가 법 제624조의 면책결정이 확정되면 개인회생절차는 종료한다고 규정하고 있으나 이는 면책결정이 확정된 경우의 개인회생절차 종료사유에 관한 것이므로 개인회생절차폐지결정이 확정된 경우에도 개인회생절차가 종료한다고 판단하는 데 장애사유가 되지 않는다"고 판시하였습니다(대법원 2012. 7. 12. 자 2012마811 결정 참조).

5. 변제계획안의 변경 및 변제의 수행

5-1. 개인회생절차인가 전

① 채무자는 변제계획안이 인가되기 전에는 변제계획안을 수정할 수 있습니다(「채무자회생법」 제610조 제2항).

② 법원은 이해관계인의 신청에 의하거나 직권으로 채무자에 대하여 변제계획안을 수정할 것을 명할 수 있습니다. 이 경우 채무자는 법원이 정하는 기한 이내에 변제계획안을 수정해야 합니다(「채무자회생법」 제610조 제3항 및 제4항).

5-2. 개인회생절차인가 후

채무자·회생위원 또는 개인회생채권자는 변제계획에 따른 변제가 완료되기 전까지는 인가된 변제계획 변경안을 제출할 수 있습니다(「채무자회생법」 제619조 제1항).

5-3. 부본 제출

변제계획의 변경안을 제출하는 경우에는 알고 있는 개인회생채권자 수에 1을 더한 만큼의 부본을 함께 제출해야 합니다(「채무자 회생 및 파산에 관한 규칙」 제85조제2항).

5-4. 수정 후 절차

① 변제계획안에 변경이 생긴 경우에 법원은 개인회생절차개시결정문 공고 사항을 기재한 서면과 개인회생채권자 목록 및 변제계획안을 채무자, 알고 있는 개인회생채권자, 개인회생절차가 개시된 채무자의 재산을 소지하고 있거나 그에게 채무를 부담하는 사람에게 송달해야 합니다(「채무자회생법」 제597조제2항 및 제619조 제2항).

② 개인회생절차인가 후 변제계획안이 변경된 경우에는 개인회생절차개

시결정의 송달절차를 준용합니다(「채무자회생법」 제597조 제3항 및 제2항).

6. 변제계획에 따른 변제의 수행

6-1. 변제계획에 따른 변제

채무자는 개인회생채권자목록에 기재된 개인회생채권에 관해서는 변제계획에 의하지 않고 변제하거나 변제받는 등 이를 소멸하게 하는 행위(면제 제외)를 하지 못합니다(「채무자회생 법」 제582조).

6-2. 개인회생재단채권의 경우 우선변제

① 개인회생재단채권은 일반 개인회생채권보다 먼저 변제합니다(「채무자회생법」 제583조 제2항 및 제476조).

② 다음에 해당하는 청구권을 개인회생재단채권이라 합니다(「채무자회생법」 제583조 제1항).

  1. 회생위원의 보수 및 비용의 청구권
  2. 「국세징수법」 또는 「지방세징수법」에 따라 징수할 수 있는 다음의 청구권 (단, 개인회생절차개시 당시 아직 납부기한이 도래하지 않은 것에 한함)
     가. 원천징수하는 조세
     나. 부가가치세·개별소비세·주세 및 교통·에너지·환경세
     다. 특별징수의무자가 징수해 납부해야 하는 지방세
     라. 위 가. 부터 다. 에 따른 조세의 부과·징수의 예에 따라 부과·징수하는 교육세 및 농어촌특별세
  3. 채무자의 근로자의 임금·퇴직금 및 재해보상금
  4. 개인회생절차개시결정 전의 원인으로 생긴 채무자의 근로자의 임치금 및 신원보증금의 반환청구권
  5. 채무자가 개인회생절차개시신청 후 개시결정 전에 법원의허가를 받아 행한 자금의 차입, 자재의 구입 그 밖에 채무자의 사업을 계속하는데 불가결한 행위로 인해 생긴 청구권
  6. 위 1. 부터 5. 에 규정된 것 외의 것으로서 채무자를 위해지출해야 하는 부득이한 비용

6-3. 후순위개인회생채권이 있는 경우 변제

① 채무자가 채권자와 개인회생절차에서 다른 채권보다 후순위로 하기로 정한 채권은 그 정한 바에 따라 다른 채권보다 후순위로 합니다(「채무자회생법」 제581조 제2항 및 제446조제2항).

② 다음에 해당하는 청구권을 후순위개인회생채권이라 합니다(「채무자회생법」 제581조 제2항 및 제446조 제1항).
   - 개인회생절차개시결정 후의 이자
   - 개인회생절차개시결정 후의 불이행으로 인한 손해배상액 및위약금
   - 개인회생절차참가비용
   - 벌금·과료·형사소송비용·추징금 및 과태료
   - 기한이 개인회생절차개시결정 후에 도래하는 이자없는 채권의 경우 개인회생절차개시결정이 있은 때부터 그 기한에 이르기까지의 법정이율에 의한 원리의 합계액이 채권액이 될계산에 의해 산출되는 이자액에 상당하는 부분
   - 기한이 불확정한 이자없는 채권의 경우 그 채권액과 개인회생절차개시결정 당시의 평가액과의 차액에 상당하는 부분
   - 채권액 및 존속기간이 확정된 정기금채권인 경우 각 정기금에 대해 산출되는 이자의 합계액에 상당하는 부분과 각 정기금에 대해 산출되는 원금의 합계액이 법정이율에 의해 그정기금에 상당하는 이자가 원금을 초과하는 경우에는 그 초과액에 상당하는 부분

6-4. 변제금의 임치

① 채무자는 인가된 변제계획에 따라 개인회생채권자에게 변제할 금원을 회생위원에게 임치(任置)해야 합니다(「채무자회생 법」 제617조 제1항).

② 개인회생채권자는 임치된 금원을 변제계획에 따라 회생위원으로부터 지급받게 됩니다(「채무자회생법」 제617조 제2항 전단).

③ 개인회생채권자가 지급받지 않는 경우에는 회생위원은 채권자를 위하여 공탁할 수 있습니다(「채무자회생법」 제617조 제2항 후단).

④ 회생위원은 변제액을 송금받기 위한 금융기관 계좌번호를 신고하지 않은 채권자(신고한 계좌번호에 오류가 있는 채권자도 포함)에 대해서는 변제계획에 따라 연 1회(변제계획인가일부터 1년이 지날 때마다 1회) 변제액을 공탁할 수 있습니다[「개인회생사건 처리지침」(대법원 재판예규 제1849호, 2023. 2. 23. 발령, 2023. 3. 1. 시행) 제11조의5 제1항].

Part 5. 개인회생절차의 면책

1. 면책결정의 대상

1-1. 변제를 완료한 경우

법원은 채무자가 변제계획에 따른 변제를 완료한 경우 당사자의 신청에 의하거나 직권으로 면책 결정을 해야 합니다(「채무자회생법」 제624조 제1항).

1-2. 변제를 완료하지 못했으나 요건을 갖춘 경우

① 법원은 채무자가 변제계획에 따른 변제를 완료하지 못한 경우에도 다음 요건이 모두 충족되면 이해관계인의 의견을 들은 후 면책결정을 할 수 있습니다(「채무자회생법」 제624조 제2항).

 - 채무자가 책임질 수 없는 사유로 변제를 완료하지 못한 경우일 것
 - 개인회생채권자가 면책결정일까지 변제받은 금액이 채무자가 파산절차를 신청한 경우 파산절차에서 배당받을 금액보다적지 않을 것
 - 변제계획의 변경이 불가능할 것

② 위에도 불구하고 법원은 다음의 어느 하나에 해당하는 경우에는 면책을 불허하는 결정을 할 수 있습니다(「채무자회생 법」 제624조 제3항).

 - 면책결정 당시까지 채무자에 의해 악의로 개인회생채권자목록에 기재되지 않은 개인회생채권이 있는 경우
 - 채무자가 「채무자 회생 및 파산에 관한 법률」에서 정해진채무자의 의무를 이행하지 않은 경우

2. 면책신청

2-1. 변제를 완료한 경우의 면책신청

채무자는 변제계획에 따라 변제를 완료한 경우 다음의 사항을 기재한 서면을 법원에 제출해 면책신청을 할 수 있습니다(「채무자 회생 및 파산에 관한 규칙」 제94조 제1항).

- 사건의 표시
- 채무자, 신청인과 그 대리인의 표시
- 면책을 신청한 취지
- 채무자가 변제계획에 따른 변제를 완료한 내용

2-2. 변제를 완료하지 못한 경우의 면책신청

변제계획에 따른 변제를 완료하지 못한 경우 다음의 사항을 기재한 서면을 법원에 제출해 면책신청을 할 수 있습니다(「채무자 회생 및 파산에 관한 규칙」 제94조 제2항).

- 사건의 표시
- 채무자, 신청인과 그 대리인의 표시
- 면책을 신청한 취지
- 변제를 완료하지 못했으나 면책신청을 할 수 있는 요건을갖춘 내용

3. 면책결정 공고

법원은 면책결정을 하면 그 주문과 이유의 요지를 공고해야 하고, 송달은 하지 않을 수 있습니다(「채무자회생법」 제624조제4항).

※ 면책신청의 종기(終期): 개인회생절차 종료 전

「채무자 회생 및 파산에 관한 법률」 제624조 제2항에 따른 면책신청의 종기에 관하여 대법원은 "「채무자 회생 및 파산에 관한 법률」 제624조 제2항은, 채무자가 변제계획에 따른 변제를 완료하지 못한 경우에도 채무자가 책임질 수 없는 사유로 인하여 변제계획에 따른 변제를 완료하지 못하였을 것, 개인회생채권자가 면책결정일까지 변제받은 금액이 채무자가 파산절차를 신청한 경우 파산절차에서 배당받을 금액보다 적지 아니할 것, 변제계획의 변경이 불가능할 것의 요건을 모두 충족한 때에는, 법원은 이해관계인의 의견을 들은 후 면책결정을 할 수 있다고 규정하고 있다. 그런데 개인회생절차가 종료한 이후 채무자에게 파산원인이 있는 경우 채무자는 파산절차를 이용할 수 있는 점, 개인회생절차가 종료한 이후에도 채무자가 개인회생절차에 따른 면책신청을 할 수 있다면 개인회생절차로 말미암은 권리행사의 제한에서 벗어난 개인회생채권자의 지위가 불안정하게 되는 점, 면책결정이나 개인회생절차 폐지결정이 확정되면 개인회생절차가 종료하는 점, 면책불허가결정이 확정된 때에는 개인회생절차를 폐지하여야 하는데, 개인회생절차폐지결정이 확정된 후에 채무자가 면책신청을 하여 법원이 면책결정 또는 면책불허가결정을 하여야 한다면, 이미 종료한 절차가 다시 종료하거나 폐지결정을 다시 하여야 하는 모순이 발생하여 법체계에 맞지 않는 점 등에 비추어 보면, 면책은 개인회생절차가 계속 진행하고 있음을 전제로 한 것으로 개인회생절차가 종료하기 전까지만 신청이 가능하다고 봄이 타당하다."고 판시하였습니다(대법원 2012. 7. 12. 자 2012마811 결정 참조)

4. 면책결정의 효력

4-1. 효력발생시기

면책결정은 확정된 후에 효력이 발생합니다(「채무자회생법」 제625조 제1항).

4-2. 개인회생절차의 종료

면책결정이 확정되면 개인회생절차는 종료합니다(「채무자 회생 및 파산에 관한 규칙」 제96조).

4-3. 채무의 면책

① 면책을 받은 채무자는 변제계획에 따라 변제한 것을 제외하고 개인회생채권자에 대한 채무에 대한 책임이 면제됩니다(「채무자회생법」 제625조 제2항 본문).

② 다만, 다음 청구권에 대해서는 책임이 면제되지 않습니다(「채무자회생법」 제625조 제2항 단서).

- 개인회생채권자목록에 기재되지 않은 청구권

- 「국세징수법」 또는 「지방세징수법」에 의해 징수할 수 있는다음의 청구권 (단, 개인회생절차개시 당시 아직 납부기한이도래하지 않은 것에 한함)

✓ 원천징수하는 조세

✓ 부가가치세·개별소비세·주세 및 교통·에너지·환경세

✓ 특별징수의무자가 징수해 납부해야 하는 지방세

✓ 위 조세의 부과·징수의 예에 따라 부과·징수하는 교육세및 농어촌특별세

- 벌금·과료·형사소송비용·추징금 및 과태료

- 채무자가 고의로 가한 불법행위로 인한 손해배상

- 채무자가 중대한 과실로 타인의 생명 또는 신체를 침해한불법행위로 인해 발생한 손해배상

- 채무자의 근로자의 임금·퇴직금 및 재해보상금

- 채무자의 근로자의 임치금(任置金) 및 신원보증금

- 채무자가 양육자 또는 부양의무자로서 부담해야 할 비용

③ 다음의 권리에는 면책의 영향력이 미치지 않습니다(「채무자회생법」 제625조 제3항).

- 개인회생채권자가 채무자의 보증인에 대해 가지는 권리

- 개인회생채권자가 그 밖에 채무자와 더불어 채무를 부담하는 자에 대해 가지는 권리

- 개인회생채권자를 위해 제공한 담보

※ 주택임차인의 임대차보증금반환채권에 관해 면책결정의 효력이 미치는 범위

주택임차인의 임대차보증금반환채권에 관하여 면책결정의 효력이 미치는 범위에 대하여 대법원은 "주택임차인은 구 「개인채무자회생법」(2005. 3. 31. 법률 제7428호 채무자 회생 및 파산에 관한 법률 부칙 제2조로 폐지, 이하 '구 개인채무자회생법'이라 함) 제46조 제1항에 의하여 인정된 우선변제권의 한도 내에서는 임대인에 대한 개인회생절차에 의하지 아니하고 자신의 임대차보증금반환채권의 만족을 받을 수 있으므로, 설혹 주택임차인의 임대차보증금반환채권 전액이 개인회생채무자인 임대인이 제출한 개인회생채권자목록에 기재되었더라도, 주택임차인의 임대차보증금반환채권 중 우선변제권이 인정되는 부분을 제외한 나머지 채권액만이 개인회생절차의 구속을 받아 변제계획의 변제대상이 되고 면책결정의 효력이 미치는 개인회생채권자목록에 기재된 개인회생채권에 해당한다.

그렇다면 임대인에 대한 개인회생절차의 진행 중에 임차주택의 환가가 이루어지지 않아 주택임차인이 환가대금에서 임대차보증금반환채권을 변제받지 못한 채 임대인에 대한 면책결정이 확정되어 개인회생절차가 종료되었더라도 특별한 사정이 없는 한 주택임차인의 임대차보증금반환채권 중 구 「개인채무자회생법」 제46조제1항에 의하여 인정된 우선변제권의 한도 내에서는 같은 법 제84조제2항 단서 제1호에 따라 면책이 되지 않는 '개인회생채권자목록에 기재되지 아니한 청구권'에 해당하여 면책결정의 효력이 미치지 않는다."고 판시하였습니다(대법원 2017. 1. 12. 선고 2014다32014 판결 참조).

---

5. 면책결정 후 절차

5-1. 한국신용정보원의 장에 대한 통보

법원은 면책결정이 확정된 경우 사건번호, 채무자의 성명, 주민등록번호, 면책결정일, 면책결정의 확정일, 면책결정의 종류(변제를 완료한 면책인지, 완료하지 못한 면책인지 명시)를 한국신용정보원의 장에게 통보합니다[「개인회생사건 처리지침」(대법원 재판예규 제1849호, 2023. 2. 23. 발령, 2023. 3. 1. 시행) 제18조 제1항 제2호].

5-2. 과태료 부과와 불복방법

① 면책사실을 알면서 면책을 받은 채무자에게 면책된 채권에 기해 강제집행·가압류 또는 가처분의 방법으로 추심행위를 한 사람에게는 500만원 이하의 과태료가 부과됩니다(「채무자회생 법」 제660조 제3항).

② 면책결정에 대해서는 즉시항고를 할 수 있습니다(「채무자 회생법」 제627조).

6. 면책의 취소

6-1. 취소대상

① 법원은 채무자가 속이거나 그 밖의 부정한 방법으로 면책을 받은 경우 이해관계인의 신청이나 직권으로 면책을 취소할 수 있습니다(「채무자회생법」 제626조 제1항 전단).

② 이 경우 법원은 이해관계인을 심문해야 합니다(「채무자회생법」 제626조 제1항 후단).

6-2. 취소신청

면책 취소신청은 면책결정의 확정일부터 1년 이내에 제기해야 합니다(「채무자회생법」 제626조 제2항).

6-3. 공고

면책취소 결정은 공고해야 합니다(「채무자 회생 및 파산에 관한 규칙」 제95조).

6-4. 불복방법

면책취소 결정에 대해서는 즉시항고를 할 수 있습니다(「채무자회생법」 제627조).

> ※ **이해관계인이 한 면책취소 신청의 취하가 면책취소 결정에 영향을 미치는 여부**
>
> 개인회생절차에서 법원이 이해관계인의 신청에 따라 면책취소 여부를 심리한 다음 면책취소 결정을 한 경우, 그 후 이해관계인이 한 면책취소 신청의 취하가 면책취소 결정에 영향을 미치는 여부에 관해 대법원은 "개인회생에서 면책취소절차는 비송절차의 성질을 가지고 있는 점, 개인회생절차는 채무자와 그를 둘러싼 채권자 등 이해관계인의 법률관계를 한꺼번에 조정하여 채무자

의 효율적인 회생을 도모하는 집단적 채무처리절차의 성격을 가지고 있으므로 어느 이해관계인의 의사에 따라 면책취소 결정의 효력이 좌우되는 것은 제도의 취지와 성격에 부합하지 아니한 점 등에 비추어 보면, 법원이 이해관계인의 신청에 의하여 면책취소 여부를 심리한 다음 면책취소 결정을 하였다면 그 후 이해관계인이 면책취소의 신청을 취하하더라도 그 취하는 면책취소 결정에 영향을 미치지 못한다."고 판시하였습니다(대법원 2015. 4. 24. 자 2015마74 결정 참조).

■ 대법원판례 1

【판시사항】

[1] 개인회생채권자목록에 기재되지 아니한 청구권에 면책결정의 효력이 미치는지 여부(소극)

[2] 임대인에 대한 개인회생절차 진행 중에 임차주택의 환가가 이루어지지 않아 주택임차인이 환가대금에서 임대차보증금반환채권을 변제받지 못한 채 임대인에 대한 면책결정이 확정되어 개인회생절차가 종료된 경우, 주택임차인의 임대차보증금반환채권에 관하여 면책결정의 효력이 미치는 범위

【판결요지】

[1] 변제계획의 변제대상이 되는 개인회생채권자목록에 기재된 개인회생채권 중 변제계획에 따라 변제한 것을 제외한 부분은 모두 면책되지만, 개인회생채권자목록에 기재되지 아니한 청구권은 변제계획에 의한 변제대상이 될 수 없어 면책결정의 효력이 미치지 않는다.

[2] 주택임차인은 구 「개인채무자회생법」(2005. 3. 31. 법률 제7428호 채무자 회생 및 파산에 관한 법률 부칙 제2조로 폐지, 이하 '구 개인채무자회생법'이라 함) 제46조 제1항에 의하여 인정된 우선변제권의 한도 내에서는 임대인에 대한 개인회생절차에 의하지 아니하고 자신의 임대차보증금반환채권의 만족을 받을 수 있으므로, 설혹 주택임차인의 임대차보증금반환채권 전액이 개인회생채무자인 임대인이 제출한 개인회생채권자목록에 기재되었더라도, 주택임차인의 임대차보증

금반환채권 중 우선변제권이 인정되는 부분을 제외한 나머지 채권액만이 개인회생절차의 구속을 받아 변제계획의 변제대상이 되고 면책결정의 효력이 미치는 개인회생채권자목록에 기재된 개인회생채권에 해당한다. 그렇다면 임대인에 대한 개인회생절차의 진행 중에 임차주택의 환가가 이루어지지 않아 주택임차인이 환가대금에서 임대차보증금반환채권을 변제받지 못한 채 임대인에 대한 면책결정이 확정되어 개인회생절차가 종료되었더라도 특별한 사정이 없는 한 주택임차인의 임대차보증금반환채권 중 구「개인채무자회생법」제46조제1항에 의하여 인정된 우선변제권의 한도 내에서는 같은 법 제84조 제2항 단서 제1호에 따라 면책이 되지 않는 '개인회생채권자목록에 기재되지 아니한 청구권'에 해당하여 면책결정의 효력이 미치지 않는다(대법원 2017. 1. 12. 선고 2014다32014 판결).

■ 대법원판례 2

【판시사항】

개인회생절차에서 법원이 이해관계인의 신청에 따라 면책취소 여부를 심리한 다음 면책취소 결정을 한 경우, 그 후 이해관계인이 한 면책취소 신청의 취하가 면책취소 결정에 영향을 미치는 여부(소극)

【판결요지】

개인회생에서 면책취소절차는 비송절차의 성질을 가지고 있는 점, 개인회생절차는 채무자와 그를 둘러싼 채권자 등 이해관계인의 법률관계를 한꺼번에 조정하여 채무자의 효율적인 회생을 도모하는 집단적 채무처리절차의 성격을 가지고 있으므로 어느 이해관계인의 의사에 따라 면책취소 결정의 효력이 좌우되는 것은 제도의 취지와 성격에 부합하지 아니한 점 등에 비추어 보면, 법원이 이해관계인의 신청에 의하여 면책취소 여부를 심리한 다음 면책취소 결정을 하였다면 그 후 이해관계인이 면책취소의 신청을 취하하더라도 그 취하는 면책취소 결정에 영향을 미치지 못한다(대법원 2015. 4. 24. 자 2015마74 결정).

Part 6. 개인회생에 대한 상담사례

■ 개인회생절차는 어떻게 진행되는지요?

[질문]

개인회생을 신청할 경우 어떤 절차를 거쳐 진행되며, 신청인은 채권자들에게 어떤 조치를 취해야 하고 언제부터 돈을 누구에게 갚아야 하는지, 전체적인 절차소요 기간은 어떻게 되는지요?

[답변]

개인회생제도는 채무자의 가용소득으로 개인회생채권자들에게 변제하는 내용의 변제계획안을 인가하는 절차가 그 핵심이며, 이를 위해서는 채권금액 및 채무자 소득과 생계비 확정 등 다소 기술적인 문제를 처리해야 하므로, 대부분의 개인파산사건과 달리 절차가 복잡하고 오랜 시일이 소요되는 절차적인 특성이 있습니다.

이하에서는 각 지방법원마다 운영을 달리하는 부분이 있을 수 있으나, 가장 많은 사건을 처리하고 있는 서울중앙지방법원의 개인회생제도 운영 절차를 기준으로 그 운영절차를 살펴보겠습니다.

신청인은 신청서, 채권자목록 및 재산목록, 수입 및 지출에 관한 목록, 진술서가 포함된 개인회생절차개시신청 양식을 통해 채무자의 주소지 관할 지방법원 본원(서울의 경우 5개의 지방법원 본원이 있으나 서울중앙지방법원에만 이를 신청할 수 있음)에 이를 신청할 수 있고, 변제계획안은 개인회생절차개시신청일로부터 14일 이내에 제출해야 합니다(채무자 회생 및 파산에 관한 법률 제610조 제1항). 그러나 실무상 개인회생절차의 신속한 진행을 위해 변제계획안을 개시신청서와 동시에 제출하고 있습니다.

개인회생절차개시신청을 하면 법원은 그 사건을 개인회생 단독 재판부에 배당하고 직권으로 법원사무관 등을 개인회생위원으로 선임하여, 선임된 개인회생위원 및 개인회생위원과의 면담기일을 지정한 안내문을 신청인에게 교부합니다. 개인회생위원은 법원의 감독을 받아 채무자의 재산 및 수입 상황과 채권액을 정확하고 신속하게 조사하고 적정한 변제계획안이 작성될 수 있도록 필요한 권고를 하며, 변제계획 인가 후 그 수행을 감독하는 등 법원을 보좌하는 업무를 수행하는 기관입니다. 신청 단계에서 개인회생위원은 신청인과의 면담기일에 구두상 또는 문서상으로 보정권고를 하여 개인회생절차개시신청서 및 변제계획안이 적정하게 작성될 수 있도록 하고, 신청인이 보정사항을 적정하게 이행할 경우 신청일로부터 1개월 이내에 개인회생절차개시결정을 하게 됩니다(같은 법 제596조 제1항). 다만, 개인회생절차개시결정은 수차례 걸친 보정권고 및 보정사항의 이행으로 1개월보다 길어질 수 있습니다.

개인회생절차개시결정에는 ①개인회생채권에 관한 이의기간(개시결정일로부터 2주 이상 2월 이하)과 ②개인회생채권자집회기일(이의기간 말일과 2주 이상 1월 이하의 기간을 주어야 함)을 정해야 하고(같은 법 596조 제2항), 동 결정을 지체 없이 공고(대법원 인터넷 홈페이지 공고란)하고 신청인 및 개인회생채권자들에게 개인회생절차개시결정문, 개인회생채권자목록, 변제계획안을 송달합니다(같은 법 제597조). 이러한 송달을 하기 위하여 법원은 개시결정을 한 경우 유선상으로 신청인이나 그 대리인에게 연락하여 채권자목록 및 변제계획안의 부본을 채권자수＋2통 만큼 추가로 제출하도록 요청하고 있습니다(법원양식 : '개인회생절차 개시신청서' 중 신청이유 제4호 참조).

최초의 변제는 변제계획인가일로부터 1월 이내에 개시하면 족하지만(같은 법 제611조 제4항), 변제계획안의 수행가능성을 소명하기 위하여 변제계획안 제출일로부터 60일 후 90일 이내에 일정한 날을 제1회로 하여 매월 일정한 날에 그 변제계획안상의 매월 변제액을 회생위원에게 임치할 뜻을 기재할 수 있고(개인회생사건 처리지침 제7조 제3항), 실무에서는 급여에 대한 가압류나 압류 및 추심명령 또는 전부명령이 있는 경우를 제외하고는 모두 위 지침과 같은 내용으로 변제계획안을 작성하여 변제계획인가결정 이전부터 최초의 변제를 개시하고 있는 실정입니다.

이에 따라 법원은 개인회생절차개시결정을 하면서 신청인에게 그 결정문과 함께 안내문을 송달하여 개인회생위원의 계좌번호를 고지하고 변제계획안에서 정한 변제개시일에 변제금을 입금하도록 독려하고 있습니다.

개인회생절차개시결정에서 정한 채권자 이의기간이 경과되면 채권자집회기일을 진행하는 바, 채권자집회기일이란 신청인이 변제계획안을 개인회생채권자들에게 설명하고 변제계획안에 대하여 개인회생채권자들의 이의진술 기회를 제공하고 집회를 종료하여 그 이의 유무에 따른 변제계획안 인가 여부를 간이·신속하게 결정하기 위한 제도로서, 개인회생채권자들의 변제계획안 승인결의가 없더라도 법에서 정한 변제계획 인가요건을 충족한다면 변제계획 인가결정을 받을 수 있습니다.

법원은 채권자집회기일에서 개인회생채권자의 이의 유무에 따른 변제계획 인가요건(같은 법 제614조)을 검토한 후 이를 충족한 것으로 판단할 경우 채권자집회기일 후 10일에서 15일 사이에 변제계획 인부결정을 선고하고, 그 주문·이유의 요지와 변제계획의 요지를 공고(대법원 인터넷 홈페이지 공고란)하고, 송달은 하지 않을 수 있는데(같은 법 제614조 제3항) 실무상 변제계획 인가결정은 송달하지 않고 있습니다.

위와 같은 절차에 따라 개인회생 변제계획인가결정이 선고·공고되면 신청인은 변제계획안의 내용과 같이 변제계획을 수행하며 이에 대하여 개인회생위원이 그 수행의 적정함을 감독하고, 신청인이 3개월 이상 변제금을 개인회생위원 계좌에 입금하지 않을 경우 개인회생절차가 직권으로 폐지될 수 있습니다.

■ 개인회생신청을 하려면 어느 법원에 해야 하는 건가요?

[질문]

저는 서울에 거주하면서 집 근처에서 자그마한 개인 사업을 하고 있는 40대 남성입니다. 최근 빚이 많아져 개인회생신청을 해보고자 하는데요. 개인회생신청을 하려면 어느 법원에 해야 하는 건가요?

[답변]

토지관할은 개인회생절차를 신청하려는 채무자가 어느 법원에 신청을 하여야 하는지와 관련된 것입니다. 개인회생사건은 원칙적으로 채무자의 보통재판적 소재지를 관할하는 지방법원 본원(서울중앙·동부·남부·북부·서부지방법원)이 있지만, 서울의 개인회생사건은 모두 서울중앙지방법원의 관할에 전속합니다 (채무자 회생 및 파산에 관한 법률 제3조 제11항).

보통재판적 소재지는 주소지를 가리키는 것이 원칙입니다(민사소송법 제3조). 통상 주소지는 주민등록등본에 기재된 곳을 의미하지만 그것이 현재 생활의 근거지가 아닌 경우에는 객관적으로 보아 채무자가 주로 생활하는 것으로 판단되는 장소를 의미합니다. 따라서 채무자가 채권자들의 추심에서 벗어나기 위하여 주민등록상의 주소지를 떠나서 현재 다른 곳에서 생활하고 있고, 주민등록상 주소에 주소로서의 실체가 남아 있지 않은 경우에는 주민등록상 주소지가 아닌 실제 거주지를 관할하는 지방법원에 관할이 있게 됩니다. 그리고 영업소를 가지고 있는 채무자는 영업소의 관할법원과 주소지의 관할법원이 다른 경우에 주소지를 관할하는 법원에 신청하여야 합니다. 개인회생사건은 채무자의 주소지 또는 거주지를 관할하는 지방법원 본원에 신청하여야 하므로 지방법원 지원에는 신청할 수 없다는 점을 유의하여야 합니다. 예를 들어 부천시에 거주하고 있는 채무자는 인천지방법원 부천지원이 아니라 인천지방법원에 신청하여야 하는 것입니다. 예외적으로 채무자의 보통재판적 소재지가 없는 때에는 채무자 재산의 소재지(채권의 경우에는 재판상의 청구를 할 수 있는 곳을 그 소재지로 보게 됩니다)를 관할하는 지방법원 본원에 신청하여야 합니다(채무자 회생 및 파산에 관한 법률 제3조 제3항).

귀하는 현재 주소지와 영업소가 모두 서울이므로, 서울중앙지방법원에 개인회생신청을 해보실 수 있을 것으로 보입니다.

■ 개인회생신청시에 필요한 서류는 무엇이 있고 또 어떻게 작성해야 하나요?

[질문]

요즘 과도한 빚 증가로 인하여 이리저리 해결책을 알아보던 중 개인회생제도라는 것을 듣게 되었습니다. 개인회생을 신청해보고자 하는데요, 개인회생을 신청할 때 필요한 서류는 무엇이 있고 또 어떻게 작성해야 하나요?

[답변]

개인회생절차는 정기적, 계속적으로 생계비를 초과하는 소득을 얻을 수 있는 급여소득자 또는 영업소득자인 개인채무자만이 신청할 수 있으며, 채권자 또는 법인은 그 신청이 불가능합니다. '파산의 원인인 사실이 있거나 그러한 사실이 생길 염려가 있는 경우'이어야 하고, 담보부채권은 10억원, 무담보채권의 경우는 5억원 이하인 경우에만 허용됩니다.

개인회생신청시에 제출하는 개인회생절차개시신청서는 서면으로 작성하여야 하며, 그 서면에는 채무자의 성명과 주민등록번호 및 주소, 신청의 취지 및 원인, 채무자의 재산 및 채무를 기재하여야 하고(채무자 회생 및 파산에 관한 법률 제589조), 주민등록번호가 없는 외국인이 신청하는 경우에는 여권번호 또는 등록번호를 기재하여야 합니다(동법 규칙 제79조 제1항제1호). 또한 개인회생절차개시신청서에는 채무자에게 상시 연락 가능한 전화번호(집, 직장 및 휴대전화번호)를 기재하여야 하고, 주간에 연락 가능한 전화번호가 주거지의 것인지, 직장의 것인지를 명시하여야 합니다. 재산내역과 채무내역은 신청서 첨부서류인 재산목록 및 개인회생채권자목록에서 자세한 내용이 기재되므로 신청서 본문에는 "첨부한 개인회생채권자목록 기재와 같은 채무를 부담하고 있고, 재산은 별지 재산목록에 기재된 바와 같다."는 식으로 간단히 인용하여 쓰는 것으로 족합니다. 물론 개인회생채권자목록에 기재되지 않은 개인회생재단채권이 별도로 있는 경우에는 그것을 상세하게 밝혀 적어야 할 것입니다.

한편, 법이 정한 개인회생절차개시신청서의 필수적 기재사항은 아니지만 채무자는 과입금된 적립금, 면책시의 잉여금이나 변제계획 불인가 또는 절차의 폐지로 인하여 반환될 적립금 등을 반환받을 경우에 대비하여 적립금을 반환받을 본인 명의의 예금계좌를 신고하여야 합니다. 이와 같은 환급계좌를 전산에 입력하지 않으면 개시결정문이 출력되지 않고, 환급을 하지 못하여 적립금이 남아 있을 경우에는 폐지결정 또는 면책결정 등에 의하여 사건이 종국되어도 기록보존이 불가능하게 되는 문제가 발생할 수도 있습니다.

개인회생절차신청서에 첨부하여야 하는 서류는 ① 개인회생채권자목록, ② 재산목록, ③ 채무자의 수입 및 지출에 관한 목록, ④ 급여소득자 또는 영업소득자임을 증명하는 자료, ⑤ 진술서, ⑥ 신청일 전 10년 이내에 회생사건·파산사건 또는 개인회생사건을 신청한 사실이 있는 때에는 그에 관련된 서류, ⑦ 그 밖에 대법원 규칙이 정한 서류입니다. 또한 법원이 상당한 이유가 있다고 인정하는 경우를 제외하고 채무자는 개인회생절차개시신청일로부터 14일 이내에 변제계획안을 제출해야 합니다.

■ 개인회생제도에 이용자격 제한이 있는지요?

[질문]

저는 과거 주식투자 및 유흥주점에서의 과도한 소비 등으로 신용카드 부채가 증대되어 다니던 회사를 그만두게 되었고 현재는 편의점에서 아르바이트를 하면서 혼자서 월세 집에서 생활하면서 신용회복위원회의 개인워크아웃을 통해 매월 50만원씩 카드대금을 갚아 나가고 있습니다. 그러나 현재의 월평균 수입은 겨우 100만원에 불과하여 신용회복위원회에 낼 돈을 다른 곳에서 빌려 내면서 겨우 생활을 유지하고 있으나 앞으로는 더 이상 버틸 수 없을 것으로 생각되어 현재 법원에 파산을 신청한 상태이나 면책불허가사유가 있어 파산이 어렵다고 하여 다시 개인회생을 고려하고 있습니다. 저와 같이 과소비로 채무가 발생하고 편의점에서 아르바이트를 하면서 개인워크아웃 제도와 파산절차를 이용하고 있는 경우에도 개인회생제도를 이용할 수 있는지요?

[답변]

개인회생제도는 ① 파산의 원인사실이 있거나 그러한 염려가 있는 자로서 ② 담보채권의 경우 10억, 무담보채권의 경우 5억원 이하의 부채를 부담하고 있는 개인채무자로서 ③ 정기적이고 확실한 수입을 얻을 가능성 있는 급여소득자 또는 장래 계속적으로 또는 반복하여 수입을 얻을 가능성 있는 영업소득자가 이를 신청할 수 있습니다. 그밖에 파산제도에서의 면책불허가사유가 있는 경우 또는 개인워크아웃이나 파산신청을 한 경우에도 신청할 자격이 있는지 문제됩니다.

첫째, 개인회생제도는 파산원인사실로서 지급불능 즉, 변제능력이 부족하여 변제기가 도래한 채무를 일반적·계속적으로 변제할 수 없는 객관적인 상태이거나 그러한 염려가 있는 경우 신청할 수 있습니다. 따라서 채무자의 현재의 보유재산 합계액이 총 채무액을 초과하고 있다면 그 재산을 환가하여 변제할 수 있으므로 지급불능으로 볼 수 없어 개인회생을 신청하기는 어려울 것입니다. 다만, 채무자가 더 이상 변제하지 못할 경우 지급불능은 법률상 추정되고(채무자 회생 및 파산에 관한 법률 제305조 제2항), 지급불능의 염려가 있는 경우에도 개인회생을 신청할 수 있으므로 일반적으로 크게 문제되지는 않습니다.

둘째, 개인회생제도는 소비자로서의 일반 개인의 갱생을 도모하기 위한 제도로서 일정한 채무액의 제한이 있습니다. 즉, 유치권·질권·저당권·양도담보권·

가등기담보권·「동산·채권 등의 담보에 관한 법률」에 따른 담보권·전세권 또는 우선특권으로 담보된 개인회생채권은 10억원, 그 이외의 무담보부 개인회생채권은 5억원 이하의 금액이어야 하며, 담보부 개인회생채권이나 무담보부 개인회생채권 중 어느 하나라도 위 금액을 초과하게 된다면 개인회생절차를 이용할 수 없게 됩니다. 개인회생채권이란 개인회생절차개시결정 전의 원인으로 생긴 재산상의 청구권이므로(같은 법 제581조), 위와 같은 채무한도의 기준이 되는 적용시점 역시 개인회생절차 개시결정일을 기준으로 결정해야 할 것입니다.

셋째, 정기적이고 확실한 수입을 얻을 가능성 있는 급여소득자 또는 장래 계속적으로 또는 반복하여 수입을 얻을 가능성 있는 영업소득자가 개인회생제도를 이용할 수 있습니다. 개인회생제도는 채무자의 재산에 대한 강제집행, 가압류, 가처분 등을 금지시키고 안정적인 수입가능성을 확보하여 최대 5년간 채무자의 가용소득으로 개인회생채권을 변제해 나가는 제도로서 그 제도 본질상 정기적이고 계속·반복적인 수입가능성을 인정할 수 있어야 합니다.

이는 일반적으로 그 직업 자체에서나 그 동안의 근무 기간, 수입의 지속성 등을 기준으로 판단할 수 있는데, 급여소득자에는 아르바이트, 파트타임 종사자, 비정규직, 일용직 등 그 고용형태와 소득신고의 유무에 불구하고 정기적이고 확실한 수입을 얻을 가능성이 있는 모든 개인을 포함하고, 영업소득자에는 소득신고의 유무에 불구하고 수입을 장래에 계속적으로 또는 반복하여 얻을 가능성이 있는 모든 개인을 포함합니다(개인회생사건 처리지침 제7조의2 제1항, 제2항).

넷째, 채무자가 과다한 낭비·도박 그 밖의 사행행위를 하여 현저히 재산을 감소시키거나 과대한 채무를 부담한 사실이 있는 경우와 같이 파산제도에서의 면책불허가사유가 있는 경우에도 개인회생제도를 이용할 수 있습니다.

즉 개인회생제도에서는 ① 면책결정 당시까지 채무자에 의하여 악의로 개인회생채권자목록에 기재되지 아니한 개인회생채권이 있는 경우 ② 채무자가 동 법에서 정한 채무자의 의무를 이행하지 아니한 경우만을 면책불허가사유로 삼을 수 있도록 규정하여(채무자 회생 및 파산에 관한 법률 제624조 제3항), 광범위하게 면책불허가사유를 규정하고 있는 파산과 달리 낭비자 등도 개인회생제도를 이용할 수 있습니다.

다섯째, 개인워크아웃이나 파산제도를 진행하고 있는 경우에도 개인회생제도를 이용할 수 있습니다. 개인워크아웃은 신용회복위원회에서 주관하는 일종의 사적 금융조정제도로서 법률상 채무조정제도인 개인회생제도와 구별되므로 개인워크아웃 제도를 이용하더라도 개인회생을 신청하는 데 아무런 장애가 없습니다. 또한 파산을 신청하여 절차를 진행하고 있던 중 개인회생을 신청하는 경우 갱생형 제도를 우선하려는 취지에 따라 개인회생절차개시결정이 있게 되면 파산절차는 그 진행이 중지되고(같은 법 제600조 제1항 제1호), 변제계획인가결정이 있은 때에는 중지한 파산절차가 실효됩니다(같은 법 제615조 제3항).

귀하의 경우 위에서의 설명과 같이 주식투자 및 유흥주점에서의 과도한 소비 등으로 부채가 발생하였다고 하더라도 개인회생을 신청할 수 있으며, 아르바이트를 통한 급여소득이 동종 업계에서의 근무기간, 급여의 정기성, 계속성, 반복성 등을 인정할 수 있다면 급여소득자로서 개인회생을 신청할 수 있고, 개인워크아웃 제도와 파산절차를 이용하고 있더라도 이와 상관없이 개인회생을 신청할 수 있다고 보입니다.

■ 개인회생신청을 할 경우에도 불이익이 있는지요?

[질문]

저는 사업자등록을 내고 조그만 인쇄업체를 운영하면서 거래대금을 회수하지 못하여 부채가 발생하여 얼마 전 영업소득자로서 개인회생을 신청하여 개인회생절차개시결정을 받았으며 앞으로 변제계획이 인가되면 그에 따라 변제계획을 수행할 예정입니다. 그런데 파산의 경우 가족관계등록부에 빨간 줄이 가서 평생 파산자로 낙인찍혀 금융기관도 전혀 이용할 수 없고 주소도 함부로 옮길 수 없는 등 불이익이 많다고 하는데 개인회생의 경우 이러한 불이익 없이 은행과 계속 거래하면서 인쇄업체를 운영해 갈 수 있는지요?

[답변]

파산절차에 있어서 파산을 선고받아 복권되지 않는 경우, 공·사법상의 불이익이 있으나 채무자가 파산을 선고받고 이후 면책절차에서 면책결정을 받아 확정되면 당연 복권되어 채무자에 대한 위와 같은 불이익이 소멸하며, 특히 신원증명사항의 경우 법원 예규를 변경하여 파산이 선고되더라도 면책되지 않을 경우에만 이를 통보하도록 하여 파산을 선고받은 채무자에 대한 불이익의 소지를 줄였습니다(개인파산 및 면책신청사건의 처리에 관한 예규 제6조). 따라서 가족관계등록부에 빨간 줄이 간다거나 주소도 함부로 옮길 수 없다는 말은 파산제도의 운영 실제와 다른 말이며, 특히 개인에 대한 갱생형 제도인 개인회생의 경우에는 파산에서와 같은 법률상·제도상의 불이익은 아예 존재하지 않는다고 볼 수 있습니다.

은행거래와 관련하여, 파산의 경우 전국은행연합회는 채무자의 기존 연체등록정보(구 신용불량정보)를 공공정보로 변경 등록하고(신용정보관리규약 제11조 제1항 제8호), 등록사유 발생일로부터 5년간 공공정보를 1201 코드로 관리하나, 개인회생의 경우 법원은 변제계획인가결정을 한 경우 사건번호 및 채무자 성명, 주민등록번호, 인가결정일을 전국은행연합회장에게 통보하고(개인회생사건 처리지침 제18조 제1항), 전국은행업합회는 채무자의 기존 연체등록정보(구 신용불량정보)를 공공정보로 변경 등록하고(신용정보관리규약 제11조 제1항 제7호), 변제계획에 따른 변제완료시 또는 5년이 될 때 까지 공공정보를 1301 코드로 관리하며 위 기간이 만료되면 공공정보를 해제함과 동시에 이를 삭제합니다(신용정보관리규약 별표 1 신용정보관리기준 5.공공정보).

특수기록정보 등록자라고 하더라도 일반적인 통장개설 등 금융기관 이용은 문제되지 않으며 최근에는 체크카드의 발급도 가능하게 되었습니다. 그러나 신용카드 발급이나 대출 등 신용거래는 개인의 신용에 대한 각 금융기관의 평가이므로 일반적으로 다시 신용이 발생하기 전까지는 그러한 신용거래는 어렵다고 볼 수 있습니다.

한편 위에서 본 바와 같이 향후 변계계획을 성실히 수행하여 면책을 받게 되면 그에 따라 특수기록정보도 삭제되게 되므로 그 이후부터는 자유로이 은행과 거래할 수 있습니다.

따라서 귀하의 경우도 사업자등록을 유지하고 인쇄업을 영위하는 것에 아무런 제한이 없으며 귀하 명의로 개설한 통장 사용도 문제되지 않을 것으로 보이며 신용상 불이익은 변제계획 수행이 완료되어 면책되면 모두 소멸하게 됩니다.

■ 개인회생신청 시 강제집행 및 담보권실행을 막을 수 있는지요?

[질문]

저는 15년째 초등학교 교사로 근무하는 교원으로서 남편의 사업자금 대출에 보증하거나 신용카드로 현금서비스를 받아 사업자금에 사용하게 하는 등으로 채무가 발생·증대되었습니다. 그러던 중 남편이 뇌경색으로 쓰러져 병원에 입원하게 되면서 사업이 기울게 되었고 그로 인해 저는 신용카드대금, 대출금, 보증채무 등을 갚을 수 없게 되어, 현재 본인의 교원 급여에 무려 12군데의 금융기관으로부터 가압류 또는 압류 및 추심명령을 당하여 급여 중 일부만을 수령하면서 본인과 고등학교 1학년 자녀, 그리고 병원에 있는 남편과 힘들게 생활하고 있습니다. 이런 상황에서 얼마 전에는 본인 소유 아파트의 근저당권자가 부동산임의경매를 신청하여 현재 경매절차가 진행 중에 있어 앞으로 더 이상 직장생활과 가정생활을 하기가 힘든 상황에 이르게 되었습니다. 개인회생을 신청하면 이러한 강제집행 등을 모두 막을 수 있는지요? 또한 개인회생이 받아들여지면 급여는 모두 수령할 수 있는지요?

[답변]

개인회생제도는 자연인인 개인에 대한 재건형·갱생형 도산절차로서, 장래 정기적이고 확실한 수입을 얻을 가능성 있는 급여소득자나 장래 계속적으로 또는 반복하여 수입을 얻을 가능성 있는 영업소득자가 그 소득을 변제의 재원으로 하여 일정한 변제계획을 인가받으면, 개인회생채권자들의 개별적인 강제집행을 금지하고 안정적으로 변제계획의 수행을 하도록 하여 채권자들에게 일정 기간 변제하게 함으로써 채무자에게 재기의 기회를 주는데 그 취지가 있습니다.

따라서 「채무자 회생 및 파산에 관한 법률」은 ① 개인회생절차 개시신청 단계에서부터 일정한 절차나 강제집행 등을 중지 또는 금지를 신청할 수 있도록 하고, ② 개인회생절차 개시결정이 있는 경우 위와 같은 일정한 절차나 강제집행이 당연히 중지 또는 금지되도록 하며, ③ 변제계획 인가결정이 있으면 중지된 절차 등이 실효되도록 하고 있습니다.

법원은 개인회생절차 개시신청이 있는 경우 필요하다고 인정하는 때 이해관계인(채권자 또는 채무자)의 신청 또는 직권으로 개인회생절차의 개시신청에 대한 결정시까지 다음 각호의 절차 또는 행위의 중지 또는 금지를 명할 수 있습니다(같은 법 제593조 제1항).

1. 채무자에 대한 회생절차 또는 파산절차
2. 개인회생채권에 기하여 채무자의 업무 및 재산에 대하여한 강제집행·가압류 또는 가처분
3. 채무자의 업무 및 재산에 대한 담보권의 설정 또는 담보권의 실행 등을 위한 경매
4. 개인회생채권을 변제받거나 변제를 요구하는 일체의 행위.다만, 소송행위를 제외한다.
5. 「국세징수법」 또는 「지방세기본법법」에 의한 체납처분, 국세징수의 예(국세 또는 지방세체납처분의 예를 포함)에 의한체납처분 또는 조세채무담보를 위하여 제공된 물건의 처분.이 경우 징수의 권한을 가진 자의 의견을 들어야 한다.

법원은 중지 또는 금지명령의 신청이 있는 경우 특별한 사정이 없는 한 지체 없이 그에 관한 결정을 하여야 하고(개인회생사건 처리지침 제4조의2), 중지 또는 금지명령을 결정한 경우 이를 각 개인회생채권자들에게(중지명령은 강제집행을 개시한 해당 개인회생채권자에게) 송달합니다.

개인회생채권자가 이러한 중지 또는 금지명령에 위반하여 강제집행을 속행하거나 개시하는 경우 채무자는 ① 중지명령 정본을 집행법원에 제출하여 집행정지를 신청할 수 있고(민사집행법 제49조 제2호), ② 금지명령 정본 및 송달증명원을 집행법원에 제출하여 집행처분의 취소를 신청할 수 있습니다(같은 법 제49조 제1호, 제50조 제1항).

단, 채권가압류, 유체동산가압류의 경우 가압류재판 정본이 제3채무자에게 송달되거나(채권가압류), 집행관에 의한 압류표지의 부착(유체동산가압류)으로 가압류집행은 종료되므로 이에 대하여 중지명령을 신청하더라도 중시시킬 집행절차가 존재하지 않으므로 이에 대한 중지명령신청은 기각될 수 있습니다.

개인회생절차 개시결정이 있는 때에는 위에서 설명한 중지 또는 금지명령의 대상 절차 또는 행위는 별도의 신청이 없더라도 중지 또는 금지됩니다(같은 법 제600조 제1, 2항). 이러한 중지 또는 금지 효력은, 중지된 절차 또는 행위의 경우 변제계획인가결정시까지(같은 법 제615조 제3항) 존속하고, 금지된 절차 또는 행위의 경우 개인회생절차 종료 시까지 존속합니다. 다만, 개인

회생재단에 속하는 재산에 대한 담보권의 설정 또는 담보권의 실행 등을 위한 경매는 변제계획의 인가결정일 또는 개인회생절차 폐지결정의 확정일 중 먼저 도래하는 날까지 중지 또는 금지됩니다(같은 법 제600조 제2항).

변제계획인가결정이 있으면 개인회생절차 개시결정에 의하여 중지한 회생절차 및 파산절차와 개인회생채권에 기한 강제집행·가압류 또는 가처분은 실효됩니다(같은 법 제615조 제3항). 실효된 절차의 외관을 제거하기 위해서는 ① 변제계획인가결정 정본(보통 채무자에게 송달하지 않으므로 법원에 정본 발급을 신청해야 함)과 ② 개인회생채권자목록을 첨부하여 집행법원(부동산 또는 채권 강제집행의 경우) 또는 집행관(유체동산 강제집행의 경우)에 집행 해제를 신청할 수 있습니다. 그러나 ① 담보권 실행을 위한 경매는 변제계획 인가결정으로 실효되는 것이 아니라 중지 또는 금지되었던 절차가 속행될 수 있고(같은 법 제600조 제2항), ② 「국세징수법」또는 「지방세기본법」에 의한 체납처분, 국세징수의 예(국세 또는 지방세 체납처분의 예를 포함한다. 이하 같다)에 의한 체납처분 또는 조세채무담보를 위하여 제공된 물건의 처분도 변제계획 인가결정으로 실효되지 않습니다.

귀하의 경우 개인회생절차 개시신청과 동시에 중지명령을 신청함으로써 급여에의 압류 및 추심명령과 부동산임의경매를 중지시킬 수 있고, 다른 재산에 대해서는 금지명령을 신청함으로써 개인회생채권자들의 강제집행을 일반적으로 금지시킬 수 있습니다. 이후 개인회생절차개시결정이 있으면 중지 또는 금지의 효력은 여전히 유지되고 변제계획인가결정이 있으면 중지된 급여채권 압류 및 추심명령은 당연히 실효되어 향후 급여 전부를 수령할 수 있고 기존에 지급받지 못한 급여 중 사용자가 공탁하기 위해 보관하고 있는 적립금이나 아직 채권자에게 배당하지 않은 공탁금도 이를 수령하거나 회수할 수 있습니다(단, 이러한 경우 적립금 또는 공탁금을 모두 제1회 변제기일에 투입하는 것으로 변제계획안을 작성해야 합니다.

그러나 귀하의 부동산에 대한 근저당권자에 의한 임의경매는 변제계획인가결정이 되면 다시 속행하게 되고 근저당권자는 개인회생절차에 의하지 않고 채권의 만족을 얻을 수 있으므로 경매를 막으려면 근저당채무를 변제하거나 합의하는 등 개인회생절차와 별도로 해결해야 할 것으로 보입니다.

■ 개인회생신청 시 급여에 대한 압류 해제가 가능한지요?

[질문]

저는 조그마한 중소기업체 과장으로 근무하면서 급여소득자로 생활하고 있는데 채무가 많아서 개인회생을 신청하고자 합니다. 그런데 현재 본인의 급여에 채권가압류, 채권압류 및 추심명령이 들어와 있어 급여 중 압류되지 않은 부분으로 생활하고 있으며 회사는 매월 급여 중 일정액을 적립하여 1년마다 한번씩 법원에 공탁하고 있습니다. 이러한 상황에서 개인회생을 신청할 경우 급여 압류를 해제할 수 있다고 들었는데 저는 언제, 어떻게 급여 압류를 해제할 수 있고, 회사가 보유하고 있는 적립금과 회사가 공탁하여 법원에서 아직 배당하지 않은 공탁금은 어떻게 처리되는지요?

[답변]

「채무자 회생 및 파산에 관한 법률」은 개인회생채권자의 강제집행에 따른 변제의 불공평을 방지하고 채무자가 안정적으로 변제계획을 마련하여 이를 수행하는 것을 보장하기 위해 ① 개인회생절차 개시신청 단계에서부터 채무자의 재산에 대한 강제집행·가압류 또는 가처분의 중지 또는 금지를 신청할 수 있도록 하고(같은 법 제593조 제1항), ② 개인회생절차 개시결정이 있는 경우 위와 같은 강제집행 등이 당연히 중지 또는 금지되도록 하며(같은 법 제600조 제1항), ③ 변제계획 인가결정이 있으면 중지된 강제집행 등이 실효됨을 규정하고 있습니다(같은 법 제615조 제3항).

따라서 채무자의 급여채권에 압류 및 추심명령 등 강제집행이 있는 경우 채무자가 법원에 중지명령을 신청하면 법원은 필요하다고 인정하는 때 중지명령 결정을 할 수 있고, 동 결정 정본을 강제집행을 개시한 개인회생채권자에게 송달하여 강제집행을 중지하도록 하고 있습니다. 그러나 급여채권에 대한 압류 및 추심명령에 대한 중지명령은 개인회생채권자의 추심명령에 기한 추심권 행사를 중지시키고 이를 배당받아 집행을 종료시키는 것으로 저지할 뿐이며 압류된 급여를 채무자에게 지급하는 등 압류의 효력까지 소멸시키지는 않습니다. 따라서 급여채권 강제집행의 제3채무자인 사용자(회사)가 압류채권자를 위해 배당 또는 공탁을 위해 보관하고 있는 적립금이 중지명령에 의하여 더욱 늘어갈 뿐입니다.

위 사안과 같이 급여채권에 대한 강제집행이 있는 경우 개인회생제도에서는

① 사용자가 보관하고 있는 적립금을 어떻게 처리해야 하는지, ② 급여에 대한 압류 집행을 어떻게 해제하고 적립금 또는 공탁금(법원에 공탁되어 배당되지 않았을 경우)을 어떻게 찾아야 하는지, ③ 최초의 변제개시일을 언제로 정해야 하는지가 문제됩니다.

첫째, 압류 적립금 처리 방법과 관련하여, 사용자가 압류채권자를 위해 공탁하고자 보관하고 있는 압류 적립금은 변제계획 인가결정에 의하여 압류의 효력이 소멸하면 원칙적으로 사용자는 이를 채무자에게 전부 지급해야 하고 따라서 압류 적립금액을 확인하여 채무자는 재산목록에 이를 기재해야 합니다. 그러나 압류 적립금은 압류 기간과 사용자의 배당 또는 공탁의 주기에 따라 경우에 따라서는 상당한 금원에 이르는 경우가 많은 관계로 이를 채무자가 변제계획 인가결정으로 모두 수령할 수 있도록 허용할 경우 처음부터 압류 적립금을 수령할 목적으로 개인회생을 신청하는 것을 배제할 수 없게 됩니다.

이러한 경우 법원은 실무상 압류 적립금을 제1회 변제기일에 일시에 투입하는 것으로 하되, 그 투입액만큼 월변제예정액을 감액하는 방식(즉, 당초 일시투입을 전제로 하지 않았을 경우의 가용소득에 따른 총변제예정액에서 일시투입 압류 적립금을 공제한 액수를 변제개월수-1로 나눈 금액이 월변제예정액이 됨)으로 변제계획안을 작성할 것을 요청하고 있으며, 만일 채무자가 이에 불응할 경우 개인회생절차 개시신청이 채권자 일반의 이익에 적합하지 아니한 때, 그 밖에 신청이 성실하지 아니하거나 상당한 이유 없이 절차를 지연시키는 때에 해당하여 기각될 수 있습니다(같은 법 제595조 제6,7호). 다만, 개인회생절차 개시신청 당시 신청서에 기재한 압류 적립금과 변제계획 인가결정 당시 실제로 적립된 금액은 개인회생절차가 수 개월 소요되는 점에 비추어 금액의 차이가 있을 수 있는데, 채무자는 당초 인가받은 변제계획안 상 압류 적립금액을 제1회 변제기일이 일시투입하면 되고 일시투입하지 않은 압류 적립금의 차액은 그 금액이 상당하지 않는 이상 이를 보유하여도 무방할 것으로 보입니다.

둘째, 압류를 해제하여 적립금 또는 공탁금을 수령하는 방법과 관련하여, 원칙적으로 변제계획 인가결정이 선고된 경우 동 결정의 효력으로 채무자의 급여채권에 대한 압류 및 추심명령 등 강제집행은 당연히 실효되므로(같은 법 제615조 제3항), 채무자는 별도의 조치 없이도, 사용자가 보관하고 있는 압류 적립금이나 사용자가 압류 채권자들에 대한 배당을 위해 공탁하여 아직 배당되지 않은 공탁금을 수령할 수 있다고 볼 수 있습니다. 그러나 사용자 입장에 서는 일반적으로 압류가 해제된 근거를 제출하기 전까지는 압류 적립금을 채무자에게 지급하지 않을 것이며 이러한 압류집행의 외관을 제거하기 위해 채무자는 변제계획인가결정 정본(보통 채무자에게 송달하지 않으므로 법원에 정본 발급을 신청해야 함)과 개인회생채권자목록을 첨부하여 채권압류명령을 발한 법원에 채권 압류집행 해제신청을 할 수 있고, 해당 집행법원은 가압류 또는 압류가 실효되었다는 취지를 제3채무자에게 통지(민사집행규칙 제160조)함으로써 사용자로부터 압류 적립금을 일시에 지급받을 수 있습니다.

그런데 급여압류로 인하여 사용자가 압류 채권자들에 대한 배당을 위해 공탁하여 아직 배당되지 않은 공탁금 또는 배당하였으나 채권자가 출급하지 않고 남아 있는 공탁금을 채무자에게 지급하는 방법은 아직 법원에서도 명확히 정리되지 않은 것으로 보입니다.

일반적으로 공탁금에 대한 배당을 실시하는 경우 배당받을 가압류 채권자가 본안소송에서 패소하는 등 채권자에 대하여 배당을 실시할 수 없게 되는 사정이 발생한 경우 법원은 배당표를 변경하여야 하고 이를 위하여 추가배당기일을 열어 해당 채권자를 제외하고 배당을 실시하고 있는데(민사집행법 제161조 제2항 제1호, 제160조, 제256조), 대체적인 실무례는 위와 같은 절차를 준용하여, 변제계획 인가결정으로 강제집행 등이 실효된 경우 집행법원은 추가배당기일을 지정하여 채무자에게 공탁금을 모두 배당하는 방식으로 공탁금을 지급하는 방식을 취하고 있습니다. 그러나 이와 같은 방법은 배당절차의 지연으로 수개월의 기간이 소요될 수 있어 공탁금을 제1회 변제기일에 일시에 투입하는 것으로 변제계획을 인가받은 채무자로서는 변제계획을 수행하지 못하는 경우가 발생할 수 있는 문제점이 있을 수 있습니다.

셋째, 최초의 변제개시일과 관련하여, 최초의 변제는 변제계획인가일로부터 1월 이내에 개시하면 족하지만(채무자 회생 및 파산에 관한 법률 제611조 제4항), 변제계획안의 수행가능성을 소명하기 위하여 변제계획안 제출일로부터 60일 후 90일 이내에 일정한 날을 제1회로 하여 매월 일정한 날에 그 변제계획안상의 매월 변제액을 회생위원에게 임치할 뜻을 기재할 수 있고(개인회생사건 처리지침 제7조 제3항), 실무에서는 거의 대부분 동 지침과 같은 내용으로 변제계획안을 작성하여 변제계획인가결정 이전부터 최초의 변제를 개시하고 있는 실정입니다.

그러나 급여채권에 압류 등 강제집행이 개시된 경우에는 변제계획 인가결정이 선고되기 전까지 압류의 효력이 여전히 유지되어 위 지침과 같이 변제계획 인가결정 이전부터 변제계획안을 수행하는 것은 사실상 불가능한 것으로 평가되므로 이러한 경우는 최초의 변제개시시일을 '변제계획 인가결정 이후 최초로 도래하는 변제일'로 하여 변제계획안을 작성하여 그와 같이 변제계획을 수행할 수 있습니다.

귀하의 경우, 변제계획 인가결정을 선고받으면 그 결정 정본 및 개인회생채권자목록을 첨부하여 급여채권을 압류한 집행법원에 채권압류 집행해제를 신청하여 회사로부터 압류 적립금과 향후 급여 전액을 수령할 수 있을 것으로 보이며, 법원 공탁금도 위 서류를 집행법원(최초 압류 집행을 한 법원, 민사집행법 제161조)에 제출하여 추가배당기일에서 배당을 받을 수 있을 것으로 보입니다.

따라서 귀하는 수령한 적립금 및 공탁금을 최초 변제개시일에 일시 투입하고 향후 급여 전액을 수령하여 인가된 변제계획안에 따른 변제계획을 수행하시면 될 것으로 보입니다.

■ 급여채권에 압류 및 전부명령이 확정된 경우 개인회생신청이 가능한지요?

[질문]

저는 공기업에 근무하고 있는 직원으로서 부동산 투자를 하다가 손해를 입어 은행 대출금과 신용카드, 사채를 사용하여 채무가 발생·증대되었고, 현재는 급여에 1순위로 채권압류 및 전부명령이 들어와 있습니다. 그 이후 여러 건의 채권가압류, 채권압류 및 추심명령이 들어왔으나 최초의 전부명령이 우선한다고 하여 그 전부채권자에게 본인 급여의 일정 부분이 지급되고 있는 실정입니다. 개인회생을 신청해 보려고 알아보았는데 급여에 전부명령이 들어온 경우 다른 강제집행과 달라서 개인회생이 소용없다고 하는 사람도 있고 법이 바뀌어서 급여에 전부명령이 들어와도 개인회생을 신청할 수 있다는 사람도 있는데 저는 개인회생제도를 이용할 수 있나요?

[답변]

전부명령이란 채무자가 제3채무자에 대하여 가지는 압류한 금전채권을 집행채권과 집행비용청구권의 변제에 갈음하여 압류채권자에게 이전시키는 채권 강제집행의 한 방법으로서, 이러한 전부명령으로 압류채권자는 만족을 얻게 되며 다른 채권자의 배당가입이 허용되지 않고 압류채권자가 우선적 변제를 받을 수 있다는 점에서 공탁사유 또는 추심의 신고를 할 때까지 다른 채권자의 배당가입이 허용되는 추심명령과 구별됩니다.

개인회생제도에 있어서 채무자의 변제의 재원인 급여에 전부명령이 결정되어 확정된 경우 그 압류 및 전부된 급여채권은 전부채권자에게 확정적으로 이전되어 원칙적으로 채무자는 개인회생을 신청하더라도 압류 및 전부되지 않은 나머지 급여만으로 개인회생을 신청해야 하므로 급여채권에 전부명령이 들어온 채무자는 사실상 개인회생제도를 이용하는 것이 불가능하였습니다.

그러나 「채무자 회생 및 파산에 관한 법률」은 채무자의 급여채권에 대한 전부명령의 효력을 제한하여 개인회생절차개시결정 전에 확정된 전부명령은 변제계획 인가결정 후에 제공한 노무로 인한 부분에 대하여는 그 효력이 상실되고(같은 법 제616조 제1항), 변제계획인가결정으로 인하여 전부채권자가 변제받지 못하게 되는 채권액은 이를 개인회생채권으로 한다고 규정하여(같은 법 제616조 제2항), 급여채권에 전부명령이 확정된 경우에도 개인회생제도를 이용할 수 있는 길을 열어놓았습니다.

이러한 경우 채무자는 급여채권에 대한 전부명령이 실효될 것을 전제로 전부채권자를 개인회생채권자로 하여 채권자목록에 기재하되(법원양식:'개인회생채권자목록' 참조), '채권현재액'은 확정된 전부명령상의 금액에서 전부채권자가 채무자의 사용자로부터 전부금 명목으로 지급받은 금액을 공제한 잔여 금액을 기재하며(급여채권에 대한 전부명령은 장래의 급여채권이 이미 전부채권자에게 이전된 것이므로 매월 전부금의 수령을 집행채권의 원리금 변제충당으로 해석할 수 없고 집행채권상의 원리금의 구별은 사라진 것으로 볼 수 있어 잔여 금액을 모두 원금에 기재하는 것이 타당해 보임), '부속서류'란에 '√'를 표시하고 그 아래 3번 란에 '○'를 표시한 후, 부속서류 3. 전부명령의 내역 양식에 채권번호, 채권자명칭, 채권의 내용, 전부명령의 내역으로서 ① 전부명령을 내린 법원 ② 당사자, ③ 사건명 및 사건번호, ④ 전부명령의 대상이 되는 채권의 범위, ⑤ 제3채무자에 대한 송달일, ⑥ 전부명령의 확정여부를 전부명령결정문을 참조하여 이를 기재하고, 전부명령 결정문 사본 및 사용자가 작성한 전부금 지급내역서를 소명자료로 제출합니다.

또한 전부명령이 있은 사실에 관하여는 위 개인회생채권자목록 이외에 ① 수입 및 지출에 관한 목록 중 Ⅰ. 현재의 수입목록 내용 중에 급여에 압류, 가압류 등 유무란과(법원양식 : '수입 및 지출에 관한 목록' 참조), ② 진술서 Ⅲ. 부채상황 1. 채권자로부터 소송·지급명령·전부명령·압류·가압류 등을 받은 경험 유무란(법원양식 : '진술서' 참조)에 각각 이를 추가적으로 기재해야 합니다.

그리고 변제계획안의 작성에 있어서는 전부명령이 장래 실효될 것을 전제로 이를 '미확정채권'으로 취급하여 '7. 미확정 개인회생채권에 대한 조치'란에 해당 있음으로 Ⅴ 표시하고, '8. 변제금원의 회생위원에 대한 임치 및 지급' 란에 7.항을 표시하며(법원양식:'변제계획안 제출서' 참조), '개인회생채권 변제예정액 표 2. 채권자별 변제예정액의 산정내역'의 표에 전부채권자의 명칭을 기재하되 개인회생채권액은 채권자목록에 기재한 금액을 미확정채권(원금)란에 기재합니다(법원양식 : '개인회생채권 변제예정액 표' 참조).

향후 변제계획 인가결정이 선고되면, 전부명령은 변제계획 인가결정 이후 제공한 노무로 인한 부분에 대하여는 그 효력이 상실되어 미확정채권으로 취급되던 전부채권자의 채권금액은 확정될 수 있으므로, ① 채무자가 사용자로부터 변제계획 인가결정일까지 근로한 대가 상당의 임금을 일할 계산한 확인서 및 이를 전부채권자에게 지급했다는 금융자료 등을 법원에 제출하거나 ② 전부채권자 스스로 변제계획 인가결정까지의 노무로 인한 임금 중 압류 전부금을 수령한 내역을 확인할 수 있는 금융자료를 제출하여 미확정채권을 확정채권으로 변경할 수 있습니다.

따라서 귀하의 경우에도 이미 귀하의 급여에 채권압류 및 전부명령결정이 선고되어 확정되었더라도 개인회생을 신청할 경우 「채무자 회생 및 파산에 관한 법률」 제616조에 따라 전부명령의 효력이 제한되고 전부채권자도 개인회생채권자로 취급되므로 다른 요건을 충족하여 변제계획 인가결정을 받으면 그 이후에는 급여 전액을 수령하여 변제계획을 수행할 수 있을 것으로 보입니다.

■ 개인회생절차에서 별제권이란 무엇인지요?

[질문]

저는 회사원으로 생활하다가 친구에게 빌려 준 돈을 받지 못하여 은행 채무와 카드대금 채무가 발생하여 이를 갚지 못하고 있습니다. 현재 제 명의로 시가 약 9,000만원 되는 빌라를 소유하고 있으며 그 빌라를 매입할 당시 매수대금이 부족하여 은행으로부터 근저당권 채권최고액 금 7,000만원을 설정하여 금 5,000만원을 대출받고 얼마 전까지 그 대출금 이자를 납입하다가 지금은 연체하여 현재 이자가 300만원이나 됩니다. 이에 근저당권자인 은행이 부동산임의경매를 신청하여 현재 경매절차가 진행 중인데 이러한 경우에도 개인회생제도를 이용할 수 있는지요? 이용할 수 있다면 근저당권은 어떻게 처리되는지, 부동산은 제가 계속 보유할 수 있는지요?

[답변]

개인회생제도에 있어서 위와 같은 근저당권을 별제권이라고 하며, 별제권을 이해하기 위해서는 우선 파산재단과 개인회생재단의 개념을 알아야 합니다.

파산절차상 파산재단이란 채무자가 파산선고 당시 가진 모든 재산에서 압류금지재산 및 면제재산결정을 받은 재산을 제외한 재산(「채무자 회생 및 파산에 관한 법률」 제382조, 제383조)을 말하며, 개인회생재단이란 개인회생절차개시결정 당시 채무자가 가진 모든 재산과 개인회생절차진행 중에 채무자가 취득한 재산 및 소득으로서 압류금지재산 및 면제재산결정재산을 제외한 재산을 말합니다(같은 법 제580조).

위 파산재단에 속하는 재산상에 설정되어 있는 유치권, 질권, 저당권 또는 전세권을 별제권이라고 하고(같은 법 제411조), 파산절차상의 별제권 규정들(같은 법 제411조부터 제415조까지)은 제4편. 개인회생절차에 준용되므로(같은 법 제586조), 개인회생절차를 신청한 채무자의 개인회생재단에 속하는 재산상에 유치권, 질권, 저당권, 전세권을 개인회생제도에 있어서 별제권이라고 합니다.

개인회생제도에 있어서 별제권자는 개인회생절차에 의하지 아니하고 별제권을 행사할 수 있고(같은 법 제412조, 제586조), 그 별제권의 행사(담보권의 실행)에 의하여 변제받을 수 없는 채권액(이하 예정부족액이라고 함)에 관하여만 개인회생채권자로서 그 권리를 행사할 수 있습니다(같은 법 제413조,

제586조).

따라서 별제권자는 대출금 만기 도래, 대출금 이자 연체 등 담보권 실행 사유가 발생한 경우 개인회생절차와 무관하게 부동산임의경매를 신청하여 경매 절차에서 우선 배당받아 갈 수 있고, 예정부족액이 발생한 경우에는 이에 대하여 개인회생채권자로서 변제계획의 내용에 따라 다른 개인회생채권자들과 같이 안분하여 변제받을 수 있습니다. 다만, 채무자는 개인회생절차개시신청과 동시에 이미 진행되고 있는 담보권실행경매의 중지를 신청할 수 있고(같은 법 제593조 제1항 제3호), 개인회생절차 개시결정이 선고되면 담보권실행경매는 변제계획 인가결정일 또는 개인회생절차 폐지결정의 확정일 중 먼저 도래하는 날까지 중지되어(같은 법 제600조 제2항), 개인회생절차 내에서는 임시적으로 경매를 중지시킬 수는 있습니다.

그러나 변제계획 인가결정일 이후에는 별제권자는 담보권실행경매를 속행할 수 있어 결과적으로 채무자는 별제권자와 개별적으로 분할 변제 등을 합의하여 경매를 취하시키지 못하는 이상 담보권실행경매를 막을 방법은 없습니다.

위와 달리 별제권자가 변제계획 인가결정이 있을 때까지 별제권자가 담보권을 실행하지 않을 경우 채무자로서는 예정부족액 즉, 별제권자가 별제권의 행사로도 변제받을 수 없을 채권액을 확정할 수 없어 일응의 예정부족액을 산정하여 이를 변제계획안에 미확정채권으로 하여 변제계획 인가결정을 받고 향후 별제권의 행사로 인하여 예정부족액이 확정되는 경우 이를 확정채권으로 하여 변제계획을 수행해야 합니다.

이에 따라 법원이 마련한 개인회생양식(간이양식 아님) 중 '개인회생채권자목록' 및 '변제계획안 제출서'에는 '별제권 행사 등으로 변제가 예상되는 채권액'(이하 예상변제액이라고 함)과 '별제권 행사 등으로도 변제받을 수 없을 채권액'(예정부족액)을 기재하도록 구성되어 있습니다. 현재 법원 실무에 의하면 담보물의 가치를 가급적 낮게 평가함으로써 예정부족액을 높게 산정하여 개인회생절차의 수행의 안정성을 기하고자 담보물을 시가의 약 70%로 산정하여 이를 기준으로 예정부족액을 산정하고 있습니다. 다만, 재산목록 상 부동산의 금액 기재에 있어서는, 채권자들에 대한 최소한의 이익 보호 관점에서 채무자의 재산 가액을 저평가할 수는 없으므로 위 예정부족액 산정과 같이 담보물을 시가의 70%로 산정하지 아니하고 해당 담보물 시가 자체에서 근저당권 채권현재액(채권현재액이 채권최고액을 초과하는 경우 채권최고액)

을 공제한 금액을 금액란에 기재합니다.

구체적으로, 예상변제액 산정 방법은 채권최고액과 담보물 시가의 70%에 해당하는 금액을 비교하여 적은 금액으로 하고, 예정부족액 산정방법은 채권최고액과 채권현재액(원리금 합계액) 중 큰 금액에서 위 예상변제액을 공제한 금액으로 이를 산정합니다. 채권최고액을 산정 기준으로 삼은 이유는 예정부족액이 확정되지 않은 상황에서 근저당권자는 채권최고액을 한도로 하여 채무자와 거래할 수 있으므로 향후 확정될 예정부족액을 넉넉히 산정하기 위한 것입니다.

귀하의 경우, 귀하 명의 빌라에 이미 진행 중인 담보권실행경매는 개인회생 절차개시신청과 동시에 중지명령을 신청하여 이를 중지시킬 수 있으며, 개인회생 양식 중 개인회생채권자목록에 별제권자를 은행으로 하여 예상변제액은 금 6,300만원, 예정부족액은 금 700만원을 기재하고 변제계획안에는 예정부족액 금 700만원을 미확정채권으로 하여 개인회생을 신청할 수 있을 것으로 보입니다.

다만, 위에서 설명한 바와 같이 변제계획 인가결정일 이후에는 별제권자가 담보권실행경매를 속행할 수 있게 되므로, 귀하가 별제권자와 합의하여 별도로 이를 취하시키고 앞으로 계속 갚아 나갈 별다른 방법이 없는 경우에는 귀하 소유 빌라가 경매처분되는 것을 막을 방법이 없습니다. 이러한 경우 실무상으로 법원은 담보권실행경매로 배당표가 작성된 이후에 개인회생을 신청하도록 권유하고 있는 실정입니다.

■ 개인회생신청 시 주택임차보증금채무는 어떻게 되는지요?

[질문]

저는 중소기업의 급여소득자로서 생활하고 있는데 친구 사업에 은행에 대출을 받아 투자했으나 투자금 회수가 되지 않아 현재 은행 대출금 원리금을 신용카드로 갚으면서 생활하고 있습니다. 저에게는 결혼할 때 부모님이 마련해 준 아파트가 있는데 은행 대출 원리금 상환과 생활비를 마련하기 위해 그 아파트에 전세보증금 5,000만원에 세입자를 들이고 저는 가족과 함께 월세를 살고 있으며 해당 아파트의 현재 시가는 약 7,000만원입니다. 이러한 상황에서 제가 개인회생을 신청할 경우 세입자의 전세보증금은 어떻게 처리해야 하는지요?

[답변]

「주택임대차보호법」은 사회·경제적 약자인 주택임차인의 주거생활의 안정을 보장하기 위해 임차인이 임차권등기를 하지 않은 경우에도 임차인이 주택의 인도와 주민등록을 마친 때에는 그 다음날부터 제3자(보통 임차주택 양수인)에 대하여 임대차관계를 주장할 수 있고(대항력의 인정, 「주택임대차보호법」 제3조 제1항), 이러한 대항력 요건에 더하여 임대차계약서상에 확정일자를 갖춘 경우 「민사집행법」에 의한 경매 또는 「국세징수법」에 의한 공매시 대지를 포함한 임차주택의 환가대금에서 후순위권리자 기타 채권자보다 우선하여 보증금을 변제받을 수 있는 우선변제권을 인정하고 있습니다(같은 법 제3조의2 제2항). 또한 보증금이 각 지역에 따른 일정액 이하인 주택임차인은 주택에 대한 경매개시결정등기 전 위 대항력의 요건을 구비한 경우 그 보증금 중 일정액을 다른 담보물권자보다 우선하여 변제받을 수 있도록 하고 있습니다(같은 법 제8조 제1항). 「채무자 회생 및 파산에 관한 법률」도 파산재단 또는 개인회생재단에 속하는 대지를 포함한 주택의 환가대금에서 위와 같은 우선변제권을 인정하고 있고, 다만 「주택임대차보호법」 제8조의 규정에 의한 임차인은 파산신청일 또는 개인회생신청일까지 「주택임대차보호법」 제3조 제1항의 규정에 의한 대항요건을 갖추어야 합니다(「채무자 회생 및 파산에 관한 법률」제415조 및 제586조).

위와 같이 우선변제권이 있는 주택임차인은 파산재단이나 개인회생재단에 속하는 재산상에 설정되어 있는 유치권, 질권, 저당권 또는 전세권자로서 별제권자에는 해당하지 않으나 별제권자와 같이 우선변제권을 가지고 있으므로 별제권자에 준하여 개인회생을 신청해야 합니다.

구체적으로 '개인회생채권자목록' 작성에 있어 주택임차인 및 그 주택임대차보증금 현재액을 채권자 및 채권현재액(원금)란에 기재하고(법원양식 : '개인회생채권자목록' 참조), '부속서류'에 ∨표시를 하며 1란에 ○표시를 합니다. '부속서류 : 1. 별제권부채권 및 이에 준하는 채권의 내역' 중 '별제권행사 등으로 변제가 예상되는 채권액(예상변제액)'란에는, 담보물의 가치를 가급적 낮게 평가함으로써 예정부족액을 높게 산정하고 개인회생절차의 수행의 안정성을 기하고자 하는 법원의 실무례에 따라, 담보물을 시가의 70%로 산정한 금액과 주택임대차보증금 액수를 비교하여 적은 금액을 기재하고, '별제권행사 등으로 변제받을 수 없을 채권액(예정부족액)'은 주택임대차보증금에서 위 예상변제액을 공제한 액수를 기재합니다. 또한 '별제권 등의 내용 및 목적물' 란에는 ① 주택임대차보증금의 취지 ② 임대차계약일자 및 기간 ③ 전입신고일자 ④ 확정일자 ⑤ 임대차 목적물의 표시 및 환가예상액(시가) 등을 기재합니다(법원양식 : '개인회생채권자목록' 중 '부속서류 1. 별제권부채권 및 이에 준하는 채권의 내역' 참조).

일반적으로 임대차보증금은 임차인의 차임연체, 손해배상채무 발생 등 의무불이행을 담보하는 것이고 임대차기간 만료 후 임차목적물 반환의무는 임대차보증금의 반환과 동시이행의 관계에 있으므로 임대차목적물을 반환받을 때까지 반환해야 할 임대차보증금 액수는 확정되지 않으므로, 개인회생신청인은 이를 변제계획안 작성 시 이를 미확정채권으로 취급하여 임대차목적물을 반환받기 전까지는 그 변제를 유보해야 할 것입니다. 이와 같이 개인회생절차에서 주택임대차보증금반환채권은 미확정채권으로 취급되는 바, ① 우선변제권이 있는 경우 주택임차인이 주택의 경매를 통해서 배당을 받거나 해당 주택을 제3자에게 양도하여 제3자가 주택임대차보증금반환채무를 면책적으로 인수한 경우 이외에는 확정되지 않으며, ② 우선변제권이 없는 경우라도 주택임차인이 임대차기간 만료 후 임의적으로 임차 주택을 임대인에게 임의로 명도해 주지 않는 이상 주택임대차보증금반환채권은 미확정인 상태로 남아있게 됩니다.

특히 우선변제권이 있는 임대차보증금반환채권자라고 하더라도 해석상 근저당권과 같은 경매신청권은 없으며, 주택임차인이 위 채권에 대하여 판결 등

집행권원을 취득한 경우라도 개인회생절차개시결정 이후에는 개인회생재단에 속하는 신청인 소유 주택에 대한 강제집행이 금지되고(같은 법 제600조 제1항 제2호), 변제계획 인가결정 이후에는 개인회생채권은 변제계획에 의해서만 변제받을 수 있으므로(법 제582조), 부동산강제경매도 사실상 불가능합니다. 따라서 임대인이 개인회생을 신청하는 경우 법에 의하여 우선변제권이 있는 주택임차인은 다른 근저당권자나 개인회생채권자 아닌 채권자의 강제집행에 따른 경매절차에서 배당을 받을 수 있을 뿐이어서 변제기간 만료 전까지는 주택임대차보증금을 반환받기 어렵습니다.

귀하의 주택임차인이 주택을 인도받아 전입신고를 하고 주택임대차계약서상에 확정일자를 받았다면 해당 주택임대차보증금반환채권은 별제권부채권에 준하는 채권으로서 앞에서와 같이 개인회생채권자목록에 해당 임차인의 성명을 기재하고 채권현재액(원금)에는 임대차보증금 5,000만원을 기재합니다. 또한 부속서류에 예상 변제액은 금 4,900만원(담보물 시가의 70%와 보증금 중 적은 액수), 예정부족액은 금 100만원(임대차보증금에서 예상변제액을 공제한 금액)을 기재하고 이러한 내용을 변제계획안에 그대로 기재하며, 변제예정액표에는 미확정채권액(원금)란에 금 100만원을 기재합니다.

만일 주택임차인이 확정일자를 받지 못하였다면 해당 주택임대차보증금반환채권은 우선변제권이 없으므로 앞에서 제시한 별제권에 준하는 채권의 방법으로 처리할 수 없고(따라서 개인회생채권자목록에 채권자로 이를 기재하나 부속서류에 별제권에 준하는 채권으로 이를 표시하지 않습니다) 이를 일반의 미확정채권으로 하여 변제예정액표에 보증금 5,000만원을 전부 미확정채권으로 기재합니다.

■ 개인회생신청 시 미지급 임금이나 조세는 어떻게 되는지요?

[질문]

저는 개인사업자로 등록하여 가구공장을 운영하던 중 매출 부진과 거래업체 미수대금을 회수하지 못하여 공장을 그만두게 되었고 얼마 전 폐업신고를 하였습니다. 폐업 당시 다른 거래업체와 은행에 약 5,000만원 정도의 채무가 있었고 현재까지 근로자들의 임금 500만원 정도와 부가가치세 200만원 정도를 내지 못하였으며 현재 저는 그 전 거래업체의 도움으로 공장에서 월급을 받으며 생활하고 있습니다. 개인회생을 신청할 경우 본인이 부담하고 있는 위 임금과 세금은 일정액을 변제하면 나머지 금액을 면제받을 수 있는지요?

[답변]

임금이란 "사용자가 근로의 대가로 근로자에게 임금, 봉급 그 밖에 어떠한 명칭으로든지 지급하는 일체의 금품"을 말하며(「근로기준법」 제2조 제1항 제5호), 임금채권의 배당에 있어서 일반 채권에 우선하는 효력을 인정하고(같은 법 제38조), 일정한 임금 체불에 대해서는 이를 형사사건으로 하여 처벌하는 등 근로자의 생활보장을 위해 임금채권에 대해 우선적인 배려를 하고 있습니다.

또한 「채무자 회생 및 파산에 관한 법률」에서도 근로자의 임금채권에 대하여 파산재단채권 또는 개인회생재단채권으로 규정하고(같은 법 제473조 제10호, 제583조 제1항 제3호), 이를 면책 받을 수 없는 채권으로 규정하여 특별한 배려를 하고 있습니다(같은 법 제566조 제5호 및 제625조 제2항 제6호).

개인회생재단채권이란 ① 개인회생절차의 수행에 필요한 비용을 지출하기 위하여 인정된 채무자에 대한 청구권으로서 개인회생절차개시 후 원인에 기하여 생긴 채권 또는 ② 형평의 관념이나 사회정책적인 이유로 법이 인정한 청구권으로서 개인회생절차개시 전의 원인으로 생긴 채권을 말하며, 같은 법 제583조 제1항은 ① 회생위원의 보수 및 비용청구권 ② 「국세징수법」또는「지방세기본법」에 의하여 징수할 수 있는 원천징수 조세 등으로서 납부기한이 도래하지 아니한 것 ③ 채무자의 근로자의 임금·퇴직금 및 재해보상금 등을 개인회생재단채권으로 정하고 있습니다.

개인회생재단채권은 개인회생절차에 의하지 아니하고 수시로 변제하며, 개인회생채권보다 먼저(우선하여) 변제해야 하고(수시·우선 변제의 원칙, 같은 법 제583조 제2항, 제475조 및 제476조), 변제계획의 내용에는 개인회생재단채권 전액의 변제에 관한 사항을 필수적으로 기재하여야 합니다. 채무자가 개인회생을 신청하여 위와 같은 내용으로 변제계획 인가결정을 받았다고 하더라도 이미 발생한 임금 등 개인회생재단채권의 변제를 게을리 할 경우 채권자는 채무자의 급여채권이나 영업재산 등에 강제집행을 할 수 있고 이로 인하여 채무자의 변제계획 수행은 불가능하여 개인회생절차가 폐지될 수 있습니다(같은 법 제621조 제1항 제2호).

따라서 임금채권 등 개인회생재단채권금액이 상당하여 인가된 변제계획의 내용 이외에 별도로 재단채권을 변제할 방법이 없거나 임금채권자와 합의하지 않는 이상 개인회생절차가 폐지될 우려가 많아 이러한 사항을 고려하여 신중하게 개인회생을 신청해야 할 것입니다.

조세채권의 경우에도 체납처분으로 채무자의 재산을 환가하여 우선적으로 변제받을 수 있으므로 「채무자 회생 및 파산에 관한 법률」에서도 그 채권의 성격을 고려하여 우선적으로 변제될 수 있도록 하고 있습니다. 또한 면책결정이 확정된다 하더라도 파산의 경우 조세채권을 비면책채권으로 규정하고 있고(같은 법 제566조 제1호), 개인회생의 경우 개인회생재단채권에 속하는 조세 등의 채권을 비면책채권으로 규정하고 있습니다(같은 법 제625조 제2항 제2호 및 제583조 제1항 제2호).

개인회생절차에 있어서 ① 개인회생절차개시 당시 납부기한이 도래하지 않은 원천징수하는 조세, 부가가치세·특별소비세·주세 및 교통·에너지·환경세 등 법 제583조 제1항 제2호 각 목에서 규정하고 있는 조세는 개인회생재단채권으로 하여 개인회생절차에 의하지 않고 수시로 다른 개인회생채권보다 우선하여 변제해야 하도록 하고(같은 법 제583조 제2항, 제475, 476조), ② 이미 납부기한이 도래한 것으로서 「국세징수법」또는 국세징수의 예에 의하여 징수할 수 있는 청구권은 이를 '일반의 우선권 있는 개인회생채권'으로 규정하여, 일반의 개인회생채권과 달리 변제계획에 그 전액의 변제에 관한 사항이 정해져야 합니다(같은 법 제611조 제1항 제2호).

구체적으로, '일반의 우선권 있는 개인회생채권'이란 「국세징수법」또는 국세징수의 예에 의하여 징수할 수 있는 청구권으로서 그 징수우선순위가 일반 개인회생채권보다 우선하는 것으로서 개인회생절차개시결정 전 납부기한이 도래한 것에 한정되는 채권을 말합니다. 이에는 국세징수법의 체납처분에 따라 징수할 수 있는 국세, 지방세 등 지방자치단체 징수금, 관세 및 가산금,

건강보험료, 산업재해보상보험료, 국민연금보험료를 예로 들 수 있습니다. 그러나 단순히 국세나 지방세의 체납처분의 예에 따라 징수할 수 있다고 규정한「질서위반행위규제법」상의 과태료 등은 체납처분 절차에 따라 징수할 수 있음을 규정한 것일 뿐 징수순위가 일반 채권자보다 우선하는 것으로 볼 수 없으므로 이를 일반의 우선권 있는 개인회생채권으로 볼 수는 없습니다.

일반의 우선권 있는 개인회생채권은 수시·우선변제의 원칙이 적용되는 개인회생재단채권과 달리 기본적으로는 개인회생채권으로서 개인회생절차의 변제계획에 의해서만 변제받을 수 있으므로 그 구체적인 변제에 관한 사항을 신청서에 기재해야 합니다. ① 개인회생채권자목록 작성에 있어서 채권번호는 다른 일반개인회생채권보다 우선적으로 번호를 부여하고, 채권자명칭은 그 당사자 또는 부과관청을 기재하며(예를 들어 국세의 경우 '대한민국(삼성세무서)', 지방세의 경우 '서초구' 등으로 기재함), 채권현재액(원금)란에는 연체료를 합산한 체납금액 총액을 기재하고(통상 연체료도 체납처분의 절차에 따라 우선징수할 수 있으므로) 채권현재액(이자)란은 별도로 기재하지 않습니다(법원양식 : '개인회생채권자목록' 참조). ② 변제계획 작성에 있어서도 '4. 일반의 우선권 있는 개인회생채권에 대한 변제'란에 채권자목록에 기재한 내용을 기재하고(법원양식 : '변제계획안 제출서' 참조), '개인회생채권 변제예정액표 2. 채권자별 변제예정액 산정내역'에는 일반의 우선권 있는 개인회생채권만을 다른 개인회생채권보다 우선하여 먼저 변제하는 방식(수 개월 동안 가용소득의 전부를 일반의 우선권 있는 개인회생채권에 우선적으로 변제하고, 그 이후 변제기간은 일반의 개인회생채권을 안분변제하는 방식)으로 변제예정액표를 작성합니다(법원양식 : '개인회생채권 변제예정액 표 참조). 이러한 경우 변제예정액표는 ① 일반의 우선권 있는 개인회생채권을 변제하는 기간의 표, ② 일반의 우선권 있는 개인회생채권과 일반의 개인회생채권을 중복하여 변제하는 달의 표, ③ 일반의 개인회생채권을 변제기간까지 변제하는 표, ④ 총변제예정액 표 4가지로 구성될 수 있습니다.

귀하의 경우 근로자들의 임금채권에 대해서는 앞에서 설명한 바와 같이 개인회생절차에 의하지 않고 수시로 다른 개인회생채권보다 먼저(우선하여) 변제해야 하고 변제계획의 내용에는 개인회생재단채권 전액의 변제에 관한 사항을 필수적으로 기재하여야 합니다. 귀하의 근로자들에 대한 임금지급의무는 이미 변제기가 도래한 것으로 보여 임금채권자들이 별도로 변제기를 연장해 주거나 분할상환에 대하여 합의해 주지 않는다면 귀하는 위 임금 500만원을 일시에 변제해야 할 것으로 보이며, 만일 그렇지 못할 경우 임금채권자들이 귀하의 급여채권에 강제집행을 하는 등으로 인하여 변제계획 수행이 불가능하게 되어 개인회생절차가 폐지될 우려가 있으므로 우선 임금채권자들의 협조를 얻어야 개인회생을 수월히 진행할 수 있으며, 임금채권은 비면책채권이므로 개인회생제도를 통하여 임금채권의 변제의무를 면할 수는 없습니다.

또한 부가가치세의 경우 이미 납부기한이 도래한 국세이므로 이는 일반의 우선권 있는 개인회생채권으로 취급되어 그 전액의 변제에 관한 사항을 변제계획에 기재해야 하고 앞의 설명과 같은 변제예정액표를 작성해야 합니다. 다만, 실무에 있어서는 일반의 개인회생채권자의 이익을 위하여 일반의 우선권 있는 개인회생채권의 변제를 1년 이상 허용하지 않는 경향이 있고(법에는 최저변제액 이상을 변제하는 경우라면 일반의 우선권 있는 개인회생채권의 변제기간을 제한하고 있지 않음), 그에 따라 개인회생위원이 일반의 우선권 있는 개인회생채권을 일부 변제하고 변제계획안을 다시 작성하라고 권고하는 경우가 많으니 참고하시기 바랍니다.

■ 개인회생신청 시 보증인은 어떻게 되는지요?

[질문]

보증과 관련하여 다음의 경우 신청서를 어떻게 작성하는지요?

가. 신청인의 채무에 제3자가 (연대)보증을 한 경우,

나. 신청인의 채무에 제3자가 그 소유 부동산에 근저당권을 설정해 준 경우,

다. 제3자의 채무에 신청인이 (연대)보증을 한 경우

[답변]

가. 신청인의 채무에 제3자가 (연대)보증을 한 경우 채권자는 신청인 또는 (연대)보증인에게 청구할 수 있고, (연대)보증인이 채권자에게 신청인의 채무를 변제한 경우 (연대)보증인은 신청인에게 구상권을 행사할 수 있습니다(「민법」 제425조 제1항 등). 따라서 (연대)보증인으로서는 아직 신청인의 채무를 변제하지 않고 있는 경우라 하더라도 앞으로 신청인의 채무를 변제할 경우 위 구상권을 취득할 지위에 있게 되는 바, 이러한 (연대)보증인의 지위를 '장래의 구상권자'라고 합니다.

「채무자 회생 및 파산에 관한 법률」은 신청인이 개인회생절차개시결정을 받은 경우 (연대)보증인은 장래의 구상권자로서 그 전액에 관하여 개인회생채권자로서 권리를 행사할 수 있다고 규정하고 있습니다(같은 법 제581조 제2항 및 제430조 제1항 본문).

그러나 채권자가 그 채권 전액에 관하여 개인회생채권자로서 권리를 행사한 경우에는 장래의 구상권자가 권리를 행사할 수 없습니다(같은 법 제581조 제2항 및 제430조 제1항 단서). 따라서 대부분의 사안은 채권자가 그 채권 전액에 관하여 개인회생채권자로서 권리를 행사(즉, 변제계획에 따른 변제금 수령)하고 있으므로 (연대)보증인이 장래의 구상권을 행사할 기회는 매우 드문 것 같습니다.

신청인은 '개인회생채권자목록'(법원양식 참조)에 채권자를 기재하되, 장래의 구상권자가 개인회생제도에 개입하고 신청인이 장래의 구상권자에 대해 면책의 효력을 주장하게 하는 취지에서 (연대)보증인을 채권자 바로 밑에 가지번호(예 : 2-1)로 하여 별도로 장래의 구상권자인 채권자로 기재합니다(장래의 구상권자의 기재를 누락한다면 (연대)보증인이 채권자에게 변제하고 구상권을

행사하는 경우 이를 막을 수 없으니 반드시 기재해야 합니다). 다만, 채권자가 채권 전액에 관하여 권리행사를 하고 있으므로 장래의 구상권자인 (연대)보증인은 변제계획에 따른 변제금을 수령할 수 없게 되어 변제계획안의 변제예정액표에 변제할 채권자로는 기재하지 않습니다. 이러한 경우 채권자가 누락된 인상을 줄 수 있어 변제계획안에는 주의적으로 "10. 기타사항"란에 다음과 같은 문구를 기재하도록 합니다(법원양식 : '변제계획안 제출서' 참조).

"〈채권번호 ○-○번 채권자 ○○○의 장래 구상권의 처리〉

위 채권은 채무자 회생 및 파산에 관한 법률 제581조 제2항, 제430조의 규정에 의하여 처리한다."

실무상 문제되는 사안은, 보증보험회사나 보증기금, 보증재단 등의 기관에서 신청인의 채무를 보증한 경우, 신청인이 개인회생절차개시결정을 받으면 신청인의 채무는 즉시 변제기에 도래한 것으로 보게 되므로(같은 법 제581조 제2항 및 제425조.), 채권자가 보증기관에 보증채무금을 청구하여 동 보증기관이 보증채무를 이행하고 법원에 대위변제에 따른 채권자변경신고를 하는 사안입니다. 위 보증기관들은 일반적으로 채권액 중 85%나 90% 등 일정비율에 한정하여 보증하는 경우가 대부분인 바, 이러한 경우에는 한정보증계약상의 보증채무는 모두 이행한 것이므로 대위변제한 보증기관은 구상권자로서 채권자와 함께 그 변제 비율에 따른 구상권을 행사할 수 있게 됩니다.

따라서 신청인으로서는 개인회생절차개시결정 후 보증기관의 대위변제금액을 확인하여 보증기관은 구상권자로서 개인회생채권자목록에 추가해야 하고 추가 전 채권자의 원금과 추가 후 채권자 및 구상권자의 원금 합계액은 동일해야 합니다.

나. 한편, 신청인의 채무에 제3자가 그 소유 부동산에 근저당권을 설정해 준 경우를 살펴보면, 이러한 경우 일반적으로 그 제3자를 물상보증인이라고 하며, 채권자가 물상보증인의 부동산에 담보권실행경매를 실행하여 채권의 변제를 받으면 물상보증인은 신청인에게 구상권을 취득하게 되므로(「민법」 제370조 및 제341조), 채권자가 담보권실행경매로 변제받기 전 물상보증인이 장래 구상권을 취득할 지위에 있게 되는 것은 (연대)보증인과 같습니다.

따라서 '개인회생채권자목록'(법원양식 참조)에 채권자를 기재하고 그 아래 가지번호(예 : 2-1)로 하여 별도로 장래의 구상권자인 채권자로 기재하되, 부속

서류에 ∨ 표시하고 4에 ○표시 한 후 "부속서류 4. 기타"(법원양식 참조)란
에 물상보증인과의 관계, 담보목적물의 소재·지번, 담보목적물의 시가, 근저당
권 채권최고액 및 순위 등을 기재합니다. 그러나 변제계획안의 변제예정액표
에는 변제할 채권자로는 기재하지 않으며 이러한 경우 변제계획안에는 주의
적으로 "10. 기타사항"란에 다음과 같은 문구를 기재하도록 합니다(법원양식
: '변제계획안 제출서' 참조).

"〈채권번호 ○-○번 채권자 ○○○의 장래 구상권의 처리〉

위 채권은 채무자 회생 및 파산에 관한 법률 제581조 제2항, 제430조의 규
정에 의하여 처리한다."

다. 마지막으로 제3자의 채무에 신청인이 (연대)보증을 한 경우를 살펴보면,
이러한 경우 신청인이 개인회생절차개시결정을 받으면 채권자는 개인회생절
차개시결정시 가진 채권 전액에 관하여 개인회생채권자로서 권리를 행사할
수 있습니다(같은 법 제429조, 제581조 제2항). 위와 같은 경우 개인회생채
권자는 확정된 일반 개인회생채권과 차별 없이 취급해야 하고 개인회생채권
자가 주채무자로부터 변제받을 가능성이 있다는 등의 사유로 미확정 채권으
로 하여 이를 처리할 수는 없으며, 신청인의 채무가 단순 보증채무인 경우라
도 주채무자에 대해 먼저 청구하고 집행할 것을 항변(「민법」 제437조)할 수
없게 됩니다. 신청인은 '개인회생채권자목록'에 채권자를 기재하고 부속서류
에 ∨ 표시하고 4에 ○표시 한 후 "부속서류 4. 기타"란에 주채자의 성명, 주
채무 발생원인 및 일자, 주채무금액, 주채무자와의 관계 등을 기재하면 됩니
다.

■ 개인회생신청 시 재산처분을 통한 변제도 해야 하는지요?

[질문]

저는 사업실패로 인하여 현재 원금 금 8,500만원, 이자 금 2,700만원 정도의 채무가 있으며 작년부터 화물운송업을 하면서 월평균 180만원의 영업소득을 올리고 있으며 70세 노모를 모시고 지인의 집에서 무상거주 하고 있습니다. 그런데 저는 아버지로부터 상속받은 시골의 땅이 있는데 그 땅의 시가는 약 2,500만원에 달하고, 그 이외에 1.5톤 화물차량이 본인 앞으로 되어 있으며 그 시가는 약 1,000만원 됩니다. 저와 같은 경우에도 개인회생을 신청할 수 있는지요? 가능하다면 어떤 방식으로 신청서를 작성해야 하는지요?

[답변]

개인회생제도는 채무자가 적법한 변제계획을 수립하여 법원으로부터 인가를 받으면 채권자들에 의한 개별적 강제집행의 위험에서 벗어날 수 있도록 하고 채무자가 변제계획을 성실히 수행하여 완료할 경우 잔존 채무를 면책시켜주는 갱생형 도산절차입니다. 따라서 개인회생절차에서는 최소한 파산절차에서 배당받을 수 있는 청산가치 이상의 변제를 보장해 주어야 한다는 원칙을 가지고 있으며, 「채무자 회생 및 파산에 관한 법률」은 동 원칙을 변제계획 인가요건으로 규정하고 있습니다(같은 법 제614조 제1항 제4호 및 제2항 제1호).

구체적으로는, 변제계획을 통해 채권자들에게 변제할 총 가용소득이 채무자가 개인회생절차개시결정 당시 보유한 재산 합계액을 상회하는지 여부로 청산가치가 보장되었는지를 판단하는데, 개인회생의 경우 일반적으로 매월 일정한 가용소득을 통해 5년의 변제기간 동안 변제를 하게 되므로 채무자가 변제하는 총 가용소득을 현재가치로 환산하여 그 금액이 채무자 재산 합계액 이상이 되어야 청산가치를 보장한다고 할 수 있습니다.

실무적으로는 현재가치 환산 방법으로 라이프니쯔식 현가 산정방식을 적용하는데 이러한 방식은 공제되는 중간이자가 복리로 계산되어 채권자들에게 유리합니다.

예를 들어 매월 20만원의 가용소득으로 60개월간 변제하는 내용으로 변제계획안을 작성하는 경우 명목상의 총 변제금은 금 1,200만원이나 라이프니쯔식 현가 산정방식을 통해 산정한 총 변제금의 현재가치는 금 1천7백28만6백6십원{20만원×(3+50.6433)}('3'을 더하는 이유는 변제계획인가결정 전 일반적으로 미리 적립할 것으로 예상되는 개월 수이므로 할인하지 않은 것이며, '50.6433'은 나머지 57개월에 대한 라이프니쯔 계수를 의미함)이 되므로, 이러한 현재가치가 채무자가 개인회생절차 개시결정 당시 보유한 재산 합계액에 미달하는 경우 청산가치 보장의 원칙을 준수한 것으로 볼 수 없습니다.

이와 같은 경우 청산가치를 보장하기 위해서는 ① 생계비를 줄여서 가용소득을 청산가치가 보장될 수 있을 정도로 늘리는 방법 ② 가용소득 이외에 보유재산도 처분하는 것으로 변제계획안을 작성하는 방법이 있을 수 있습니다. ① 의 방법의 경우 청산가치를 만족시키기 위해서는 생계비를 상당히 감액해야 하는데 법원에서 인정한 긴축된 생계비를 다시 줄이기는 쉽지 않은 것이 일반적이므로 보통 재산처분을 통한 변제계획안을 작성하여 청산가치를 만족시키고 있습니다.

구체적으로 청산가치를 보장하기 위하여 재산을 처분하는 내용으로 변제계획안을 작성하는 경우, 어떤 재산을 처분하고 얼마를 변제하는 것으로 작성하는지 문제될 수 있습니다. ①처분대상 재산은 채무자가 선택할 수 있으나 일정한 기간 내에 처분할 것으로 변제계획안을 작성해야 하므로 처분하기 쉬운 재산이어야 하고 청산가치를 만족시킬 수 있을 정도로 가치 있는 재산이어야 합니다. ② 재산처분을 통한 변제액은 청산가치를 만족시킬 수 있는 금액이어야 하는 바, 구체적으로는 "채무자 재산 합계액(청산가치)과 총 가용소득의 현재가치와의 차액"이 청산가치를 만족시키지 못하는 금액이므로 동 금액 이상을 변제에 투입하는 것으로 변제계획안을 작성해야 합니다.

그러나 채무자에게 변제계획 인가결정과 동시에 재산을 처분하여 그 차액을 즉시 변제할 것을 기대하기는 어려우므로, 실무상 변제계획인가결정일로부터 1년 또는 2년의 변제기한을 주어서 그 기간 내에 변제하도록 하는 변제계획안을 작성하도록 하고 있습니다. 이러한 경우에도 가용소득을 통한 변제와 마찬가지로 재산처분을 통한 변제투입예정액의 현재가치를 산정하여 청산가치를 보장했는지 여부를 판단해야 하는 복잡한 문제가 발생하므로, 서울중앙지방법원 파산부 실무에서는 일률적으로 "청산가치와 총 가용소득의 현재가치의 차액"에 ①변제기한이 1년 이내인 경우에는 130%, ② 변제기한이 2년 이내인 경우에는 150%의 곱한 금액을 재산처분을 통한 변제투입예정액으로 정할 수 있도록 하여 청산가치 보장원칙을 준수하도록 하고 있습니다.

귀하의 경우 월평균 소득 180만원에서 2인 가구 생계비 금 158만원(보건복지부 공표 2015년 2인 가구 최저생계비 금 1,051,048원의 약 1.5배, 구체적 산정방법은 생계비 산정 사례 32번 참조)을 공제한 22만원을 가용소득으로 하여 60개월간 변제하는 내용으로 우선 변제계획안을 작성한다면, 총 가용소득의 현재가치가 금 11,801,526원{22만원×(3+50.6433)}에 불과하여 귀하의 재산 합계액(청산가치) 3,500만원에 미치지 못해 이를 상회하도록 가용소득을 늘리거나 재산처분을 통한 변제계획안을 작성해야 합니다.

재산처분을 통한 변제계획안을 작성하는 경우 ① 영업소득을 기본 재산인 화물자동차를 처분대상재산으로 삼을 수 는 없으므로 상속받은 부동산을 처분대상재산으로 하되, ② 변제투입예정액은 변제기한을 1년으로 할 경우 금1천6백31만8백5십5원{(35,000,000-26,821,650)×130%}, 2년으로 할 경우 금12,267,525원{(35,000,000-26,821,650)×150%}으로 하여 변제계획안을 작성해야 합니다.

"그런데, 처분대상재산 및 변제기한 등을 기재하는 것은 자금조달의 수단으로써 예시되는 것에 불과한 것이므로 변제계획에서 처분하기로 정한 재산이 아닌 다른 재산을 처분하였거나, 심지어 친족 등으로부터 금원을 융통하여 변제자금을 마련한다고 하더라도, 변제계획에서 정한 시기에 정한 금액을 변제에 투입하기만 한다면 결과적으로 문제될 것은 없습니다."

■ 청산가치보장의 원칙과 면제재산의 범위는 어떻게 되나요?

[질문]

저는 회사원으로서 배우자, 중학생 아들과 함께 살면서 매월 228만원의 급여 소득으로 생계를 유지하고 있는데, 부친의 암 투병 치료로 인하여 채무가 증대되어 현재의 소득으로는 더 갚을 방법이 없어 개인회생을 신청하고자 합니다. 제가 보유하고 있는 재산은 서울에 소재하고 있는 다세대 주택임대차보증금 2,000만원과 예상 퇴직금 1,500만원, 연금보험 해약 반환금 500만원이 있으며 현재 채무액은 원금 5,500만원, 이자 1,200만원입니다. 개인회생을 신청할 경우 위와 같은 재산을 모두 보유할 수 있는지요?

[답변]

개인회생제도는 개인에 대한 갱생형 도산절차로서 개인회생채권자는 청산형 도산절차인 파산절차에 있어서의 파산채권자보다 최소한 불리한 지위에 있을 수는 없습니다. 이와 관련하여, 채권자가 파산절차에서 배당받을 수 있는 가치를 '청산가치'라고 하고, 개인회생절차에서 최소한 청산가치 이상의 변제를 보장해 주어야 한다는 원칙을 '청산가치 보장의 원칙'이라고 하는데, 「채무자 회생 및 파산에 관한 법률」은 동 원칙을 변제계획 인가요건으로 규정하고 있습니다(같은 법 제614조 제1항 제4호 및 제2항 제1호).

구체적으로는, 변제계획을 통해 채권자들에게 변제할 총 가용소득이 채무자가 개인회생절차개시결정 당시 보유한 재산 합계액을 상회하는지 여부로 청산가치가 보장되었는지를 판단하는데, 개인회생의 경우 일반적으로 매월 일정한 가용소득을 통해 5년의 변제기간 동안 변제를 하게 되므로 채무자가 변제하는 총 가용소득을 현재가치로 환산하여 그 금액이 채무자 재산 합계액 이상이 되어야 청산가치를 보장한다고 할 수 있습니다.

실무적으로는 현재가치 환산 방법으로 라이프니쯔식 현가 산정방식을 적용하는데 이러한 방식은 공제되는 중간이자가 복리로 계산되어 채권자들에게 유리합니다. 예를 들어 매월 20만의 가용소득으로 60개월간 변제하는 내용으로 변제계획안을 작성하는 경우 명목상의 총 변제금은 금 1,200만원이나 라이프니쯔식 현가 산정방식을 통해 산정한 총 변제금의 현재가치는 금 10,728,660원{20만원×(3+50.6433)}('3'을 더하는 이유는 변제계획인가결정 전 일반적으로 미리 적립할 것으로 예상되는 개월 수이므로 할인하지 않은 것이며, '50.6433'은 나머지 57개월에 대한 라이프니쯔 계수를 의미함)이 되므로, 이러한 현재가치가 채무자가 개인회생절차 개시결정 당시 보유한 재산 합계액 이상인 경우에만 청산가치가 보장된다고 할 수 있습니다.

청산가치란 채무자가 파산하는 경우 채권자들에게 배당할 가치를 의미함은 앞에서 설명하였는데, 이러한 가치는 결국 파산재단, 즉 채무자가 파산선고 당시 모든 재산(「채무자 회생 및 파산에 관한 법률」제382조 제1항)의 환가액을 의미한다고 할 수 있습니다. 그러나 같은 법 제383조는 ① 민사집행법 등에서 압류할 수 없는 것으로 규정된 재산(압류 금지 재산) 및 ② 면제재산결정을 받은 재산은 파산재단에 속하지 아니한다고 규정하고 있어 이에 해당하는 재산액은 청산가치에서 공제될 수 있도록 하였습니다.

특히 파산절차에서의 면제재산제도는 「채무자 회생 및 파산에 관한 법률」에서 신설된 제도로서 과거 「개인채무자회생법」의 면제재산제도를 실효성 있게 하는데 큰 의의가 있습니다.

같은 법에서 정하고 있는 면제재산의 구체적 내용은 다음과 같습니다.

1. 채무자 또는 그 피부양자의 주거용으로 사용되고 있는 건물에 관한 임차 보증금반환청구권으로서 「주택임대차보호법」제8조(보증금중 일정액의 보호)의 규정에 의하여 우선변제를 받을 수 있는 금액의 범위 안에서 대통령령이 정하는 금액을 초과하지 아니하는 부분.

이에 관하여 「채무자 회생 및 파산에 관한 법률 시행령」 제16조 제1항은 주택가격의 1/2을 초과하지 않는 범위에서 다음 구분에 의한 금액으로 한다고 규정하고 있습니다.

가. 서울특별시: 3천200만원

나. 「수도권정비계획법」에 따른 과밀억제권역(서울특별시는제외한다): 2천700 만원

다. 광역시(「수도권정비계획법」에 따른 과밀억제권역에 포함된 지역과 군지역은 제외한다), 안산시, 용인시, 김포시 및 광주시: 2천만 원

라. 그 밖의 지역: 1천500만 원

2. 채무자 및 그 피부양자의 생활에 필요한 6월간의 생계비에 사용할 특정한 재산으로서 대통령령이 정하는 금액을 초과하지 아니하는 부분

이에 관하여 같은 법 시행령 제16조 제2항은 위 금액을 900만원으로 규정하

고 있습니다.

그런데 2010. 7. 23. 시행된 개정「민사집행법」제246조는「주택임대차보호법」제8조, 같은 법 시행령의 규정에 따라 우선변제 받을 수 있는 금액을 압류금지채권으로 규정하고 있습니다. 위 두 가지 면제재산에 대한「주택임대차보호법」에 의한 임대차보증금은 당연히 파산재단에서 제외되어 별도의 면제재산 신청을 할 필요가 없다고 할 것입니다.

면제재산결정을 받기 위해서는 채무자는 개인회생절차개시신청과 동시에 또는 개인회생절차개시결정일로부터 14일 이내에 면제재산목록 및 소명에 필요한 자료를 첨부한 서면으로 면제재산결정신청을 해야 하고 법원은 개인회생절차개시결정 전에 면제재산결정신청이 있는 경우에는 개인회생절차개시결정과 동시에, 개인회생절차개시결정 우에 동 신청이 있는 경우 신청일로부터 14일 이내 면제여부 및 그 범위를 결정해야 합니다(같은 법 제580조 제3항, 제383조 제3항 및 제4항).

개인회생 신청서 법원 양식 중 '재산목록' 하단에는 면제재산결정 신청금액과 그 내용을 기재하게 되어 있는 바, 채무자로서는 면제재산결정 여부와 관계없이 우선 면제재산결정 신청 금액을 기재하고 청산가치는 동 신청금액을 공제한 금액으로 기재한 후, 그 청산가치를 기준으로 총 변제금의 현재가치가 청산가치를 상회하도록 변제계획안을 작성해야 합니다.

그러나 채무자의 당초 신청내용과 다르게 면제재산결정이 선고된 경우 재산목록을 수정하여 제출해야 하고 그로 인하여 청산가치 보장의 원칙을 충족시키지 못하게 될 경우 앞에서 언급한 바와 같이 이를 충족할 수 있도록 변제계획안을 작성하여 제출해야 합니다.

귀하의 경우, 월평균 소득 228만원에서 3인 가구 생계비 금 204만원(보건복지부 공표 2015년 3인 가구 최저생계비 금 1,359,688원의 약 1.5배, 구체적 산정방법은 생계비 산정 사례 32번 참조)을 공제한 24만원을 가용소득으로 하여 60개월간 변제하는 내용으로 우선 변제계획안을 작성한다면, 총 가용소득의 현재가치가 금 12,874,392원{24만원×(3+50.6433)}에 불과하여 귀하의 재산 합계액(청산가치) 금4,000만원에 미치지 못해 이를 상회하도록 가용소득을 늘리거나 재산처분을 통한 변제계획안을 작성해야 합니다.

다만, 귀하의 재산 중 ① 예상퇴직금 1,500만원의 1/2은 압류금지채권(민사집행법 제246조 제1항 제5호)으로서 파산재단을 구성하지 않으므로 750만원은 청산가치에서 공제되어야 하고, ② 주택임대차보증금 2,000만원과 보험해약반환금 500만원은 면제재산결정신청의 대상이 되므로 귀하가 주택임대차보증금 2000만원(서울의 경우)과 보험 해약반환금 500만원 전액을 대상으로 면제재산결정신청을 하여 면제재산결정을 받는다면 해당 금액은 파산재단을 구성하지 않으므로 청산가치에서 공제될 수 있습니다.

결국 귀하의 청산가치는 750만원(4,000만원-750만원-2,000만원-500만원)으로 평가될 수 있고 변제액의 현재가치 금 12,874,392원이 청산가치를 상회하고 있으므로, 매월 24만원을 가용소득으로 하여 60개월간 변제계획을 수행하는 내용의 변제계획안은 청산가치 보장의 원칙을 준수한 것으로서, 위와 같이 면제재산결정을 받을 수 있다면 특별한 사정이 없는 한 변제계획 인가결정을 받을 수 있을 것으로 보이며, 결론적으로는 귀하가 보유하고 있는 재산을 처분하지 아니하고도 변제계획을 인가받아 이를 수행할 수 있다고 보입니다.

■ 가용소득과 관련한 월평균 소득의 산정은 어떻게 하는지요?

[질문]

개인회생을 신청하기 위해서는 정기적이고 확실한 수입이 있는 급여소득자나 장래 계속적으로 또는 반복하여 수입을 얻을 수 있는 영업소득자가 이를 신청할 수 있다고 알고 있습니다. 이와 관련하여 ①구체적으로 급여소득자나 영업소득자의 월평균 수입을 어떻게 산정하고 공제되는 세금 등은 무엇이 있는지? ②실제로 정기적인 수입이 있지만 이를 소명할 자료가 명확치 않을 경우에는 어떻게 월 평균 수입을 산정하는지? ③일을 하고 있지는 않지만 생계비 이상의 연금소득이 있는 경우에도 개인회생을 신청할 수 있는지요?

[답변]

개인회생제도는 그 제도의 본질상 정기적이고 계속·반복적인 수입가능성을 인정할 수 있어야 하며 이에 「채무자 회생 및 파산에 관한 법률」은 정기적이고 확실한 수입을 얻을 가능성 있는 급여소득자 또는 장래 계속적으로 또는 반복하여 수입을 얻을 가능성 있는 영업소득자가 개인회생을 신청할 수 있도록 규정하고 있습니다(같은 법 제579조 제1, 2, 3호). 급여소득자에는 아르바이트, 파트타임 종사자, 비정규직, 일용직 등 그 고용형태와 소득신고의 유무에 불구하고 정기적이고 확실한 수입을 얻을 가능성이 있는 모든 개인을 포함하며(「개인회생사건 처리지침」제7조의2 제1항), 영업소득자에는 소득신고의 유무에 불구하고 수입을 장래에 계속적으로 또는 반복하여 얻을 가능성이 있는 모든 개인을 포함하도록 규정하고 있습니다(같은 지침 제7조의2 제2항).

위와 같은 급여소득자 또는 영업소득자가 변제기간 동안 계속적이고 반복적으로 수령할 수 있는 월 평균 소득 중에서 각종 제세공과금과 채무자 및 피부양자의 생활에 필요한 생계비를 공제한 나머지 금액을 가용소득이라고 하고(같은 법 제579조 제4호), 채무자는 가용소득으로 변제기간 동안 개인회생 채권자들에게 변제하는 것을 내용으로 하여 변제계획안을 작성하여 법원으로부터 인가를 받아 이를 수행하게 됩니다.

급여소득자의 월 평균 소득은 매월 수령하는 급여 및 특정 월에만 수령하는 상여금, 성과급 등을 합산한 금액을 평균하여 산정하며 이는 사용자가 발행한 급여명세서나 근로소득원천징수영수증, 급여통장의 기재로 이를 계산할 수 있습니다.

원칙적으로 최근 1년간 직장의 변동이 없는 경우에는 1년간의 실제 소득액을 평균한 월 평균 소득을 기초로 하여 산정하고, 최근 1년간 직장의 변동이 있는 경우에는 직장 변동 이후의 실제 소득액을 평균한 월평균 소득을 기초로 산정합니다(「개인회생사건 처리지침」제7조 제1항 제1호). 다만, 근무기간이 1년 미만인 경우에는 해당 기간 동안의 실제 소득액을 평균한 월 평균 소득을 기초로 산정해야 할 것이나, 정기적이고 확실한 수입을 얻을 가능성에 대해 소명할 필요가 있습니다.

급여소득자의 가용소득을 산정하기위해 월평균 소득에서 공제되는 세금 등은 소득세·주민세·건강보험료·국민연금보험료·고용보험료 등이 있으며(같은 법 제579조 제4호 나목, 같은 법 시행령 제17조), 실무상 노동조합 회비도 이를 공제하기도 합니다. 공무원, 군인, 사립학교 교원의 경우 공무원연금 기여금, 군인연금 기여금, 사립학교교직원연금 기여금은 위 국민연금 보험료에 해당하므로 역시 공제될 수 있습니다.

영업소득자의 월 평균 소득은 소득신고서, 소득금액증명원, 영업장부 등을 기초로 최근 1년간의 소득을 평균한 연간 소득금액에서 소득세·주민세·건강보험료·국민연금보험료·고용보험료·산업재해보상보험료와 영업의 경영보존 및 계속을 위하여 필요한 비용을 공제한 순소득액을 산출하여 이를 월 평균수입으로 환산하여 산정합니다(같은 법 제579조 제4호 나, 라목, 같은 법 시행령 제17조).

영업소득자의 경우 신고소득을 신빙하기 어려운 경우가 많으므로 법원은 신고소득의 성실성을 판단하기 위해 최근의 고용형태별근로실태조사보고서의 유사직종 부분 사본을 제출하게 하고 있습니다. 최근 1년간 직업의 변동이 있는 경우에는 직업 변동 이후의 실제 소득액을 평균한 월평균 소득을 기초로 산정합니다(「개인회생사건 처리지침」제7조 제1항 제1호). 영업기간이 1년 미만인 경우에는 해당 기간 동안의 실제 소득액을 평균한 월 평균 소득을 기초로 산정해야 할 것이나, 계속적이고 반복하여 수입을 얻을 가능성에 대해 소명할 필요가 있습니다.

급여소득자 또는 영업소득자임을 증명하는 자료는 개인회생절차개시신청서에 필요적으로 첨부해야 하는 서류이나(같은 법 제589조 제2항 제4호), 영세업체에 근무하거나 급여를 현금으로 수령하는 등으로 인해 정기적인 수입이 있음에도 불구하고 이를 소명할 자료가 없는 경우가 있을 수 있습니다.

급여소득자의 경우 '소득증명서'(법원양식 : 대법원 인터넷 홈페이지 또는 법원 파산과에서 이를 얻을 수 있음)에 고용주로부터 근무기간 및 월평균소득 등에 대하여 확인 받고 사업자등록증 사본을 첨부하여 소득을 증명할 수 있고, 사업자등록이 되어 있지 않을 경우 고용주의 인감증명서·주민등록등본 등을 첨부합니다.

영업소득자의 경우 소득을 신고하지 않는 등으로 인하여 소명자료를 제출할 수 없는 경우, ① 고용형태별근로실태조사보고서상의 유사직종의 통계소득을 기초로 산정할 수 있고(「개인회생사건 처리지침」제7조 제1항 제2호), ② '소득진술서'(법원양식)에 스스로 월평균 소득을 진술하고 거래처 대표나 지인 등 2인 이상으로부터 이를 보증하는 내용의 '확인서'(법원양식)와 확인자의 사업자등록증이나 인감증명서를 첨부하며 신청인이 영업소득자로서 사업자등록이 되어 있는 경우 사업자등록증 사본을 추가로 첨부합니다.

법원 또는 개인회생위원은 신청인이 제출한 소득에 관한 자료를 기초로 채무자의 소득에 관한 조사를 하며 언제든지 채무자에게 금전의 수입과 지출 그밖에 채무자의 재산상의 업무에 관하여 보고를 요구할 수 있고, 필요하다고 인정하는 경우에는 재산상황의 조사, 시정의 요구 기타 적절할 조치를 취할 수 있고(같은 법 제591조), 신청인이 정당한 사유 없이 이러한 보고 등을 거부하거나 허위보고를 한 경우 1년 이하의 징역 또는 1천만원 이하의 벌금의 형으로 처벌될 수 있습니다(같은 법 제649조 제5호).

통상적으로 소득에 관한 자료가 부실하거나 내용이 일부 누락되는 등으로 신빙성이 없다고 판단될 경우 '수입상황 보고요구서 및 수입상황 보고서'(법원양식)를 통해 위와 같은 사실을 경고하고 수입상황을 보고하도록 할 수 있으며, 특히 영업소득자의 경우 개인회생위원은 영업 수지표를 작성하여 그에 따른 월평균수입을 소명하도록 요청하는 경우가 많습니다.

개인회생제도에 있어서 '수입'이란 반드시 근로의 대가일 필요는 없으며 계속적으로 또는 반복적으로 얻을 가능성이 있으면 개인회생을 신청할 수 있습니다. 「채무자 회생 및 파산에 관한 법률」도 "급여소득자"를 "급여·연금 그 밖에 이와 유사한 정기적이고 확실한 수입을 얻을 가능성이 있는 개인"이라고 정의하여(같은 법 제579조 제2호), 연금소득자도 개인회생을 신청할 수 있음을 인정하고 있습니다.

일반적으로 개인회생을 신청할 수 있는 연금소득자로서는 공무원·군인·사립학교교직원으로서 퇴직연금을 수령하는 자나 사보험이나 국민연금의 보험금을 수령하는 자 등으로서 수령하는 연금액이 생계비 이상인 자인 경우에만 개인회생을 신청할 수 있습니다. 따라서 최소한의 생계유지를 위해 국가로부터 생계비를 지원 받는 기초생활보장수급자나 「장애인복지법」에 따른 장애수당 등의 수급자는 원칙적으로 연금소득자로서 개인회생을 신청하기는 어렵습니다.

■ 가용소득과 관련한 생계비의 산정은 어떻게 하는지요?

[질문]

저는 배우자, 회사원인 딸(성년자), 그리고 고등학생 아들을 두고 있는 50대 남성으로서 ○○공단에 근무하면서 매월 평균 220만원의 급여를 수령하고 있습니다. 현재 주민등록상 배우자·자녀들과 동거하고 있으며 배우자는 가정주부이고 딸은 회사에서 월평균 170만원의 급여를 받고 있으며, 저는 장남으로서 시골에 계신 70세가 넘으신 어머니에게 매월 약 50만원의 생활비를 보내드리고 있습니다. 제가 개인회생을 신청할 경우 몇 인 가구 생계비를 인정받아 매월 얼마를 변제해야 하는지요?

[답변]

급여소득자 또는 영업소득자가 변제기간 동안 계속적이고 반복적으로 수령할 수 있는 월평균 소득 중에서 각종 제세공과금과 채무자 및 피부양자의 생활에 필요한 생계비를 공제한 나머지 금액을 가용소득이라고 하고(채무자 회생 및 파산에 관한 법률 제579조 제4호), 채무자는 개인회생채권자들에게 가용소득을 안분·변제하는 내용의 변제계획을 수행하게 됩니다. 가용소득을 산정하는데 있어서 월평균 소득과 세금 등은 일반적으로 재량의 여지없이 산정되므로, 결국 생계비를 어떻게 산정하는지 여부가 가용소득액을 결정하는 핵심적인 내용이라고 할 수 있습니다. 채무자의 월평균 소득에서 공제할 생계비에 관하여 같은 법은 "채무자 및 그 피부양자의 인간다운 생활을 유지하기 위하여 필요한 생계비로서, 「국민기초생활보장법」 제6조의 규정에 따라 공표된 최저생계비, 채무자 및 그 피부양자의 연령, 피부양자의 수, 거주지역, 물가상황, 그 밖에 필요한 사항을 종합적으로 고려하여 법원이 정하는 금액"이라고 정의하고 있으므로 ① 우선 채무자의 부양가족수를 산정해야 하고 ② 해당 부양가족수에 따른 생계비를 정해야 할 것입니다. 부양가족수를 산정하기 위한 피부양자의 범위는 직계존속(배우자의 부모 포함), 직계비속, 배우자, 형제자매에 한정되고 상당기간 동거하면서 생계를 같이 해야 하며 이는 주민등록을 기준으로 판단합니다. 다만, 별거하는 직계존비속의 경우라도 부양료를 지급하는 등 부양사실을 입증할 수 있다면 피부양자에 해당할 수 있습니다. 구체적인 피부양자 판정기준으로서 ① 피부양자는 만 20세 미만이거나 만 60세 이상이어야 합니다. 다만, 자력으로 생계유지가 불가능한 장애인의 경우 이와 같은 연령제한은 없으며, 배우자의 경우 부부간 부양의무가 있으므로 배우자가 별도의 소득이 없다면 연령과 관계없이 피부양자에 해당할 수 있습니다(다만 실무상 여성이 개인회생을 신청할 경우 무직인 남편을 피부양자로 인정하지 않는 경향이 있습니다). ② 독립수입이 있는 동거가족 중 1인 최저생계비 이상의 수입이 있는 가족은 부양가족수에서 이를 제외합니다. ③ 부양가족수는 채무자를 포함하여 산정합니다. 동거가족 중 최저생계비 이상의 수입이 있는 가족이 있는 경우 해당 가족의 수입 합계액과 채무자의 수입을 비교하여 부양가족수를 판단합니다. 독립수입이 있는 동거가족의 수입 합계액이 채무자의 월평균 소득금액의 70%에서 130% 범위 내에 있는 경우, 채무자는 소득 없는 나머지 가족구성원의 1/2을 부양하는 것으로 판단하고, 위 범위에 미달할 경우 소득 없는 나머지 가족구성원 전부를 채무자가 부양하는 것으로 보며, 위 범위를 초과할 경우 부양가족이 없어 1인가구로 판단합니다. 위와 같이 산정된 부양가족수를 기준으로 하여 , 「국민기초생활보장법」 제6조의 규정에 따라 공표된 개인회생절차개시신청 당시의 최저생계비에 변제계획상의 변제기간의 1.5배를 곱한 금액으로 생계비를 산정합니다(개인회생사건 처리지침 제7조 제2항).

다만, 특별한 사정이 있는 경우 위 1.5배 한 금액을 적절히 증감할 수 있는데(개인회생사건 처리지침 제7조 제2항), 감액하는 경우에는 과연 그러한 생계비로 생활이 가능한지를 소명해야 하며 이러한 경우는 일반적으로 크게 문제되지 않습니다.

그러나 증액하는 경우에는 개인회생채권자가 변제받을 금액을 감소시키는 문제가 있어 증액하는 특별한 사정에 대한 엄격한 소명이 필요하고 '개인회생신청서'(법원양식) 중 '수입 및 지출에 관한 목록'에 1. 생계비 지출내역과 2. 생계비 추가지출에 관한 보충기재사항을 기재하고 특별한 사정을 소명할 수 있는 자료를 첨부해야 합니다.

증액하는 특별한 사정으로 채무자 및 그 피부양자 중에 의료비가 정기적으로 발생하는 환자나 장애인이 있는 경우, 배우자가 임신한 경우, 자녀의 교육비 등을 들 수 있으며 특별한 사정 유무와 그에 따라 증액되는 생계비는 법원이 재량으로 판단할 수 있습니다. 생계비를 증액하는 문제는 부양가족수 산정과 서로 조정할 여지가 있으며, 실무상 피부양자로 판단되어야 하는 경우에도 이를 부양가족수에 산입하지 아니하고 생계비를 증액시키는 방법으로 조정하고 있는 경우가 많습니다.

귀하의 경우 우선 배우자 및 미성년자인 고등학생 아들을 귀하의 피부양자로 볼 수 있고, 시골에 계신 노모도 정기적으로 부양료를 지급한 통장 사본 등으로 부양사실을 소명할 수 있다면 역시 피부양자로 볼 수 있습니다. 다만, 동거가족 중 회사원인 딸의 월평균 소득이 귀하의 월평균 소득의 70%에서 130% 범위 내에 있어 피부양자들을 귀하와 귀하의 딸이 공동으로 부양하고 있다고 평가되므로, 귀하의 피부양자수는 1.5명이 되고 결국 부양가족수는 귀하를 포함하여 2.5명이 될 수 있습니다.

이에 따라 생계비는 금 1백90십만3천6백8십7원{(1,106,642+1,431,608)/2×1.5} 으로 책정되고, 결국 가용소득은 금 296,313원(2,200,000원-1,903,687원) 이 됩니다.(2016년 기준) 그리고 시골에 계신 노모를 부양가족으로 산입하지 아니하고 2인 가구 생계비인 금 1,659,963원에서 노모에 대한 부양료 지급 사유를 소명하여 이를 증액하는 방법으로 생계비를 산출할 수도 있을 것으로 보입니다.

■ 변제기간의 산정 및 변제기준은 어떻게 되는지요?

[질문]

개인회생제도에 있어서 변제기간은 어떻게 산정하는지요?

[답변]

개인회생절차에 있어서 변제기간은 변제개시일부터 5년을 초과할 수는 없습니다(채무자 회생 및 파산에 관한 법률 제611조 제5항). 구「개인채무자회생법」은 변제기간을 최장 8년으로 규정하였으나 채무자에게 8년 동안 긴축 생활을 강요하는 것은 가혹하다는 평가에 따라 이를 5년으로 단축한 것입니다.

한편「채무자 회생 및 파산에 관한 법률」은 5년을 초과할 수 없다고 규정하고 있을 뿐 개별 사안에서 변제기간을 어떻게 정해야 하는지 정한 바가 없는데, 「개인회생사건 처리지침」 제8조는 채무자가 5년 이내의 변제기간 동안 원금의 전부를 변제할 수 없는 때에는 그 변제기간을 5년으로 하는 것이 바람직하다고 규정하고(같은 조 제2항 제5호), 채무자가 이보다 단기간을 변제기간으로 작성하여 제출한 경우 법원은 위 각 호의 기간으로 변제기간을 수정할 것을 명할 수 있도록 하여(같은 조 제3항), 원칙적으로 변제기간을 5년으로 하여 운영할 것임을 시사하고 있으며, 실무에 있어서도 거의 예외 없이 변제기간을 5년으로 하여 변제계획안을 작성하고 있습니다.

다만, 개인회생채권 금액이 소액이거나 채무자의 가용소득이 다액으로서 5년 이내의 기간 동안 개인회생채권 원금 또는 원리금 전액을 변제할 수 있는 경우가 있는바, 이러한 사안에 대해 다음과 같이 규정하고 있습니다(같은 지침 제8조 제2항 제2, 3, 4호).

1. 채무자가 3년 이내의 변제기간 동안 원금과 이자를 전부 변제할 수 있는 때에는 그 때까지를 변제기간으로 한다.

위 1호의 경우 채무자는 3년 이내에 개인회생채권 원금 및 이자 전부를 변제하게 되어 개인회생의 실익이 없다고 할 수 있으나 변제기를 연장하여 분할 변제받을 수 있는 점, 채권자의 개별적인 강제집행이 금지되는 면에서 일응 개인회생을 신청할 이익이 있다고 할 수 있습니다. 이와 같은 사안에서 변제계획안의 '개인회생채권 변제 예정액표'는 ① 변제개시일부터 원금 전부를 변제하기 전까지의 기간 표 ② 원금을 전부 변제하고 이자의 일부를 변제하게 되는 달의 표 ③ 나머지 이자 전부를 변제하기 전까지의 기간 표 ④ 이자 잔액을 변제하는 달의 표 ⑤ 총변제예정액표 5가지로 구성될 수 있습니다.

2. 채무자가 3년 이내의 변제기간 동안 원금의 전부를 변제할 수 있으나 이 자의 전부를 변제할 수 없는 때에는 변제기간을 3년으로 한다.

위 사안의 경우 채무자는 원금 전부와 이자의 일부를 변제하게 되며 변제계획안의 '개인회생채권 변제예정액표'는 ① 변제개시일부터 원금 전부를 변제하기 전까지의 기간 표 ② 원금을 전부 변제하고 이자의 일부를 변제하게 되는 달의 표 ③나머지 이자를 3년까지의 기간동안 변제하는 표 ④ 총변제예정액표 4가지로 구성될 수 있습니다.

3. 채무자가 3년 이상 5년 이내의 변제기간 동안 원금의 전부를 변제할 수 있는 때에는 이자의 변제 여부에 불구하고 원금의 전부를 변제할 수 있는 때까지를 변제기간으로 한다.

위 사안의 경우 채무자는 원금 전부를 변제하고 이자를 변제하지 않습니다. 그런데 원금을 전부 변제하게 되는 최종 월의 가용소득은 일반적으로 그 일부나 남게 되는데 이를 다시 이자의 변제에 투입해야 하는지 문제될 수 있으나 위 사안은 어차피 원금만을 변제한다는 취지로서 이와 같은 경우 잔여 가용소득을 이자에 투입할 필요는 없다고 할 수 있습니다.

따라서 변제계획안의 개인회생채권 변제예정액표는 ① 변제개시일부터 원금 전액을 변제하기 전까지의 기간 표 ② 원금을 전부 변제하는 최종 월의 표 ③ 총변제예정액표 3가지로 구성될 수 있습니다.

위에서 말하는 개인회생채권 원리금은 개인회생절차개시결정시의 원금 및 이자금액을 말하나 신청 당시 개인회생절차 개시결정일을 예측하기 어려우므로 실무상 부채증명서 발급일을 기준으로 하여 개인회생채권 현재액을 기재하여 개인회생절차개시결정 및 변제계획인가결정을 받고 있으므로, 결국 채무자는 변제계획 인가결정을 받은 변제계획에 기재된 개인회생채권 원금 및 이자를 변제하면 족하고 채권자가 채권금액을 다투는 등 특별한 사정이 없는 한, 부채증명서 발급 이후부터 개인회생절차개시결정일 이전에 발생한 이자나 개인회생절차개시결정 후 이자 및 지연손해금(이를 후순위 개인회생채권)은 이를 변제할 필요가 없다고 할 수 있습니다.

■ 변제계획의 변경 또는 면책이 가능한지요?

[질문]

저는 40대 남성으로서 급여소득자로 개인회생을 신청하여 개인회생절차개시 결정 및 변제계획인가결정을 받아 현재까지 변제계획을 수행해 오고 있습니다. 그런데 얼마 전 제가 다니던 회사가 매출 부진으로 폐업하는 바람에 갑자기 실직하게 되었고 현재는 다른 직장을 알아보고 있으나 특별한 기술이나 경력이 없는 관계로 취직하기가 쉽지 않은 상황입니다. 얼마 전에는 늦게 자녀를 출산하여 부양가족도 1명 늘어난 상황인데 지금 갈 수 있는 직장은 대부분 배우자와 자녀를 부양할 생계비 이상의 급여를 주는 곳은 거의 없는 실정입니다. 당장 다음달 개인회생 변제금을 내는 것이 막막한 상황인데 이러한 상황에서 제가 취할 수 있는 방법은 무엇이 있는지요?

[답변]

개인회생제도에 있어서 변제기간은 원칙적으로 5년인 바(「채무자 회생 및 파산에 관한 법률 제611조 제5항」), 이 기간 동안 소득의 증감이나 생계비 변동 등 당초 인가된 변제계획과 다른 사실관계들이 얼마든지 발생할 수 있습니다. 이에 「채무자 회생 및 파산에 관한 법률」은 변제계획 인가결정 이후 채무자가 변제계획에 따른 변제가 완료되기 전에는 채무자·회생위원 또는 개인회생채권자는 인가된 변제계획의 변경안을 제출할 수 있도록 규정하고 있습니다(같은 법 제619조 제1항).

그러나 일반적으로 물가상승과 그로 인한 생계비 증대, 매년 급여의 일정한 상승 등 소득의 증감이나 생계비 변경 등이 당초 인가된 변제계획 인가 당시 합리적으로 예상할 수 있었던 범위 내의 것이라면 변제계획을 변경할 필요성은 없다고 볼 수 있으므로, 변제계획 변경안이 인가되기 위해서는 그 변경의 필요성을 소명해야 할 것입니다. 이에 대하여 같은 법은 변제계획 변경 사유에 대하여 특별히 언급하지 않고 있는데, 일반적 기준으로서 '변제계획 인가 당시 합리적으로 예상할 수 없었던 사정의 변경이 있는 경우'에 변제계획 변경의 필요성을 인정할 수 있다고 할 것입니다.

채무자가 실직, 이직 등으로 급여가 감소되거나 영업을 폐지하게 되는 경우, 부양가족의 증가, 질병 또는 실직 등으로 생계비가 증대되는 경우에 이러한 사정변경이 현저하여 변제계획 인가 당시 이를 합리적으로 예상할 수 없었던 경우라면 변제계획을 변경할 필요성을 인정할 수 있고 따라서 개인회생위원 또는 채무자는 변제계획 변경안을 제출하여 변제계획을 변경할 수 있습니다. 이와 반대로 채무자가 갑작스럽게 승진을 하거나 상속을 받는 등으로 인하여 급여나 재산액이 현저히 증가되어 변제계획 인가 당시 예상치 못한 사정변경이 있는 경우에는 개인회생위원 또는 개인회생채권자는 변제계획 변경안을 제출하여 변제계획을 채권자에게 유리하게 변경할 수도 있습니다.

변제계획 변경 절차는 개인회생절차개시결정 후 변제계획인가결정을 하는 절차를 준용하고 있습니다(같은 법 제619조 제2항). 따라서 변제계획 변경안은 청산가치 보장의 원칙 등 같은 법 제614조에서 정한 변제계획인가요건을 모두 충족해야 하고, 법원은 변제계획변경안을 채무자·알고 있는 개인회생채권자·채무자의 재산을 소지하고 있거나 그에게 채무를 부담하는 자에게 송달하여야 하며, 개인회생채권자 집회기일을 열어 채권자의 이의진술 기회를 제공하고 변제계획 변경안 인가 여부에 대한 결정을 하게 됩니다.

그러나 당초 변제계획 인가 당시 예상할 수 없었던 사정변경이 현저하여 변제계획의 변경을 통한 변제계획 수행이 대단히 곤란한 경우라면 채무자로서는 이와 같은 제도를 이용할 수 없게 됩니다. 이와 같이 변제계획에 따른 변제를 완료하지 못한 경우에도 같은 법은 채무자가 다음의 요건을 모두 충족하는 경우 법원은 이해관계인의 의견을 들은 후 면책결정을 할 수 있도록 규정하고 있습니다(같은 법 제624조 제2항).

1. 채무자가 책임질 수 없는 사유로 인하여 변제를 완료하지못하였을 것.
2. 개인회생채권자가 면책결정일까지 변제받은 금액이 채무자가 파산절차를 신청한 경우 파산절차에서 배당받을 금액보다적지 아니할 것.
3. 변제계획의 변경이 불가능할 것.

위에서 '채무자의 책임질 수 없는 사유'라 함은 채무자의 실직 또는 급여 감소, 영업 폐지, 부양가족의 증가 또는 질병, 실직 등으로 인한 생계비 증대 등 변제계획을 완료하지 못한 사유에 있어서 채무자에게 귀책사유가 없는 경우를 말하며, 채무자가 그 책임 있는 사유로 해고되거나 경영상의 과실로 폐업한 경우에는 일반적으로 채무자의 책임질 수 없는 사유에 해당할 수 없습니다. 또한 변제계획에 따른 변제를 완료한 경우의 면책결정이 필수적인 것(같은 법 제624조 제1항)과 달리, 채무자가 위 요건을 모두 충족하는 경우에도 법원은 반드시 면책결정을 해야 하는 것은 아닙니다(같은 법 제624조 제

2항은 "....면책의 결정을 할 수 있다"라고 규정하고 있음).

귀하의 경우 다시 취업하더라도 그 전과 같은 급여를 수령할 수 없고 그 급여 감소액이 당초 변제계획 인가 당시 이를 합리적으로 예상할 수 없었던 범위라면 변제계획을 변경할 필요성을 인정할 수 있으므로 변제계획 변경안을 제출하여 현재의 급여소득 및 부양가족수에 따른 생계비를 기초로 하여 변제계획을 변경할 수 있습니다.

다만, 다른 직장에서의 급여가 현재 부양가족수에 따른 생계비를 하회하여 변제계획 변경을 통한 변제계획 수행이 불가능할 경우라면 면책신청을 고려해볼 수 있는 바, ① 귀하의 실직이 회사의 매출부진에 따른 폐업으로 인한 것이라면 귀하에게 귀책사유가 있다고 할 수 없고 ② 귀하가 지금까지 채권자들에게 변제한 금액이 귀하의 재산 환가액을 상회한다고 볼 수 있다면 법원은 재량에 따라 귀하의 면책 여부를 결정할 수 있습니다.

■ 개인회생재단채권과 개인회생절차상 어떻게 처리되는지요?

[질문]

개인회생재단채권에는 어떠한 것들이 있으며, 이는 개인회생절차상 어떻게 처리되는지 알고 싶습니다.

[답변]

개인회생재단채권이란 개인회생절차의 수행에 필요한 비용을 지출하기 위하여 인정된 채무자에 대한 청구권으로서 채무자 회생 및 파산에 관한 법률 제583조에 의하여 인정되는 채권을 의미합니다. 개인회생재단채권은 개인회생절차를 위한 공익적 성격에서 지출된 비용으로서 주로 개인회생절차개시 후의 원인으로 생긴 청구권이 이에 해당합니다. 그러나 경우에 따라서는 개인회생절차개시 전의 원인으로 생긴 청구권이라 하더라도 형평의 관념이나 사회정책적인 이유 등으로 법이 개인회생재단채권으로 규정한 것도 있습니다.

개인회생재단채권에는 우선 법원에 의하여 선임된 회생위원에게 지급할 보수와 회생위원이 지출한 비용에 대한 청구권(채무자 회생 및 파산에 관한 법률 제538조 제1항 제1호)이 있으며, 개인회생절차개시 당시 아직 납부기한이 도래하지 아니한 원천징수하는 조세, 부가가치세·개별소비세 및 주세, 교통·에너지·환경세, 특별징수의무자가 납부하여야 하는 지방세, 본세의 부과·징수의 예에 따라 부과·징수하는 교육세 및 농어촌특별세도 이에 포함됩니다(동법 제538조 제1항 제2호). 이러한 세금들은 실질적인 납세의무자가 따로 존재하는 것이고, 원천징수의무자 또는 특별징수의무자가 납부할 세금은 본래 이들이 이른바 징수기관으로서 실질적인 납세의무자로부터 징수하고 국가나 지방자치단체를 위하여 보관하는 금전으로 보아야 하기 때문에 개인회생채권으로 보지 않고 개인회생재단채권으로 정하고 있습니다.

또한 채무자가 고용한 근로자의 임금·퇴직금 및 재해보상금, 개인회생절차개시결정 전의 원인으로 생긴 채무자의 근로자의 임치금과 신원보증금의 반환청구권 역시 개인회생재단채권에 속합니다(동법 제583조 제1항 제3호, 제4호).

뿐만 아니라 채무자가 개인회생절차개시신청 후 그 개시결정 전에 법원의 허가를 받아 행한 자금의 차입, 자재의 구입, 그 밖에 채무자의 사업을 계속하는 데에 필요불가결한 행위를 함으로써 생긴 청구권도 개인회생재단채권이 됩니다(동법 제583조 제1항 제5호).

그 밖에 채무자를 위하여 지출하여야 하는 부득이한 비용도 개인회생재단채권이 되는데(동법 제583조 제1항 제6호), 이는 채무자 회생 및 파산에 관한 법률 제583조 제1항 제1호 내지 제5호의 사유에 직접 해당하지는 않지만, 채무자의 이익을 위하여 개인회생채권보다 먼저 수시로 변제하는 것이 부득이한 비용의 청구권을 의미한다고 볼 수 있습니다.

개인회생채권이 원칙적으로 변제계획에 의하지 아니하고는 변제할 수 없는데 반해(동법 제582조), 개인회생재단채권은 개인회생절차에 의하지 아니하고 채무자가 수시로 변제할 수 있습니다(동법 제583조 제2항, 제475조). 따라서 채무자는 개인회생재단채권에 대하여 본래 변제기에 따라 변제를 마쳐야 하며, 채무자가 이를 해태하는 경우에는 그 채권자로부터 강제집행을 당할 수 있고, 이로 말미암아 변제계획의 수행이 불가능하게 되어 개인회생절차가 폐지되는 결과에 이를 수도 있게 됩니다(동법 제621조 제1항).

개인회생재단채권은 개인회생채권보다 먼저 변제한다는 의미는 별제권에 의하여 담보된 재산을 제외한 채무자의 일반재산으로부터 개인회생채권보다 우선하여 변제를 받는다는 것으로 해석할 수 있으며, 이러한 측면에서 개인회생재단채권은 별제권과 유사하나 개인회생재단채권이 채무자의 일반재산으로부터 우선변제 받는 데에 반해 별제권은 담보된 특정재산으로부터 우선변제 받는 것이라는 점에서 차이가 있습니다.

변제계획에는 개인회생재단채권의 전액의 변제에 관한 사항을 정하여야 하는 바(동법 제611조 제1항 제2호), 회생위원의 보수 및 비용의 청구권, 근로자의 임금·퇴직금, 개시신청 후의 차입금 등과 같이 변제계획안 작성 당시 금액을 알 수 있는 개인회생재단채권은 재단채권자와 분할변제에 대한 합의 등이 이루어지지 않는 이상 개인회생채권에 대한 변제개시일 전에 그 전액을 변제하는 내용이 변제계획안에 정해져야 합니다.

앞서 살펴본 대로, 개인회생재단채권들은 개인회생절차에 의하지 아니하고 채무자가 수시로 변제하여야 하는 것으로 정하였을 뿐만 아니라, 개인회생채권보다 먼저 변제하여야 하는 것으로 정해졌으므로 변제개시 전에 개인회생재단채권이 있는 경우에는 이를 변제하지 않고는 개인회생채권의 변제를 개시할 수 없게 되고, 따라서 이를 먼저 변제한 후에 변제개시일을 정해야 할 것인바, 변제계획안에는 이미 발생한 개인회생재단채권의 구체적인 변제방법과 시기를 정하면 될 것입니다. 이때 동법 제611조 제4항 본문의 '인가일로부터

1월 이내에 변제를 개시하여'라는 규정에 반하는 경우가 있을 수 있으나, 법원의 허가를 받아 1월 후에 변제하는 것으로 변제계획을 세우면 족할 것입니다(동법 제611조 제4항 단서).

한편 재단채권자는 채무자가 변제를 해태하는 경우 개인회생절차상의 변제계획과 무관하게 강제집행을 실시할 수 있게 되는바, 통상적인 영업소득으로써 변제가 불가능할 정도로 규모가 큰 재단채권이 발생하는 등으로 인해 변제계획의 수행이 불가능하게 되는 사정이 발생한다면 개인회생절차가 폐지될 우려도 있습니다(동법 제621조 제1항). 따라서 특별히 영업소득자에 대한 변제계획안을 작성할 때에는 추후에 예상하지 못했던 재단채권이 발생하는 일이 없도록 미리 예측가능한 모든 채권을 조사하고 확인하도록 하여야 할 것입니다.

■ 변제계획인가 후 개인회생절차폐지결정을 한 경우

[질문]

저는 법원으로부터 개인회생절차개시결정을 받고, 법원에 5년에 걸쳐 총 60회에 걸쳐 매월 33만원씩 합계 1천9백만원을 변제하겠다는 취지의 변제계획안을 제출하였으며 이에 따라 채무자가 파산하는 경우 채권자들이 배당받을수 있는 청산가치 1천7백만원보다 총변제액이 적지 아니하다는 등의 이유로 변제계획인가결정을 받았습니다. 그 후 저는 4년 간 48회분 합계 1천5백4십8만원을 매월 성실히 납입하였으나 49회분부터 변제액을 납입하지 못하자 제1심이 채무자 회생 및 파산에 관한 법률 제621조 제1항 제2호의 사유에 의해 개인회생절차폐지결정을 내렸습니다. 저는 이에 즉시항고 하였고, 그 항고심인 원심이 '제1심법원이 인가한 채무자의 변제계획에 따른 변제(매월 변제예정액의 기한 내 변제)가 수행가능하다는 점을 소명할 것, 그와 관련하여 인가된 변제계획에 따른 현재까지의 미납금액 전부를 지정된 회생계좌에 임치할 것'을 명하였는데, 제가 미납금액인 3백9십6만원 중 1백3십2만원을 추가로 납입하여, 총 납입금액이 1천7백1십6만원이고, 잔존 미납금액이 2백6십4만원인 상태입니다. 이때 단순히 변제계획에 따른 이행 가능성이 확고하지 못하다거나 다소 유동적이라는 정도의 사정만으로 개인회생절차폐지결정을 한 1심 법원의 판단이 정당한 것인지 궁금합니다.

[답변]

개인회생절차의 폐지는 개인회생절차 개시 후 그 개인회생절차가 목적을 달성하지 못하고 법원이 그 절차를 중도에 종료시키는 것을 의미합니다. 개인회생절차의 폐지는 변제계획인가 전의 폐지와 변제계획인가 후의 폐지로 나눌 수 있고 각 그 요건과 절차를 달리하고 있는바, 귀하의 경우에는 변제계획인가 후 개인회생절차폐지의 적법 여부가 문제되는 것으로 보입니다.

변제계획이 인가되어 변제계획의 수행단계로 접어든 후, ① 면책불허가결정이 확정된 때(채무자 회생 및 파산에 관한 법률 제621조 제1항 제1호) ② 채무자가 인가된 변제계획을 이행할 수 없음이 명백할 때. 다만 채무자가 동법 제624조 제2항의 규정에 의한 면책결정을 받은 때는 제외함(동법 제2호) ③ 채무자가 재산 및 소득의 은닉 그 밖의 부정한 방법으로 인가된 변제계획을 수행하지 아니하는 때(동법 제3호)의 사유 중 하나에 해당하는 경우에 법원은 이해관계인의 신청에 의하거나 직권으로 개인회생절차폐지의 결정을 하여야 합니다(채무자 회생 및 파산에 관한 법률 제621조 제1항).

위와 같은 개인회생절차폐지 사유 중 ?채무자가 재산 및 소득의 은닉 그 밖의 부정한 방법으로 인가된 변제계획을 수행하지 아니하는 때에 대하여는 그 의미가 상대적으로 명백한 반면, ② 의 사유와 관련하여 부정한 방법이 아닌 다른 사유로 변제계획을 불이행한 경우가 이에 포함된다고 볼 것인지가 문제될 수 있습니다.

이에 대하여는 변제계획을 이행하지 못하였다고 해서 모든 경우에 개인회생절차를 폐지하는 것은 아니고 '채무자가 인가된 변제계획을 이행할 수 없음이 명백하게 된 경우'에 한하여 개인회생절차를 폐지하게 됩니다.

대법원은 "법원이 채무자가 인가된 변제계획을 이행할 수 없음이 명백한지 여부를 판단함에 있어서는, 인가된 변제계획의 내용, 당시까지 변제계획이 이행된 정도, 채무자가 변제계획을 이행하지 못하게 된 이유, 변제계획의 이행에 대한 채무자의성실성의 정도, 채무자의 재정 상태나 수입 및 지출의 현황, 당초 개인회생절차개시 시점에서의 채무자의 재정상태 등과 비교하여 그 사이에 사정 변경이 있었는지 여부 및 채권자들의 의사 등 여러 사정을 종합적으로 고려할 것이나, 단순히 변제계획에 따른 이행 가능성이 확고하지 못하다거나 다소 유동적이라는 정도의 사정만으로는 '이행할 수 없음이 명백한 때'에 해당한다고 할 것은 아니다."는 입장입니다(대법원 2011. 10. 6. 자 2011마1459 결정 참조)

채무자 회생 및 파산에 관한 규칙 제88조 제1항 제4호는 "변제계획에 따른 변제가 지체되고 그 지체액이 3개월분 변제액에 달한 경우 법원에 대한 보고"를 회생위원의 업무로 규정하고 있는바, 위 연체 기준은 특별한 사정이 없는 한 개인회생절차폐지결정의 기준이 될 수 있을 것이나, 이러한 경우에도 대법원 결정의 판시 사항과 같이 여러 사정을 종합하여 판단하는 것이 상당할 것입니다.

귀하의 경우와 유사한 사안에서 판례는 "채무자는 변제계획에 따라 총 60회 중 48회분을 4년 동안 성실히 납입하여 온 점, 보정명령에 따라 미납금액 전액까지는 아니더라도 상당금액을 추가로 납입하는 등 변제계획을 이행하려는 의지를 보인 점, 위와 같이 납입한 금액 합계가 변제계획인가결정 당시 산정된 청산가치를 초과할 뿐만 아니라 잔존 미납금액이 그 동안 채무자가 변제한 금액에 비하면 소액에 불과하므로 이러한 사정을 종합적하여 판단해 보건대, 단순히 변제계획에 따른 이행 가능성이 확고하지 못하다거나 다소 유동적이라는 정도의 사정만으로 채무자가 인가된 변제계획을 이행할 수 없음이 명백한 경우에 해당하는지 쉽게 단정하기는 어렵다"고 판단한 바 있습니다(대법원 2014.10.1. 자 2014마1255 결정 참조). 이에 따르면 귀하에 대한 1심법원의 개인회생절차폐지결정이 정당한 것인지 여부를 명백하게 판단하기는 어려우나, 제반 사정 등을 종합적으로 고려해볼 때 단순히 변제계획에 따른 이행 가능성이 확고하지 못하다거나 다소 유동적이라는 정도의 사정만으로 '채무자가 인가된 변제계획을 이행할 수 없음이 명백한 경우'에 해당한다고 볼 수는 없을 것이므로, 채무자 회생 및 파산에 관한 법률 제621조 제1항 제2호의 사유로써 개인회생절차폐지를 한 1심 법원의 판결은 위법한 것으로 볼 여지가 있다고 판단됩니다.

■ 개인회생절차 종료 후 면책이 가능한지요?

[질문]

저는 법원으로부터 개인회생절차개시결정을 받고 변제계획인가결정까지 받아 그 변제계획에 따라 변제를 하던 중, 변제를 지체하여 그 지체액이 10개월분에 달하게 되었고 그에 따라 인가된 변제계획을 이행할 수 없음이 명백하다는 이유로 개인회생절차 폐지결정이 있었으며 위 결정이 확정되었습니다. 이에 저는 채무자 회생 및 파산에 관한 법률 제624조 제2항에 근거해 면책신청을 하고자 합니다. 이러한 저의 면책신청이 받아들여질 수 있을까요?

[답변]

일반적으로 채무자가 변제계획에 따른 변제를 완료하게 되면 개인회생채권에 대하여 면책을 받게 되는데, 변제계획에 따른 변제를 완료하지 못하게 된 경우에도 일정한 요건이 갖추어지면 면책을 받을 수도 있습니다.

채무자 회생 및 파산에 관한 법률 제624조 제2항은 '법원은 채무자가 변제계획에 따른 변제를 완료하지 못한 경우에도 일정한 경우에는 이해관계인의 의견을 들은 후 면책의 결정을 할 수 있다'고 규정하고 있는바, ① 채무자가 책임질 수 없는 사유로 인하여 변제를 완료하지 못하였을 것 ② 개인회생채권자가 면책결정일까지 변제받은 금액이 채무자가 파산절차를 신청한 경우 파산절차에서 배당받을 금액보다 적지 아니할 것 ③ 변제계획의 변경이 불가능할 것의 요건을 모두 갖춘 경우에 한하여 변제계획을 완전히 수행하지 못했을 경우에도 법원은 면책의 결정을 할 수 있게 됩니다.

채무자가 책임질 수 없는 사유란, 예를 들어 실직이나 급여의 감소 등으로 총소득 자체가 감소하게 되는 경우, 본인이나 가족들의 질병, 부상 등으로 인한 의료비 지출, 출산이나 부모의 실직 등에 의한 피부양자 증가 그 밖의 사유로 가용소득이 감소하는 경우 등을 들 수 있습니다. 이러한 경우 변제계획을 변경하여 수행하도록 하는 방법이 가능하다면 그에 의하도록 할 것이나, 변제계획의 변경도 불가능한 정도의 상황이라면 수행이 불가능한 변제계획의 수행을 계속 강요한다는 것은 무의미할 뿐만 아니라 채무자에 대해 지나치게 가혹한 처사가 될 수도 있기 때문에 법은 이러한 면책 방안을 규정하고 있습니다.

다만 채무자 회생 및 파산에 관한 법률 제624조 제2항에 따른 면책은 동법 제624조 제1항의 면책결정이 필수적인 것과는 달리 임의적인 것이기 때문에 채무자는 위에서 열거한 요건들이 모두 충족되었다 할지라도 반드시 면책결정을 받게 되는 것은 아닙니다. 법원은 이러한 요건들이 모두 충족되었다 할지라도 변제계획이 이행된 정도나 기타 제반 사정을 종합적으로 고려하여 면책을 하는 것이 합당하다고 판단될 경우에 면책결정을 하게 됩니다.

그리고 개인회생절차 종료 후 면책신청과 관련하여 판례는 "채무자 회생 및 파산에 관한 법률 제621조 제1항은 개인회생절차에서 변제계획인가 후 채무자가 인가된 변제계획을 이행할 수 없음이 명백한 때 등의 사유가 있는 때에는 법원은 개인회생절차를 폐지하여야 한다고 규정하고 있다. 개인회생절차에서 개인회생채권자는 변제계획에 의하지 아니하고는 변제하거나 변제받는 등 이를 소멸하게 하는 행위를 하지 못하는데(동법 제582조), 개인회생채권자는 개인회생절차폐지결정이 확정된 때에는 채무자에 대하여 개인회생채권자표에 기하여 강제집행을 할 수 있어(동법 제603조 제4항) 개인회생채권자가 개인회생절차폐지결정의 확정으로 절차적 구속에서 벗어나는 점 등에 비추어 보면, 개인회생절차폐지결정이 확정된 경우에 개인회생절차는 종료한다고 봄이 타당하다. 채무자 회생 및 파산에 관한 규칙 제96조가 '동법 제624조의 면책결정이 확정되면 개인회생절차는 종료한다'고 규정하고 있으나 이는 면책결정이 확정된 경우의 개인회생절차 종료사유에 관한 것이므로 개인회생절차폐지결정이 확정된 경우에도 개인회생절차가 종료한다고 판단하는 데 장애사유가 되지 아니한다."고 하면서 이와 동시에 "동법 제624조 제2항 은, 채무자가 변제계획에 따른 변제를 완료하지 못한 경우에도 채무자가 책임질 수 없는 사유로 인하여 변제계획에 따른 변제를 완료하지 못하였을 것(제1호), 개인회생채권자가 면책결정일까지 변제받은 금액이 채무자가 파산절차를 신청한 경우 파산절차에서 배당받을 금액보다 적지 아니할 것(제2호), 변제계획의 변경이 불가능할 것(제3호)의 요건을 모두 충족한 때에는, 법원은 이해관계인의 의견을 들은 후 면책의 결정을 할 수 있다고 규정하고 있다. 그런데 개인회생절차가 종료한 이후채무자에게 파산원인이 있는 경우 채무자는 파산절차를 이용할 수 있는 점, 개인회생절차가 종료한 이후에도 채무자가 개인회생절차에 따른 면책신청을 할 수 있다면 개인회생절차로 말미암은 권리행사의 제한에서 벗어난 개인회생채권자의 지위가 불안정하게 되는 점, 면책결정이나 개인회생절차폐지결정이 확정되면 개인회생절차가 종료하는 점은 앞서 본 바와 같고 면책불허가결정이 확정된 때에는 개인회생절차를 폐지하여야 하는데(동법 제621조 제1항 제1호), 개인회생절차폐지결정이 확정된 후에 채무자가 면책신청을 하여 법원이 면책결정 또는 면책불허가결정을 하여야 한다면, 이미 종료한 절차가 다시 종료하거나 폐지결정을 다시 하여야 하는 모순이 발생하여 법체계에 맞지 않는 점 등에 비추어 보면, 동법 제624조 제2항에 따른 면책은 개인회생절차가 계속 진행하고 있음을 전제로 한 것으로 개인회생절차가 종료하기 전까지만 그 신청이 가능하다고 봄이 타당하다."고 하여 동법 제624조 제2항에 따른 면책은 개인회생절차가 계속 진행되고 있음을 전제로 하는바, 개인회생절차가 종료되기 전까지만 신청이 가능하다는 입장입니다.

이에 따르면 귀하의 경우 개인회생절차폐지결정이 확정되어 개인회생절차가 종료되었으므로 더 이상 채무자 회생 및 파산에 관한 법률 제624조 제2항에 따른 면책신청을 할 수 없고, 이러한 점에도 불구하고 이루어진 면책신청은 부적법하여 각하됨이 상당할 것으로 보입니다.

■ 면책결정을 받게 되면 부담하고 있는 채무들은 어떻게 처리되는지요?

[질문]

저는 50대 남성으로 개인회생신청을 하고 변제계획인가결정을 받아 변제계획대로 성실하게 변제를 모두 마치고 법원으로부터 면책결정을 받았습니다. 면책결정을 받게 되면 제가 부담하고 있는 채무들은 어떻게 처리되는 것인지 알고 싶습니다.

[답변]

법원은 채무자가 변제계획에 따른 변제를 완료한 때에는 당사자의 신청에 의하거나 직권으로 면책의 결정을 하여야 합니다(채무자 회생 및 파산에 관한 법률 제624조 제1항).

면책이란 채무에 관하여 '책임이 면제된다'는 것을 의미하는데(동법 제625조 제2항), '책임의 면제'는 '채무의 소멸'과는 엄연히 다릅니다. 채무가 소멸된다는 것은 그 채무가 없어지게 된다는 의미인 반면, 책임이 면제된다는 것은 채무가 없어지는 것은 아니나 채권자가 당해 채무를 더 이상 이행할 것을 요구할 수 없게 되는 것을 의미합니다. 다시 말해 채무의 이행을 청구하는 소를 제기하거나, 채무의 이행을 확보하기 위한 수단으로 채무자의 재산에 가압류 등을 하는 것 또는 채무를 강제로 실현하기 위하여 채무자의 재산에 강제집행을 하는 것 등이 불가능하게 되나 채무 그 자체가 없어지는 것은 아닙니다. 이를 자연채무라고 하는데, 채무자가 자연채무를 임의로 이행하게 될 경우 이는 유효한 변제로 되어 부당이득반환을 청구할 수 없게 됩니다. 이는 상계의 자동채권으로 할 수도 있고, 경개 또는 준소비대차의 기초로 삼을 수 있으며, 그에 대한 보증이나 담보도 유효한 것으로 보게 됩니다.

또 면책의 결정은 확정된 후가 아니면 그 효력이 발생하지 않습니다(동법 제625조 제1항). 면책결정에 대해 항고가 제기되지 않고 항고기간이 도과하거나, 항고가 제기되었더라도 그 항고가 기각되는 때에는 면책결정이 확정되게 됩니다.

이밖에도 면책은 개인회생채권자가 채무자의 보증인 그 밖에 채무자와 더불어 채무를 부담하는 자에 대하여 가지는 권리와 개인회생채권자를 위하여 제공한 담보에 영향을 미치지 않습니다(동법 제625조 제3항). 따라서 채권자는 채무자에 대한 면책결정에도 불구하고 보증인이나 연대채무자에 대하여 그 채무의 이행을 요구할 수 있고, 제3자가 제공한 담보물이 있을 경우에는 그 물건에 대한 담보권을 행사할 수도 있습니다.

최종적으로 면책결정이 확정되면 개인회생절차는 종료됩니다(채무자 회생 및 파산에 관한 규칙 제96조).

이에 따라 귀하에 대한 개인회생절차는 법원의 면책결정으로 인하여 종료되었으며, 개인회생채무는 면책제외채권(채무자 회생 및 파산에 관한 법률 제625조 제2항)에 해당한다거나 면책취소사유가 있다는 등의 사정이 없는 한 자연채무로 되어 귀하는 이를 이행할 법적인 의무를 부담하지 아니할 것으로 보입니다.

■ 일부 재산과 급여수입 등을 누락할 경우 사기회생죄에 해당하는지요?

[질문]

개시회생절차개시신청을 하면서 일부 재산과 급여수입 등을 누락할 경우 사기회생죄에 해당하여 형사 처벌될 수 있나요?

[답변]

채무자 회생 및 파산에 관한 법률 제643조 제3항에 따르면 채무자가 자기 또는 타인의 이익을 도모하거나 채권자를 해할 목적으로 ① 재산을 은닉 또는 손괴하거나 채권자에게 불이익하게 처분하는 행위를 하거나(동조 제1호) ② 허위로 부담을 증가시키는 행위(동조 제2호)를 하고, 채무자에 대하여 개인회생절차개시결정이 확정된 때에는 5년 이하의 징역 또는 5천만원 이하의 벌금에 처하게 됩니다.

채무자가 개인회생절차개시결정 당시 보유하고 있는 모든 재산 및 채무자가 개인회생절차개시결정 전에 생긴 원인으로 장래에 행사할 청구권과 개인회생절차 진행 중에 취득한 재산 및 소득은 개인회생재단에 속하는 재산이 되고(동법 제580조 제1항 제1호, 제2호), 채무자가 작성하여 제출하는 변제계획안에는 채무변제에 제공되는 계산 및 소득에 관한 사항이 포함되어 있을 뿐만 아니라(동법 제611조 제1항 제4호), 그 변제계획안은 인가결정시를 기준으로 하여 평가한 개인회생채권에 대한 총변제액이 채무자가 파산하는 때에 배당받을 총액보다 적은 경우라면 인가 받을 수 없게 됩니다(동법 제614조 제1항 제4호). 결국 채무자가 개인회생절차개시 당시 보유하고 있는 재산은 개인회생절차에서 상당히 중요한 역할을 하는바, 이러한 재산을 은닉, 손괴, 채권자에게 불이익하게 처분한다면 개인회생채권자에 대한 변제재원이 되는 개인회생재단에 속하는 재산이 감소되어 개인회생채권자를 해하게 될 것입니다. 또한 채무자가 제3자와 통모하여 그 자에게 허위의 채무를 부담하게 됨으로써 이를 개인회생채권으로 신고하고 변제계획에 포함시킨다면 다른 개인회생채권자들에 대한 배당가능성을 해할 우려가 있기 때문에 이를 방지하기 위하여 채무자 회생 및 파산에 관한 법률에서는 사기회생죄에 대한 처벌규정을 둔 것이라 할 수 있습니다.

사기회생죄가 성립하기 위하여는 재산의 은닉, 손괴, 채권자에게 불이익하게 처분하는 행위 또는 허위로 부담을 증가시키는 행위가 있어야 하는 바, 여기에서 '은닉'이란 채권자 또는 회생위원에 대하여 재산의 발견을 불가능 또는 곤란하게 하는 것을 의미합니다. 단순히 재산을 장소적으로 이동시켜 그 소재를 불명케하는 행위뿐만 아니라, 재산의 소유관계를 불명하게 하는 행위도 포함하며 형법상 강제집행면탈죄의 허위양도도 포함됩니다. 다만, 채무자가 법원에 개인회생절차개시신청을 하면서 단순히 소극적으로 자신의 재산 및 수입 상황을 제대로 기재하지 아니한 재산목록 등을 제출하는 행위를 사기회생죄에서 규정한 '재산의 은닉'에 해당하지 않습니다(대법원 2009. 1. 30. 선고 2008도6950 판결 참조).

또한 '개인회생채권자에게 불이익하게 처분하는 행위'란 은닉, 손괴와의 균형상 재산을 염가로 매각하거나 증여하는 등으로 채권자에게 절대적으로 불이익한 영향을 미치는 처분행위를 지칭하는 것으로 해석하여야 할 것입니다. 따라서 특정채권자에 대한 채권 본지의 변제는 반대급부와 그 균형을 잃지 아니하는 한 유효한 변제로서 불이익한 처분에 해당한다고 보기 어렵다 할 것입니다.

이 밖에도 '허위로 부담을 증가시키는 행위'는 개인회생재단의 부담을 허위로 증가시키는 것, 개인회생재단에 속하는 재산에 저당권이나 질권 등 담보권을 설정하는 것이 그 예시라고 할 수 있습니다.

이러한 행위의 시기는 개인회생절차개시결정의 전후를 묻지 않으나, 사기회생죄는 총채권자의 이익을 보호하기 위한 규정이므로 이를 인정하기 위해서는 행위 당시에 총채권자의 이익을 해할 수 있는 객관적인 상황, 즉 개인회생절차의 개시요건인 파산의 원인이 있거나 파산의 원인이 생길 염려가 있어야 합니다.

또한 사기회생죄가 성립하기 위하여는 개인회생절차개시결정이 확정되어야 하고, 주관적 구성요건으로서 해당 행위에 대한 인식이 있어야 하며, 개인회생절차개시에 대한 인식 역시 요구됩니다. 여기서 인식은 개인회생절차개시원인을 이루는 구체적인 사실에 대한 것으로 족하고, 개개의 사실이 개인회생절차개시원인을 구성하는 것인지에 대한 인식까지 필요한 것은 아니라고 할 것입니다. 그리고 고의 외에도 자기 또는 타인의 이익을 도모하거나 채권자를 해할 목적이라는 주관적 요소도 그 구성요건으로 하고 있으며, 여기서 채권자란 특정채권자에 한정되는 것이 아니라 총채권자를 일컫는 것으로 해석할 수 있습니다. 다만 그러한 목적이 현실로 달성되어야만 사기회생죄가 성립하는 것은 아닙니다.

이러한 관련 법률 규정 및 판례 취지에 의하면 귀하는 소극적으로 일부 재산과 그 소득을 누락하여 개인회생절차개시신청을 하였다는 사실만으로는 사기회생죄의 '재산의 은닉'에 해당하지는 않을 것이나 이 밖의 재산의 손괴, 채권자에게 불이익하게 처분하는 행위 또는 허위로 부담을 증가시키는 행위를 하게 된다면 사기회생죄가 성립 할 수도 있고, 가사 사기회생죄의 구성요건은 충족하지 아니한다 하더라도 경우에 따라 개인회생절차개시 기각사유가 될 수 있고, 면책불허가 사유가 되어 면책불허가결정이 내려질 가능성도 있는 것으로 보입니다.

■ 신청불성실을 이유로 한 개인회생절차개시 기각하는 것이 타당한가요?

[질문]

저는 4년 전에 개인회생개시신청을 하여 변제계획을 인가받았으나 그 후 압류 적립된 급여의 일부를 회생재단에 편입하지 않고 임의 소비한 사실이 발견되어 개인회생절차가 폐지되었고, 그 후 3회에 걸쳐 개인회생절차 개시신청을 하였으나 개인회생절차를 남용하여 채권자의 권리행사를 방해하였다는 점을 이유로 하여 그 신청이 기각되었으며, 이에 다시 개인회생절차개시신청을 하자 별다른 심리 없이 그 신청 자체로 '신청이 성실하지 아니한 때'에 해당한다고 하여 기각 결정을 받았습니다. 이러한 경우 과거에 개인회생절차개시신청을 하였다가 폐지나 기각되었음에도 다시 개인회생절차개시신청을 하였다는 사실만으로 신청이 성실하지 않다고 보아 기각하는 것이 타당한가요?

[답변]

채무자 회생 및 파산에 관한 법률 제595조 각 호는 개인회생절차개시신청 기각사유에 관하여 규정하고 있습니다. 이 중 동조 제7호는 '그 밖에 신청이 성실하지 아니하거나 상당한 이유 없이 절차를 지연시키는 때'를 신청 기각 사유로 정하여 동조 제1호 내지 제6호의 사유에 해당하지 않더라도 개인회생절차개시신청이 성실하지 아니하거나, 상당한 이유 없이 절차를 지연시키는 때에는 개인회생절차개시신청을 기각할 수 있는 것으로 보고 있습니다.

법원에서 동법 제595조 제7호에서 정한 '그 밖에 신청이 성실하지 아니한 때'에 해당한다는 이유로 채무자의 개인회생절차개시신청을 기각하려면 채무자에게 동법 제595조 제1호 내지 제5호에 준하는 절차적인 과실이 있거나, 채무자가 개인회생절차의 진행에 따른 효과만을 목적으로 하는 등 부당한 목적으로 개인회생절차개시신청을 하였다는 사정이 인정되어야 합니다. 채무자 회생 및 파산에 관한 법률은 파산신청의 기각사유로 동법 제309조 제1항 제5호가 '그 밖에 신청이 성실하지 아니한 때'를 포괄적인 파산신청의 기각사유로 규정하고, 이와 별개로 동법 제309조 제2항에서 '파산절차의 남용'을 기각사유로 정하고 있는 것과는 달리, '개인회생절차의 남용'을 개인회생절차개시신청의 기각사유로 따로 규정하고 있지는 않으나 동법 제696조 제7호의 신청불성실에는 '개인회생절차의 남용'도 포함되는 개념으로 해석함이 상당합니다.

이와 관련하여 판례는 "채무자가 세 번에 걸쳐 개인회생절차 개시신청을 하였으나 개인회생절차를 남용하여 채권자의 권리행사를 방해하였다는 등의 사유로 신청이 기각되었는데, 이후 특별한 사정변경이 없음에도 또다시 개인회생절차 개시신청을 한 것 자체로 '신청이 성실하지 아니한 때'에 해당된다는 이유로 개인회생절차 개시신청을 기각한 사안에서, 통상 개인회생채무자는 개인회생절차 개시신청 기각결정에 대한 항고로 다투기보다는 재신청을 택하는 경우가 많고 법에 의하여 재신청이 명시적으로 금지되어 있지 않은 점, 법은 도산절차에 있어서 채권자의 이익과 채무자의 실질적 갱생을 위하여 청산형의 파산절차보다는 갱생형의 개인회생절차를 우선에 두고 있는 점, 이 사건 기각결정이 확정된다면 사실상 재항고인은 회생의 길이 봉쇄된다는 점, 이 사건 신청은 최초의 개인회생절차 폐지로부터는 3년 이상이 경과된 후에 이루어졌고 다른 남용 사유가 보이지 않는다면 사정변경이 있다고 볼 여지도 있는 점을 고려하면 위 개인회생절차 개시신청이 성실하지 아니한 경우에 해당한다고 단정하기 어려움에도, 채무자가 부당한 목적으로 개인회생제도를 이용하였다는 등 신청 불성실 사유가 있는지에 대하여 심리를 하지 않은 채 채무자의 과거 경력만을 문제 삼아 위 개인회생절차 개시신청을 기각한 것은 위법하다"고 한바 있습니다(대법원 2011. 6. 10. 자 2011마201 결정 참조).

또한 채무자가 부당한 목적으로 개인회생절차개시신청을 하였는지는 그 신청에 이르게 된 경위, 채무의 규모, 발생 시기 및 사용 내역, 강제집행 대상 재산의 유무, 변제계획안의 내용 등 제반사정을 종합하여 판단하여야 합니다(대법원 2012. 1. 31. 자 2011마2392 결정 참조).

위에서 언급한 내용을 종합해볼 때, 귀하의 경우 개인회생절차가 폐지된 후 세 차례에 걸쳐 추가로 개인회생절차개시신청을 하고 또다시 개인회생신청을 하였는바, 법원이 개인회생절차 개시신청을 하였다가 기각당한 경력을 근거로 귀하의 신청이 성실하지 아니한 경우에 해당하는 것으로 판단하려면, 이전의 개인회생절차개시신청이 기각된 경위가 무엇인지, 그 후 채무자의 재산상황이나 채권자들의 채권회수 정도 등의 사정을 심리하여 귀하가 부당한 목적으로 개인회생제도를 이용하였다는 등 신청 불성실의 사유가 있는지 여부를 판단하였어야 함에도 불구하고 이러한 점들을 충분히 심사하지 아니한 채 과거에 반복된 개인회생절차개시신청 경력만을 이유로 개인회생절차개시신청을 기각하는 것은 부당한 것으로 볼 수 있습니다. 만일 이러한 법원의 개인회생절차

신청 기각 결정이 위법함을 이유로 이에 대해 다투고자 하실 경우에는 즉시 항고를 제기해볼 수 있을 것이며(채무자 회생 및 파산에 관한 법률 제598조 제1항), 이때 판례는 "개인회생절차의 요건을 충족하고 있는지 여부는 개시신청 당시를 기준으로 하여 판단하는 것이 원칙이나, 개시신청에 관한 재판에 대하여 즉시항고가 제기된 경우에는 항고심의 속심적 성격에 비추어 항고심 결정 시를 기준으로 판단한다."고 하고 있으므로(대법원 2011. 6. 10. 자 2011마201 결정 참조), 항고심에서 귀하의 개인회생절차개시신청이 적법한 것인지 여부는 항고심 결정시를 기준으로 판단될 것입니다.

■ 편파변제 등과 관련한 개인회생절차개시신청 기각사유

[질문]

저는 얼마 전 법원에 개인회생개시신청을 하였습니다. 그런데 개인회생개시신청서를 제출하기 전에 채무초과상태에서 저의 채권자인 숙부에게 그 채무의 변제에 갈음하고자 2천만원의 임차보증금반환채권을 양도한 적이 있습니다. 혹여나 이런 사정 때문에 개인회생개시신청이 기각되지는 않을까요?

[답변]

채무자 회생 및 파산에 관한 법률 제595조 제6호는 '개인회생절차에 의함이 채권자 일반의 이익에 적합하지 아니한 때'에는 개인회생절차개시신청을 기각할 수 있다고 정하고 있습니다.

'개인회생절차에 의함이 채권자 일반의 이익에 적합하지 아니한 때'란 개인회생절차에 의하여 변제되는 채무액의 현재가치가 채무자 재산의 청산가치에 미치지 못하는 등과 같이 변제기, 변제율, 이행의 확보 등에서 개인회생절차에 의하는 것이 전체 채권자의 일반의 이익에 적합하지 아니한 것을 의미합니다(대법원 2011. 9. 21.자 2011마1530 결정 등 참조). 즉, 채권자의 이익은 변제기, 변제율, 이행의 확보 등을 종합적으로 고려해야 하고, 채권자의 일반의 이익은 특정의 채권자가 아니고 채권자 전체에게 이익이 되는 것을 의미합니다.

실제로 실무상 채무자가 개인회생절차개시신청 전에 특정 채권자에 대한 편파적인 변제나 담보제공 행위를 하여 다른 채권자들을 해하는 결과를 초래하였고, 채무자의 가용소득이나 보유하는 재산의 처분만으로는 부인권 행사로 증가될 청산가치만큼을 변제하지 못하는 변제계획안을 제출하는 경우가 많이 있습니다. 이 경우 채무자 회생 및 파산에 관한 법률 제595조 제6호에서 정한 기각사유로 볼 수 있는지 문제됩니다.

과거 하급심에서는 이와 같은 경우 채무자가 제출한 변제계획안이 청산가치를 보장하지 않는다고 보고 채무자 회생 및 파산에 관한 법률 제595조 제6호의 사유로 개인회생절차개시신청을 기각한 사례가 많이 있었습니다.

이에 대해 대법원은 "개인회생절차는 급여소득자 또는 영업소득자가 5년을 넘지 않는 기간 동안 그 수입 중에서 생계에 필요하다고 인정되는 비용을 제외한 나머지 금액을 변제에 투입하여 그 총변제액이 채무자가 파산하는 때에

배당받을 총액보다 적지 아니한 경우에 이용할 수 있는 제도로서(채무자 회생 및 파산에 관한 법률 제579조, 제614조 제1항 제4호), 개인회생절차가 개시되면 채무자에 대한 파산절차 등은 중지·금지되고(채무자 회생 및 파산에 관한 법률 제600조 제1항), 채무자가 장래 얻게 될 소득이 채권자에 대한 변제재원이 되며, 만약 채무자가 보유한 재산의 청산가치가 위와 같은 방법에 의한 총변제액의 현재가치보다 많을 경우에는 재산의 일부를 변제계획에 투입해야 하는 점 등에서 파산절차와 구별되는 것이다. 개인회생절차에서의 부인권은 채무자가 개인회생절차 개시 전에 자신의 일반재산에 관하여 채권자들을 해하는 행위를 한 경우 그 효력을 부인하여 일탈된 재산을 개인회생재단으로 회복시키기 위한 제도로서, 부인권의 행사는 개인회생재단에 속하는 채무자의 재산을 원상으로 회복시키므로(채무자 회생 및 파산에 관한 법률 제584조 제1항, 제397조 제1항), 부인권 행사요건이 인정될 경우 법원은 채권자 또는 회생위원의 신청에 의하거나 직권으로 채무자에게 부인권 행사를 명할 수 있을 뿐 아니라(채무자 회생 및 파산에 관한 법률 제584조 제3항) 변제계획안 수정명령(채무자 회생 및 파산에 관한 법률 제610조 제3항)을 통하여 부인권 행사로 원상회복될 재산 또는 이를 포함한 총재산의 청산가치 이상을 변제에 투입하도록 할 수도 있다. 이 때 채무자가 수정명령 등에 불응하면 변제계획이 불인가되거나 개인회생절차가 폐지될 수 있고, 부인권 행사의 상대방이 그 받은 이익 등을 반환하여 채권이 부활하게 되면 변제계획인가 이후에도 변제가 완료되기 전까지는 이를 반영한 변제계획변경안이 제출될 수 있다. 이와 같이 개인회생절차는 파산절차가 예정하고 있는 청산가치의 배분 이상의 변제가 이루어질 것을 전제로 하고 있는 제도라는 점, 개인회생채무자가 그 개시신청 전에 부인권 대상행위를 한 경우에도 법은 부인권 행사를 통하여 일탈된 재산을 회복시켜 이를 포함한 총재산의 청산가치 이상을 변제하도록 하는 절차를 마련해 두고 있는 점, 그 밖에 개인회생절차를 파산절차에 우선하도록 한 제도의 취지와 기능 등을 종합하면, 설령 채무자가 개인회생절차 개시신청 전에 특정 채권자에 대한 편파적인 변제나 담보제공 행위를 하여 다른 채권자들을 해하는 결과를 초래하였다고 하더라도, 다른 특별한 사정이 없는 한, 단지 그러한 사정만으로 개인회생절차에 의하는 것이 채권자 일반의 이익에 적합하지 않다고 단정할 수는 없다고 할 것이다.“고 하였습니다(대법원 2010. 11. 30. 자 2010마1179 결정 참조).

따라서 법원은 특별한 사정이 없는 한 특정채권자에 대한 편파변제를 이유로
귀하의 개인회생절차개시신청을 기각하기보다는 개시결정을 한 후 채무자인
귀하에게 부인권행사명령 또는 변제계획안 수정명령 등을 하게 될 것으로 보
입니다.

■ 개인회생절차개시결정 이후 개인회생채권자목록에 기재된 개인회생채권에 기한 소제기가 적법한 것인지요?

[질문]

최근 저는 법원에 개인회생절차개시신청을 하여 개인회생절차가 개시되었고 변제계획인가결정을 받아 변제계획에 따른 변제를 진행 중에 있습니다. 그런데 약 8년 전 개인회생채권자목록에 기재한 채권에 대해 개인회생절차개시신청 전에 소송을 제기해 확정판결을 받은 개인회생채권자가 이의기간 내에 아무런 이의를 제기하지 않고 있다가 최근 소멸시효 중단을 위해 그 채권의 이행을 청구하는 소송을 다시 제기하였습니다. 이러한 소제기가 적법한 것인지 궁금합니다.

[답변]

개인회생절차개시결정이 있는 때에는 개인회생채권의 변제를 요구하는 일체의 행위가 중지·금지되지만, 소송행위는 중지·금지의 대상에서 제외됩니다(채무자 회생 및 파산에 관한 법률 제1항 제3호 단서).

채무자 회생 및 파산에 관한 법률 제604조 제1항은 개인회생채권자목록에 대하여 이의가 있는 개인회생채권자는 이의기간 안에 이의를 신청할 수 있다고 하고 있으나, 동조 제2항은 개인회생절차개시 당시 이미 소송이 계속 중인 권리에 대하여 이의가 있는 경우에는 별도로 개인회생채권조사확정재판을 신청할 수는 없고 이미 계속 중인 소송의 내용을 개인회생채권확정의 소로 변경하여야 한다고 정하고 있고, 동법 제606조 제3호는 개인회생채권자표에 개인회생채권조사확정재판 및 이에 대한 이의의 소의 결과 이외의 개인회생채권의 확정에 관한 소송의 결과를 기재하도록 하고 있는바, 이에 따르면 이미 소송이 계속 중인 경우에는 개인회생채권조사확정재판을 신청할 수 없고 기존 소송의 청구취지를 개인회생채권의 존부나 내용의 확정을 구하는 형태로 변경하여 판결을 받아, 그 결과를 개인회생채권자표에 기재하는 방식으로 처리해야 할 것입니다.

그러나 이미 소송이 계속 중인 경우가 아니라면, 권리의 확정은 개인회생채권조사확정재판에 의하여야 할 것이고, 소송물이론에 따라 동일한 발생 원인에 기한 채권인 한 개인회생채권조사확정재판과 별도로 새로운 이행소송 또는 확인소송을 제기하지는 못하는 것으로 봄이 상당합니다.

이에 관해 최근 대법원 판례는 "채무자 회생 및 파산에 관한 법률 제600조

제1항 제3호 본문, 제603조 , 제604조 에 의하면, 개인회생절차개시의 결정이 있는 때에는 개인회생채권자목록에 기재된 개인회생채권을 변제받거나 변제를 요구하는 일체의 행위를 하지 못하고, 개인회생채권의 확정은 개인회생채권자목록의 내용에 관한 이의와 개인회생채권조사확정재판 등에 의하여야 하며, 확정된 개인회생채권을 개인회생채권자표에 기재한 경우 그 기재는 확정판결과 동일한 효력이 있고, 개인회생절차폐지결정이 확정된 때에는 개인회생채권자는 채무자에 대하여 개인회생채권자표에 기하여 강제집행을 할 수 있다. 이러한 규정 내용과 집단적 채무처리절차인 개인회생절차의 성격, 개인회생채권조사확정재판 제도의 취지 등에 비추어 보면, 제600조 제1항 제3호 단서가 개인회생절차개시의 결정에 따라 중지 또는 금지되는 행위에서 소송행위를 제외하고 있다고 하여도 이는 개인회생절차개시의 결정 당시 개인회생채권자목록에 기재된 개인회생채권에 관한 소가 이미 제기되어 있는 경우에는 그에 관한 소송행위를 할 수 있다는 취지로 보아야 하고, 개인회생절차개시의 결정이 내려진 후에 새로이 개인회생채권자목록에 기재된 개인회생채권에 기하여 이행의 소를 제기하는 것은 허용되지 아니한다. 한편 채무자 회생 및 파산에 관한 법률 제32조 제3호, 제589조 제2항은 개인회생채권자목록의 제출에 대하여 시효중단의 효력이 있다고 규정하고 있고 그에 따른 시효중단의 효력은 특별한 사정이 없는 한 개인회생절차가 진행되는 동안에는 그대로 유지되므로, 개인회생채권자목록에 기재된 개인회생채권에 대하여는 그 소멸시효의 중단을 위한 소송행위를 허용하는 예외를 인정할 필요가 있다고 할 수도 없다. 이러한 법리는 개인회생채권자목록에 기재된 개인회생채권에 관하여 개인회생절차개시의 결정전에 이미 확정판결이 있는 경우에도 마찬가지로 적용된다."(대법원 2013. 9. 12. 선고 2013다42878 판결 참조)고 하여 개인회생채권자목록에 기재된 개인회생채권으로 개인회생절차개시결정 후에 별도로 이행의 소를 제기할 수 없음을 명백히 하고, 이를 위반하여 제기된 소가 부적법하므로 각하한바 있습니다.

따라서 이러한 법률규정 내지 판례의 취지에 따르면 소송절차에서 귀하가 개인회생절차개시결정이 이루어졌음을 항변할 경우, 귀하가 개인회생절차개시결정을 받은 후 시효중단을 위해 개인회생채권자목록에 기재된 채권에 기하여 제기된 소송은 부적법하여 각하될 것으로 보입니다.

■ 개인회생과 개인워크아웃은 서로 어떻게 다른가요?

[질문]

저는 개인사업체를 운영하다가 빚이 많아져 개인회생신청을 하고자 다방면으로 알아보던 중 개인워크아웃제도라는 것을 듣게 되었습니다. 개인회생과 개인워크아웃은 서로 어떻게 다른가요?

[답변]

금융기관들이 신용회복지원협약에 기초하여 설립된 '신용회복위원회'에서 한국신용정보원에 연체 등의 신용거래정보가 등록된 개인들의 채무를 조정하여 주는 절차를 '개인워크아웃'이라고 합니다. 이와 같이 개인워크아웃은 신용회복지원협약에 가입한 채권금융기관들에 대한 채무에 대하여만 조정이 가능한 제도임에 반하여, 개인회생절차는 금융기관 채무를 포함하여 모든 채무에 대하여 조정이 가능하다는 차이점이 있습니다.

채무액 한도의 경우, 개인워크아웃의 경우에는 5억원 임에 반하여 개인회생절차는 담보채무는 최대 10억원, 무담보채무는 최대 5억원으로 되어 있습니다. 그리고 개인워크아웃은 원칙적으로 원금을 감면하지 아니함에 반하여 개인회생절차는 변제기간 동안의 가용소득으로 원금 전액을 변제할 수 없는 경우에는 원금감면도 가능합니다. 즉, 개인회생절차상으로는 5년 이내의 변제기간 동안 가용소득을 채무변제에 투입하여 원금의 전부를 변제할 수 없다고 하더라도 원칙적으로 남은 채무는 면책됩니다. 또한 개인회생절차에서는 원금을 다 갚는 경우에는 5년까지 이르지 않고 3년 이상으로 설계된 변제계획을 수행함으로써 나머지를 면책 받을 수도 있습니다.

개인회생절차에서는 채권자가 채무자의 보증인 등 채무자와 각각 전부의 채무를 이행할 의무를 부담하는 자에 대하여 개인회생절차와 관계없이 청구할 수 있으나, 개인워크아웃에서 채권자(신용회복지원협약 가입 채권자)는 주채무자가 워크아웃을 신청한 경우 보증인 등에 대하여 추심 등 채권행사를 할 수 없습니다.

개인워크아웃에서는 변제기간 도중에 변제를 완료하지 못하면 원래의 이행지체 상태로 환원됨에 반하여, 개인회생절차에서는 변제계획을 변경할 수도 있고, 채무자에게 책임이 없는 사유 때문에 변제불능이 된 경우에는 면책을 받을 수도 있습니다. 그리고 개인워크아웃은 법률에 근거한 것이 아니므로 개인회생절차와 달리 부인권, 상계금지 등의 제도가 적용되지 않습니다. 위와 같은 차이는 개인회생절차가 법률상의 채무조정제도이고, 개인워크아웃이 사적 합의를 통한 채무조정제도라는 점에서 생기는 것이라고 할 수 있습니다.

실무상으로 개인워크아웃을 진행하다가 워크아웃에서 정한 월변제액을 입금하지 못하여 워크아웃이 실효됨에 따라 개인회생절차를 신청하는 사례들이 있습니다. 워크아웃 절차를 밟고 있는 사람이 법원에 개인회생신청을 할 수 있는지와 관련하여, 개인회생절차에 대한 개시결정이 내려지면 개인워크아웃에 의한 채무조정결과에 따라 채무를 변제하고 있던 채무자에 대하여서도 개별적인 변제가 금지되므로 개인워크아웃절차의 수행은 중단되지 않을 수 없게 됩니다. 결국 개인회생절차가 개시되면 채무자에 대하여 진행 중이던 회생절차 또는 파산절차는 중지되고 새로 이러한 절차를 신청하는 것도 금지됩니다(채무자 회생 및 파산에 관한 법률 제600조 제1항).

■ 개인회생절차개시신청 기각결정에 대한 불복방법은?

[질문]

저는 얼마전 개인회생절차개시신청을 하였는데 법원에서 개시신청기각결정이 있었습니다. 이에 대해서 다투어 보고 싶은데 방법이 있을까요?

[답변]

개인회생절차개시신청에 관한 재판에 대하여는 즉시항고 할 수 있습니다(채무자 회생 및 파산에 관한 법률 제598조 제1항). 즉시항고를 할 수 있는 자는 그 재판에 이해관계를 가진 자(동법 제13조 제1항)로, 개인회생절차개시결정의 경우에는 개인회생채권자목록에 기재된 개인회생채권자와 담보권실행을 위한 경매의 중지·금지 효력을 받는 별제권자 등이 될 것이나, 개시신청기각결정의 경우에는 신청인인 채무자만이 이해관계를 가진다 할 것이므로 채무자만이 즉시항고를 할 수 있게 됩니다.

즉시항고는 재판의 공고가 있는 때에는 그 공고가 있은 날로부터 14일 이내에 하여야 하고(동법 제13조 제2항), 공고는 관보게재일 또는 전자통신매체를 이용한 공고가 있은 날의 다음날에 그 효력이 발생하는바(동법 제9조 제2항), 개인회생절차개시결정을 할 경우에는 공고를 하여야 하므로(동법 제597조 제1항), 개시결정에 대한 즉시항고기간은 공고가 있은 날의 다음날로부터 기산하여 14일이 됩니다.

반면, 개시신청기각결정의 경우에는 공고되지 아니하므로 민사소송법이 준용되어 즉시항고기간은 신청인에게 결정이 고지된 날로부터 1주일입니다(동법 제33조, 민사소송법 제444조 제1항).

즉시항고기간을 넘긴 후 제출된 항고장에 대하여는 원심 재판장이 명령으로 항고장을 각하하여야 합니다(동법 제33조, 민사소송법 제443조, 제399조 제2항).

개시신청 기각결정에 대한 즉시항고가 있는 경우에는 항고법원은 신청인의 신청에 의하거나, 직권으로 법 제592조에 의한 보전처분 및 법 제593조에 의한 중지·금지명령, 포괄적 금지명령을 발할 수 있습니다(동법 제598조 제2항). 본 규정은 즉시항고에 대한 재판이 있을 때까지 상당한 시간이 소요되므로, 그 사이에 개인회생재단에 속하는 재산이 채무자의 임의변제, 채권자들의 개별적 강제집행 등으로 산일되면 장래 기각결정이 번복되어 개인회생절차가 개시되어도 그 목적을 달성할 수 없게 될 가능성이 있음을 고려한 것입니다.

개인회생절차개시신청의 기각결정에 대한 즉시항고인이 중지명령의 실효로 속행되는 강제집행 등 절차를 저지하기 위하여는 즉시항고인이 개시신청 기각결정에 대하여 즉시항고를 하면서 항고법원에 다시 법 제593조의 중지명령을 신청하거나, 법원이 직권으로 중지명령을 발할 수도 있습니다(동법 제598조 제2항).

개시신청기각결정에 대한 채무자의 즉시항고가 있게 되면 항고법원은 즉시항고의 절차가 법률에 위반되거나 즉시항고가 이유 없다고 인정하는 때에는 결정으로 즉시항고를 각하 또는 기각하여야 하고, 즉시항고가 이유 있다고 인정하는 때에는 원래의 결정을 취소하고 사건을 원심법원에 환송하여야 합니다(동법 제598조 제4항, 제5항).

항고법원의 결정에 대하여는 재판에 영향을 미친 헌법, 법률, 명령 또는 규칙의 위반이 있음을 이유로 하는 경우에 한하여 대법원에 재항고를 할 수 있습니다(동법 제33조, 민사소송법 제442조).

따라서 귀하가 법원의 개시신청기각결정에 대해 다투어 보고 싶으시다면 채무자 회생 및 파산에 관한 법률 제598조 제1항에 따라 즉시항고를 해볼 수 있을 것입니다

■ 개인회생절차개시결정 후 변제계획 인가 전에 채권양도나 전액 대위변제시 개인회생채권자를 변경하여야 하는지요?

[질문]

저는 서울에 거주하는 40대 남성으로서 얼마 전 개인회생절차개시신청을 하여 법원으로부터 개인회생절차개시결정을 받았고 현재 변제계획 인가를 받지는 않은 상태입니다. 그러던 중 개인회생절차개시결정 이후에 개인회생채권자목록에 기재된 대여금 채권이 다른 사람에게 양도되었다는 사실을 알게 되었습니다. 이 경우 제가 반드시 개인회생채권자목록을 수정하는 등의 조치를 해야만 하는 건가요?

[답변]

일반적으로 채무자는 개인회생절차개시결정시까지 개인회생채권자목록에 기재된 사항을 변경 또는 정정할 수 있습니다(채무자 회생 및 파산에 관한 법률 제589조 제3항). 그런데 채무자가 개인회생채권자목록에 기재하지 아니한 채권은 변제계획에 의하지 아니하고서도 변제를 받고 나아가 강제집행 등을 할 수 있는 권리를 계속 보유할 뿐만 아니라(동법 제582조), 면책결정의 효력도 미치지 않기 때문에(동법 제625조 제2항 제1호) 채무자로서는 개인회생채권자목록에 개인회생채권자를 빠짐없이 정확히 기재하는 것이 중요합니다. 따라서 개인회생절차개시 후라도 개인회생채권자목록에 누락하거나 잘못 기재한 사항을 발견한 때에는 일정한 요건 하에 이를 수정할 수 있도록 할 필요가 있는바, 이에 동법 규칙 제81조 제1항은 채무자가 그 책임을 질 수 없는 사유로 인하여 개인회생채권자목록에 누락하거나 잘못 기재한 사항을 발견한 때에는 개인회생절차개시결정 후라도 변제계획인가결정이 있기 전까지는 법원의 허가를 받아 개인회생채권자목록에 기재된 사항을 수정할 수 있다고 정하고 있습니다.

그런데 개인회생절차개시결정 후에 채권양도나 대위변제 등으로 개인회생채권자가 변동된 경우 채무자가 개인회생채권자목록을 수정할 의무는 없으나, 변동된 채권자 등의 요청에 의하여 채무자가 스스로 개인회생채권자목록을 수정하는 것은 무방합니다. 다만, 이 경우 양수인이나 대위변제한 자는 구채권자의 권리를 대위하여 행사하는 것에 불과하므로 신채권자 또는 다른 채권자들을 위하여 이의기간을 다시 지정할 필요가 없고, 다른 채권자들은 이해관계가 없으므로 채권자명이 수정된 개인회생채권자목록을 송달할 필요도 없으며, 변경된 신·구채권자에게만 채권자의 변경을 알려주는 의미에서 수정된 개인회생채권자목록을 송달하게 됩니다.

채무자가 비록 개인회생채권자목록을 수정하지 않더라도 개인회생채권의 동일성은 유지되기 때문에 개인회생절차개시결정 후에 개인회생채권을 양수받은 자나 대위변제한 자에게도 개인회생절차개시결정의 효력이나 변제계획 인가의 효력이 미치게 됩니다. 따라서 개시결정 이후 채권양수인이나 대위변제를 한 채권자에 대하여 채권자목록을 수정하는 경우에도 개시결정 후에 발생한 이자 등을 포함하여 증액된 금액을 새로운 원금으로 기재하여 수정할 수는 없습니다.

실무상으로는 개인회생절차개시결정 후에 채권양도나 대위변제가 이루어졌다는 이유로 채권 양수인이나 대위변제자로부터 명의변경신고가 들어오는 경우가 있습니다. 이를 반영하여 동법 규칙 제83조는 확정된 개인회생채권을 취득한 자는 채권자 명의변경을 신청할 수 있다고 규정하고 있습니다. 따라서 명의변경을 하고자 하는 자는 증거서류 또는 그 사본을 첨부하여 ① 신고명의를 변경하고자 하는 자 및 대리인의 성명 또는 명칭과 주소, ② 통지 또는 송달을 받을 주소 및 전화번호·팩시밀리번호·전자우편주소, ? 취득한 권리와 그 취득의 일시 및 원인 등을 법원에 신고하여야 합니다(동법 규칙 제83조 제2항, 제76조 제2항). 채권자가 대리인에 의하여 채권을 신고할 때에는 대리권을 증명하는 서면, 채권자의 주민등록등본 또는 법인등기부등본을 첨부하여야 하고, 법원사무관 등은 위와 같은 신고가 있는 때에는 그 신고내용을 개인회생채권자표에 기재하여야 합니다(동법 규칙 제83조 제2항, 제75조 제2항).

결국 귀하는 개인회생채권자목록을 수정할 의무는 없으나 개인회생채권 양수인의 요청이 있을 경우 그에 따라 스스로 채권자목록을 수정할 수는 있을 것이며, 설령 귀하가 개인회생채권자목록을 수정하지 않는다 할지라도 개인회생채권의 동일성은 그대로 유지되므로 개인회생절차개시결정 후에 개인회생채권을 양수받은 자에 대하여 개인회생절차개시결정의 효력이나 변제계획 인가의 효력이 그대로 미치게 될 것으로 보입니다. 또한 경우에 따라 개인회생채권의 양수인이 직접 법원에 채무자 회생 및 파산에 관한 규칙 제83조에 따라 명의변경신고를 할 수도 있을 것입니다.

■ 개인회생채권이란 무엇인지요?

[질문]

개인회생채권이란 무엇이며, 구체적으로 어떠한 요건을 갖추어야 하나요?

[답변]

개인회생채권은 채무자에 대하여 개인회생절차개시결정 전의 원인으로 생긴 재산상의 청구권을 의미합니다(채무자 회생 및 파산에 관한 법률 제581조 제1항). 다만 개인회생절차개시 후에 생긴 채권이라 하더라도 법이 예외적으로 이를 개인회생채권으로 하고 있는 것이 있습니다(동법 제581조 제2항, 제439조, 제446조).

개인회생채권이 되기 위해서는 개인회생절차개시결정 전의 원인으로 생긴 것이어야 합니다. 따라서 개인회생절차개시 후의 원인으로 생긴 청구권은 예외적인 경우를 제외하고는 개인회생채권에 해당하지 않습니다. 그렇다고 하여 개인회생절차개시결정 전에 현실적으로 발생한 채권만이 개인회생채권이 되는 것은 아니고, 원칙적으로 의사표시 등 채권의 성립에 필요한 발생원인의 주된 부분, 즉 청구권 발생의 기본적 요건사실이 개인회생절차개시결정 전에 갖추어져 있으면 됩니다. 이와 같은 채권인 한 기한부채권, 불확정 기한부 채권, 해제조건부 채권, 정지조건부 채권은 물론 장래의 구상권과 같은 장래의 청구권이라도 관계없습니다.

또한 채무자에 대한 인적청구권이어야 합니다. 따라서 채무자가 물상보증인인 경우와 같이 특정재산을 가지고 물적 책임을 지는 담보물권 자체는 개인회생채권이 되지 않습니다. 그리고 소유권에 기한 물권적 청구권, 특허권 기타 무채재산권에 기한 물권적 청구권 유사의 청구권 등은 개인회생채권에 해당하지 아니하고 채무자 회생 및 파산에 관한 법률 제585조의 환취권의 대상이 될 뿐입니다. 다만 이들 물권 기타의 절대권의 침해를 이유로 하는 손해배상청구권, 부당이득반환청구권은 개인회생채권에 해당합니다.

한편 별제권부 채권과 같이 담보물권과 채권적 청구권을 동시에 갖고 있는 경우에는 별제권 행사에 의하여 변제받을 수 없는 잔여 채권액(부족액)에 한하여서만 개인회생절차에서 권리를 행사할 수 있습니다. 따라서 변제계획안 작성 당시 아직 별제권이 행사되지 아니함으로써 잔여채권이 확정되지 않은 경우에는 별제권의 목적물의 평가액을 초과하는 피담보채권액(예정부족액)을 일응의 개인회생채권액으로 보고 이를 기초로 변제계획안을 작성하게 됩니다. 회생위원은 변제계획이 인가된 후 별제권자가 별제권의 행사에 의하여 변제받을 수 없는 잔여 채권액이 확정될 때까지 채무자가 임치한 금원 중 별제권 예정부족액에 상응하는 변제금액의 지급을 유보하여 두게 됩니다.

개인회생채권의 전형적인 예로는, 개인회생절차개시결정 전에 채무자가 생활비를 마련하기 위하여 금융기관 등으로부터 금원을 차용한 경우 금융기관 등이 채무자에 대하여 갖는 대여금채권, 개인회생절차개시결정 전에 채무자가 신용카드회사로부터 신용카드를 발급받아 물건을 구입하는 등에 사용한 경우에 신용카드회사가 채무자에 대하여 갖는 신용카드 이용대금채권, 개인회생절차개시신청 전에 영업소득자인 채무자가 거래처로부터 원자재를 구입한 경우 거래처가 채무자로부터 아직 지급받지 못한 물품대금채권 등을 들 수 있습니다.

개인회생절차개시 후에 생긴 채권이라 할지라도 예외적으로 개인회생채권인 것이 있는데, 동법 제446조에 열거된 채권으로 개인회생절차개시결정 후의 이자, 개인회생절차개시결정 후의 불이행으로 인한 손해배상액 및 위약금, 개인회생절차참가비용, 벌금, 과료, 형사소송비용, 추징금 및 과태료 등이 이에 해당하고, 이는 모두 후순위 개인회생채권이 됩니다. 다만 개인회생절차개시 후에 생기는 개인회생채권은 동법 제579조의 신청권자의 자격요건을 판단하는 채무액의 범위에는 포함되지 않습니다.

■ 개인회생절차개시결정 당시 개인회생채권에 기한 소송이 계속 중인 경우 어떻게 처리해야 하나요?

[질문]

채무자가 법원에 개인회생절차개시신청을 하여 개인회생절차개시결정을 받을 당시에 개인회생채권자가 개인회생채권에 기해 이미 별도의 이행의 소를 제기해 소송이 계속 중인 경우 이를 어떻게 처리해야 하나요?

[답변]

개인회생채권조사확정재판은 개인회생채권자목록의 내용에 관하여 이의가 있는 개인회생채권자가 이의기간 내에 서면으로 이의를 신청한 경우에 법원이 이의가 있는 개인회생채권의 존부 또는 그 내용을 정하는 절차입니다(채무자 회생 및 파산에 관한 법률 제604조). 회생절차나 파산절차 모두 채권자의 신고를 받은 후 시·부인이나 이의절차를 진행하고, 그와 같이 이의가 제기된 채권의 보유자가 이의자 전원을 상대방으로 하여 조사확정재판을 신청하는 데 반하여, 개인회생절차는 절차의 간이·신속성을 도모하기 위하여 채무자가 제출한 개인회생채권자목록의 내용에 대하여 이의를 신청하는 채권자가 자신 또는 다른 채권자의 개인회생채권에 대하여 조사확정재판을 신청하도록 하고 있습니다.

개인회생채권자가 자신의 개인회생채권의 내용에 관하여 개인회생채권조사확정재판을 신청하는 경우에는 채무자를 상대방으로 하고, 다른 개인회생채권자의 채권내용에 관하여 개인회생채권자조사확정재판을 신청하는 경우에는 채무자와 다른 개인회생채권자를 상대방으로 하여야 합니다(동법 제604조 제3항).

개인회생채권자목록에 기재된 개인회생채권자가 개인회생절차개시결정 당시 이미 별도의 소송을 진행하고 있는 경우에는 개인회생채권조사확정재판을 신청할 수 없으므로, 이 경우에는 동법 제603조 제1항의 규정에도 불구하고 개인회생채권자목록 중 다툼이 있는 부분에 대해서는 확정력을 부여하지 않는 것으로 해석하여야 할 것입니다. 한편 이러한 경우에는 개인회생채권자목록의 부속서류2(다툼이 있거나 예상되는 채권의 내역)에 채무자가 인정하는 채권액(채권자목록상 채권 현재액), 채권자 주장 채권현재액, 다툼이 없는 부분 등을 기재하고, 변제계획안에도 이와 같은 채권자목록의 기재 내용을 반영하여야 합니다.

개인회생의 경우 채무자 회생 및 파산에 관한 법률은 파산관재인이나 관리인과 같이 채무자가 아닌 관리처분권자를 별도로 두지 않고, 채무자로 하여금 관리처분권을 계속 보유하도록 하고 있기 때문에 이미 계속 중인 소송의 중단이 있을 수 없고, 소송수계도 불필요하며 다만 이미 계속 중인 소송의 내용을 개인회생채권조사확정의 소로 변경하여야 합니다(동법 제604조 제2항). 따라서 개인회생채권에 관하여 이미 이행소송이 계속 중인 경우 채권자는 그 청구취지를 개인회생채권의 존부와 내용의 확정을 구하는 형태로 변경하여야 할 것입니다.

■ 변제계획안을 제출한 후에도 잘못 기재하였거나 변경사항이 있다면 수정할 수 있는 것인가요?

[질문]

개인회생신청을 하고자 합니다. 개시신청서 이외에 변제계획안을 제출해야 한다는데 어떤 사항을 기재해야 하고 언제까지 제출해야 하는 것인지요? 또 변제계획안을 제출한 후에도 잘못 기재하였거나 변경사항이 있다면 수정할 수 있는 것인가요?

[답변]

변제계획안은 개인회생절차를 신청한 채무자가 자신의 가용소득을 투입하여 얼마동안 어떤 방법으로 개인회생채권자들에게 채무금액을 변제하여 나가겠다는 내용으로 계획을 세운 것을 의미하고, 법원은 변제계획안을 검토한 후 인가 여부의 결정을 내리게 됩니다.

채무자는 개인회생절차개시의 신청일로부터 14일 이내에 변제계획안을 제출하여야 하며(채무자 회생 및 파산에 관한 법률 제610조 제1항), 채무자가 위와 같이 신청일로부터 14일 내에 변제계획안을 작성제출하기 위해서는 개인회생절차 신청 전에 자신의 부채 및 재산상태, 수입의 정도에 관하여 자료를 수집하는 등 미리 준비를 할 필요가 있습니다. 실무상으로는 절차의 신속한 진행을 위하여 개시신청서 제출시에 변제계획안을 함께 제출하도록 하고 있습니다. 다만 법원은 상당한 이유가 있다고 인정하는 때에는 변제계획안 제출기간을 늘일 수 있고(동법 제610조 제1항 단서), 변제계획안은 개인회생채권자 등 이해관계인에게 송달하여야 하므로, 채무자는 이를 제출할 때에 개인회생채권자 수에 1을 더한 숫자만큼 부본을 함께 제출하여야 합니다(동법 규칙 제85조 제2항).

변제계획안에는 ① 채무변제에 제공되는 재산 및 소득에 관한 사항, ② 개인회생재단채권 및 일반의 우선권 있는 개인회생채권의 전액의 변제에 관한 사항, ? 개인회생채권자목록에 기재된 개인회생채권의 전부 또는 일부의 변제에 관한 사항을 반드시 기재하여야 합니다(동법 제611조 제1항). 이들 필요적 기재사항은 인가요건을 충족하여 작성되어야 하기 때문에 인가요건과 결부되어 사전 검토가 필요합니다.

또 변제계획안에는 위와 같은 필요적 기재사항 이외에도 ① 개인회생채권의 조의 분류, ② 변제계획에서 예상한 액을 넘는 재산의 용도, ③ 변제계획인가 후의 개인회생재단에 속하는 재산의 관리 및 처분권의 제한에 관한 사항, ? 그 밖에 채무자의 채무조정을 위하여 필요한 사항을 정할 수 있습니다(동법 제611조 제2항).

채무자는 일단 변제계획안을 제출한 이후 변제계획안이 인가되기 전에는 변제계획안을 수정할 수 있습니다(동법 제610조 제2항). 변제계획안이 제출된 이후에도 변제계획 인가 전에 개인회생채권자가 추가로 발견되어 새로운 개인회생채권자 목록이 제출된 경우에는 변제계획안을 다시 작성하여야 한다거나(동법 규칙 제81조), 변제계획안 작성시 채무자가 산정한 가용소득이나 생계비 등에 관하여 법원으로부터 적법하다는 인정을 받지 못하거나 기타 사유로 변제계획안이 인가요건에 맞지 않아 이를 수정 또는 변경하여야 하는 등의 사정이 있을 수 있기 때문입니다.

한편, 법원은 이해관계인의 신청에 의하거나 직권으로 채무자에 대하여 변제계획안을 수정할 것을 명할 수 있습니다(동법 제610조 제3항). 법원의 수정명령이 있는 때에는 채무자는 법원이 정하는 기한 안에 변제계획안을 수정하여야 하며(동법 제610조 제4항), 변제계획안의 수정이 있는 경우에는 법원은 채무자, 알고 있는 개인회생채권자, 개인회생절차가 개시된 채무자의 재산을 소지하고 있거나 그에게 채무를 부담하는 자에게 수정된 변제계획안을 송달하여야 합니다(동법 제610조 제5항, 제597조 제2항).

■ 청산가치와 가용소득의 현가와의 비교 방법은?

[질문]

저는 8,000만원의 개인회생채무를 부담하고 있는 채무자로서 임차보증금반환채권 중 면제재산을 제외한 나머지 3,000만원을 보유하고 있는데, 월 70만원의 가용소득을 전부 투입하여 5년간 변제하는 내용(명목 변제액 합계 42,000,000원 = 70만원×60개월)의 변제계획을 제출하였으며, 변제계획 인가일 현재 채무자로부터 3개월간 위 70만원의 적립이 있고, 개인회생채권자들로부터 이의가 없는 상태입니다. 이 때 이러한 변제계획안이 청산가치 보장원칙을 충족하고 있는 것인지 궁금합니다.

[답변]

개인회생채권자가 채무자에 대한 파산절차에서 배당받을 수 있는 가치를 청산가치라고 하고, 개인회생절차에서 최소한 청산가치 이상의 변제를 보장해 주어야 한다는 원칙을 청산가치 보장의 원칙이라고 합니다.

청산가치는 인가시를 기준으로 산정되는 반면 변제계획에 따른 변제액은 장래에 분할하여 변제되므로, 개인회생채권에 대하여 청산가치를 보장해 주었는지 여부를 판단함에 있어서는 개인회생채권에 대하여 변제기간 동안 분배되는 변제액의 명목상 합계액과 파산시 개인회생채권에 대하여 배당될 수 있는 청산가치를 단순히 비교해서는 안되고, 개인회생채권에 대하여 변제기간 동안 분배되는 각 변제액을 변제계획 인가일 현재의 현재가치로 할인한 금액의 합계액과 파산시에 배당받을 수 있는 청산가치를 비교하여 판단해야 합니다.

최장 5년의 변제기간에 걸쳐 변제가 이루어지는 경우, 그 총 변제금액의 현재가치를 얼마로 보느냐 하는 점은 그 명목상 변제금을 어떠한 할인율로, 어떠한 할인방법으로 할인하느냐에 따라 달라집니다.

현재 실무상으로는 현재가치할인율로서 민법상 연 5%의 비율을 적용하고 복리할인법(이른바 라이프니쯔식 현가 산정방식)을 적용하여 현재가치를 산정하고 있습니다.

한편, 변제계획을 최초로 작성하여 제출하는 시점은 개시신청시 인데 변제계획상 종종 변제투입액의 현재가치와 청산가치를 앞으로의 인가일을 기준으로 하여 비교하여야 하므로, 언제를 인가일로 예정할 것인지가 문제됩니다.

실무상 변제계획안 제출일로부터 60일 내지 90일 사이에 최초의 입금을 하게 되는데, 법률이 예정하는 변제계획 인가여부 결정일은 개시신청시로부터 5~6개월 정도이므로, 통상적으로 인가일 무렵에는 3개월 정도의 입금액이 적립되어 있을 것으로 볼 수 있습니다 따라서 60개월의 변제기간에 대하여 일응 적용할 현가계산 방법은 월 변제액에 53.6433[=3+50.6433(57개월분에 해당하는 라이프니쯔 복리연금현가율)]을 곱하는 것으로 하면 될 것입니다.

청산가치 보장의 원칙은 인가요건과 관련하여 두 가지 경우로 나뉘어 적용될 수 있습니다.

우선 변제계획안에 대하여 개인회생채권자로부터 이의가 없을 경우에는 청산가치 보장의 원칙은 개별 개인회생채권자의 파산시 청산배당액과 변제계획에서는 변제액의 현재가치를 비교하는 것이 아니라, 총 개인회생채권자 전체의 파산시 청산배당액과 총 개인회생채권자 전체의 변제계획에서의 변제액 현재가치를 비교하여 후자가 전자보다 적지 않아야 합니다(동법 제614조 제1항 제4호).

반면 만일 변제계획안에 대하여 개인회생채권자로부터 이의가 있는 경우에는 청산가치 보장의 원칙은 위에서 정한 요건 외에도 이의를 제기한 당해 개인회생채권자에 대한 변제액의 현재가치가 당해 개인회생채권자에 대한 파산시 청산배당액보다 적지 않아야 합니다(동법 제614조 제2항 제1호).

개인회생절차가 위와 같이 개인회생채권자의 이의 유무에 따라 청산가치 보장의 원칙을 차별적으로 적용하고 있는 이유는 청산가치 산정을 둘러싼 절차의 지연을 방지하고 이의가 없는 경우에는 인가요건을 완화하여 신속하게 절차를 진행하려는 데에 있습니다.

귀하의 경우 청산가치가 임차보증금반환채권 3,000만원과 같다고 가정할 때, 개인회생채권자들로부터 이의가 없으므로, 총 개인회생채권자 전체의 파산시 청산배당액과 총 개인회생채권자 전체의 변제계획에서의 변제액의 현재가치를 단순 비교하여야 합니다. 먼저 현가를 산정하기 위하여 향후 남은 변제기간 57개월의 라이프니쯔 수치는(라이프니쯔 수치는 소수점 이하 4자리까지의 숫자로 계산합니다) 50.6433이므로 현가 수치는 3+50.6433=53.6433이 되고, 월 가용소득 70만원에다가 위 현가 수치를 곱하여 가용소득 분배액의 현재가치를 산정하게 되는데 이를 계산해보면 월 70만원×53.6433=37,550,310원이 됩니다. 청산가치 3,000만원과 위 가용소득 분배액의 현재가치 37,550,310원을 비교하게 되면 후자가 더 크다는 결론이 나오게 됩니다.

따라서 위 변제계획안은 가용소득 분배액의 현재가치가 청산가치보다 높으므로 청산가치 보장의 원칙을 충족한 것으로 보입니다.

■ 미확정 개인회생채권에 관한 변제계획안 기재방법은?

[질문]

변제계획상 미확정 개인회생채권은 구체적으로 어떻게 처리되는 건가요?

[답변]

채무자가 개인회생채권자목록에 기재한 채권 자체에 관하여 다툼이 있어 최종 변제계획안 작성시까지 아직 확정되지 아니한 경우, 별제권자가 담보목적물에 별제권을 행사하여 피담보채권 중 얼마를 변제받고 얼마가 별제권 부족액으로 남아 개인회생채권으로 인정될지 여부가 불확실한 경우, 임차보증금반환채권 특히 그 중 우선변제권으로써 확보되는 금액 외의 채권액이임대차기간 만료시에 어마로 정해질지 불확실한 경우, 변제계획이 인가될 경우 실효되는 전부명령의 전부채권자가 인가결정으로 채권의 일부를 변제받지 못하는 경우 등의 처리방법에 관하여 개인회생절차에서는 명문의 규정을 두고 있지 않습니다.

그러나 이러한 개인회생채권에 대하여도 변제계획안에서 규율하여야만 채무자가 후일 그 변제계획에 따라 변제를 하고 해당 개인회생채권에 대하여 면책을 받을 수 있기 때문에 반드시 미확정 개인회생채권에 대한 변제방법 등을 변제계획안에 규정하여야 합니다.

위와 같이 미확정 개인회생채권이나 별제권 부족액의 개인회생채권에 대하여는 일반적으로 그에 해당되는 몫의 변제액을 별도의 예금계좌 등에 적립하여 유보하였다가 그 확정비율에 따라 유보액을 변제하고, 그 후에는 위 확정된 채권액의 비율에 따라 다른 개인회생채권과 동일한 비율로 변제를 해나가는 식의 변제계획 조항을 두는 것이 상당할 것입니다.

만일 변제액 유보를 미리 해두지 아니하였다가 후에 미확정 개인회생채권이 확정되거나 별제액이 부족액이 현실화되게 되면, 이를 따로 변제할 가용소득이나 기타 변제재원을 갑자기 마련하기는 어려울 것이고 결국 변제계획은 수행 불가능하여 개인회생절차가 폐지될 수밖에 없기 때문입니다.

따라서 개인회생절차 수행의 안정성을 확보하기 위해서는 미확정 개인회생채권의 확정가능성을 높게 평가하고, 별제권 실행으로 환가·분배될 수 있는 담보물의 가치를 가급적 낮게 평가하여 별제권 부족액의 현실화 가능성을 높게 예정함으로써 채무자가 후일 변제계획의 수행이 불가능하게 되는 사태를 미연에 방지하는 것이 바람직하다고 할 것입니다.

미확정 개인회생채권의 전액에 관하여 그대로 채권의 존재가 확정된 경우 그 확정 직후 이미 분할 변제기가 도래한 부분 즉 그 동안의 유보액에 대하여 곧바로 일시 변제하고, 그 이후에는 유보비율을 변제비율로 적용하여 매월의 변제기에 그 해당금액을 변제하게 됩니다.

만일 미확정 개인회생채권이 전부 또는 일부 부존재하는 것으로 확정된 경우에는 그 확정 직후에 존재하는 것으로 확정된 원금의 인용 비율에 그동안의 유보금액을 곱하여 산출된 금액을 당해 개인회생채권자에게 일시에 변제합니다. 유보금액 중 미확정 개인회생채권의 일부가 존재하지 않는 것으로 됨에 따라 그 개인회생채권자에게 변제할 필요가 없게 된 나머지 유보금액은 그 채권액 확정 직후 당해 채권자를 포함한 전체의 일반 개인회생채권자들에게 각 원금의 액수를 기준으로 안분하여 변제하게 되고, 향후의 매월 입금액을 분배하는 기준이 될 변제비율은 위 확정 원금들 사이의 비율에 따라 새로 계산하여 정하게 됩니다.

변제기간 종료시까지 미확정 개인회생채권이 미확정상태로 남는 경우도 생각해볼 수 있는데, 이때에는 최종변제기에 유보한 금액 전부를 당해 채권자를 제외한 일반개인회생채권자들에게 각 원금의 액수를 기준으로 안분하여 변제하면 될 것으로 보입니다.

한편, 변제계획 인가 후 3년이 경과한 사건 중 미확정채권이 있을 경우에는 채권확정이 되었을 때 그 확정채권신고를 하도록 촉구하고, 변제기간 종료시까지 미확정상태인 경우 다른 확정 채권자에게 안분 변제할 예정이라는 점을 통지하기 위하여 회생위원은 전화, 전자우편, 팩시밀리 등 적절한 방법으로 채권확정 신고를 하도록 촉구하게 하고 있습니다(개인회생사건 처리지침 제11조의6).

■ 전부채권자의 채권에 대한 변제계획에서의 취급은?

[질문]

개인회생절차개시신청을 한 채무자입니다. 다름이 아니라 개인회생채권자가 저의 사업주에 대한 급료채권에 대해 압류 및 전부명령을 신청하였고, 그 후 제가 개인회생절차개시신청을 하여 법원의 개시결정이 있자 전부명령이 확정되기 전에 위 전부명령에 대해 즉시항고를 하였습니다. 이 경우 어떻게 되는 것인지 궁금합니다.

[답변]

채무자 회생 및 파산에 관한 법률 제616조는 전부명령에 대하여 변제계획인가결정이 있는 때에는 채무자의 급료·연금·봉급·상여금, 그 밖에 이와 비슷한 성질을 가진 급여채권에 관하여 개인회생절차개시 전에 확정된 전부명령은 변제계획인가결정 후에 제공한 노무로 인한 부분에 대하여는 그 효력이 상실되고, 변제계획인가결정으로 인하여 전부채권자가 변제받지 못하게 되는 채권액은 개인회생채권으로 한다고 규정하여 전부명령의 효력을 제한하고 있습니다.

전부명령이 있을 경우 채무자로서는 변제계획이 인가되기 전까지는 전부채권자의 채권 중 개인회생채권으로 될 금액이 얼마인지 산정할 방법이 없습니다. 따라서 변제계획안에 전부채권자의 채권금액은 전부명령이 실효되는 것을 전제로 하여 개시신청 당시를 기준으로 한 금액을 미확정채권으로 기재하고 이를 기준으로 변제액을 산정하여 유보하되 변제계획안의 인가결정이 있으면, 확정된 금액을 산정하여 미확정채권과 같이 변제하는 방법으로 변제계획안에 반영하면 될 것입니다. 이 경우 미확정채권의 확정은 전부채권자가 전부된 금액을 수령한 내역을 법원에 신고하거나 채무자가 그 내역이 산출된 자료를 제출함으로써 이루어질 것입니다.

판례는 "채권자목록에 기재된 개인회생채권에 기하여 개인회생재단에 속하는 재산에 대하여 이미 계속중인 강제집행·가압류 또는 가처분절차는 개인회생절차가 개시되면 일시적으로 중지되었다가, 변제계획이 인가되면 변제계획 또는 변제계획인가결정에서 다르게 정하지 아니하는 한 그 효력을 잃는다. 따라서 채권자목록에 기재된 개인회생채권에 기하여 개인회생재단에 속하는 채권에 대하여 내려진 전부명령이 확정되지 아니하여 아직 효력이 없는 상태에서, 채무자에 대하여 개인회생절차가 개시되고 이를 이유로 위 전부명령에 대하여 즉시항고가 제기되었다면, 항고법원은 다른 이유로 전부명령을 취소하는 경우를 제외하고는 항고에 관한 재판을 정지하였다가 변제계획이 인가된 경우 전부명령의 효력이 발생하지 않게 되었음을 이유로 전부명령을 취소하고 전부명령신청을 기각하여야 한다.”고 판시한바 있습니다(대법원 2008. 1. 31. 2007마1679 결정 참조).

이에 따르면 귀하의 제3채무자에 대한 급료채권에 관하여 내려진 개인회생채권자의 전부명령이 확정되지 아니하여 아직 효력이 없는 상태에서, 채무자에 대하여 개인회생절차가 개시되고 이를 이유로 위 전부명령에 대하여 즉시항고가 제기된 것이라면 항고법원은 다른 이유로 전부명령을 취소하는 경우를 제외하고는 항고에 관한 재판을 정지하였다가(민사집행법 제229조 제8항) 변제계획이 인가된 후 전부명령의 효력이 발생하지 않게 되었음을 이유로 전부명령을 취소하고 전부명령신청을 기각하게 될 것으로 보입니다.

■ 가용소득과 관련하여 생계비는 어떠한 방식으로 산정되게 되나요?

[질문]

개인회생절차에서 가용소득을 산정함에 있어 생계비 산정에는 어떠한 요소가 고려되고 구체적으로 어떠한 방식으로 산정되게 되나요?

[답변]

가용소득은 채무자가 변제기간 동안 계속적·반복적으로 수령할 수 있는 소득에서 각종 제세공과금과 채무자 및 피부양자의 생활에 필요한 생계비, 채무자가 영업에 종사하는 경우에 그 영업의 경영, 보존 및 계속을 위하여 필요한 비용을 공제한 나머지 소득을 의미합니다. 채무자는 변제기간 동안 얻게 되는 소득으로 각종 제세공과금을 납부하고 채무자 및 피부양자를 위하여 일정한 비용을 지출할 수밖에 없는데, 개인회생절차에서는 위와 같은 각종 제세공과금, 생계비 및 영업비용을 공제한 나머지 소득을 '가용소득'이라 칭하면서 이를 가지고 개인회생채권자 등을 위한 채무의 변제에 사용하도록 하고 있습니다.

이처럼 산정된 소득에서 각종 제세공과금과 채무자 및 그 피부양자의 생계비, 영업비용을 공제하게 되면 개인회생절차의 변제재원이 되는 가용소득이 되는바, 생계비를 어떠한 방식으로 얼마만큼 공제하는가 여부에 따라 한편으로는 개인회생채권자들에게 돌아가는 분배의 몫이 달라지는 것은 물론이고 또 한편으로는 채무자 및 그 피부양자의 생활수준이 크게 달라지므로 생계비 규모를 산정함에 있어서는 항상 위 두 가지 측면을 모두 염두에 두고 산정하게 됩니다. 생계비를 산정함에 있어서 채무자 및 피부양자의 인간다운 생활을 유지하기 위하여 필요한 생계비로서, 국민기초생활보장법 제6조의 규정에 따라 공표된 최저생계비, 채무자 및 그 피부양자의 연령, 피부양자의 수, 거주지역, 물가상황, 그 밖에 필요한 사항을 종합적으로 고려하게 됩니다(채무자 회생 및 파산에 관한 법률 제579조 제4호).

구체적으로 살펴보면, 최저생계비와 관련하여서는 보건복지부 장관이 결정하는 국민기초생활보장법 제6조의 최저생계비를 기준으로 하며, 그 수치는 보건복지부 홈페이지에 공표되어 있으므로 변경되는 수치도 여기에서 확인할 수 있습니다. 그러나 최저생계비는 그야말로 최저의 기준액으로서 공표한 것이며, 이러한 최저생활을 최장 5년간 요구한다는 것은 변제계획의 수행가능성을 현저히 떨어뜨리게 될 것이므로, 생계비 산정시 어느 정도 이보다 증액할 필요가 있습니다. 그리하여 채무자회생 및 파산에 관한 법률 제579조 제4호는 "채무자 및 그 피부양자의 인간다운 생활을 유지하기 위하여 필요한 생계비로서, 국민기초생활보장법 제6조의 규정에 따라 공표된 최저생계비, 채무자 및 그 피부양자의 연령, 피부양자의 수, 거주지역, 물가상황, 그 밖에 필요한 사항을 종합적으로 고려하여 법원이 정하는 금액"을 채무자의 소득에서 공제하도록 하고 있고, 개인회생사건 처리지침 제7조 제2항은 채무자 회생 및 파산에 관한 법률 제579조 제4호 다목의 위 금액에 관하여 "국민기초생활보장법 제6조의 규정에 따라 공표된 개인회생절차개시신청 당시의 최저생계비에 1.5배를 곱한 금액으로 산정하는 것을 원칙으로 하되, 특별한 사정이 있는 경우에는 적절히 증감할 수 있다."고 정하고 있습니다. 즉, 보건복지부 공표 당해 연도 최저생계비의 1.5배를 생계비를 산정하는 것을 원칙으로 하되, 그보다 생계비를 적게 산정하거나, 많이 산정해야 할 채무자의 경우에는 그 생계비로 생활이 가능한지 또는 추가생계비가 왜 필요한지에 관한 특별한 사정을 주장하고 소명하여야 할 것입니다.

다음으로 국민기초생활보장법상 최저생계비 및 이에 기초한 개인회생절차에서의 생계비는 피부양자의 연령 및 수에 따라 달라지므로, 피부양자의 수를 어떻게 산정할 것인지는 생계비 산정에 있어서 중요한 요소가 됩니다.

피부양자 판정에 관하여, 서울중앙지방법원은 이하의 기준을 채택하고 있는 것으로 보입니다. ① 부양가족의 범위는 배우자, 직계존속(배우자의 직계존속 포함), 직계비속, 형제자매로 하되, 이들은 원칙적으로 주민등록상 상당기간 동거하면서 생계를 같이 하여야 합니다. 다만 직계 존비속의 경우 별거하더라도 채무자가 부양하고 있다고 주장하고 그에 대한 입증을 하는 경우라면 받아들일 수 있는데, 그 입증의 정도는 개별 재판부의 판단사항으로서 가변적이고 탄력적입니다. ② 위 범위 내에서도 부양가족이 되려면, 19세 미만의 미성년자 또는 60세 이상(일용노동의 가동연한을 기준으로 함)이어야 하나 배우자의 경우에는 그 연령을 불문합니다. 다만 자력으로 생계유지가 불가능한 장애인의 경우에는 연령제한이 없습니다. ? 가족구성원 중 1인 최저생계비 이상의 수입이 있는 사람은 부양가족 수에서 제외됩니다. ③ 변제계획 인가일 후 얼마 지나지 않아 성년이 되는 미성년자가 있거나 곧 60세가 넘는 가족구성원이 있더라도 현재의 상태를 기준으로 피부양자 수를 판정하되, 이러한 사정들은 생계비 공제시 최저생계비 150%가 아니라 그보다 증감된 비율만큼을 공제하여 반영하게 됩니다.

한편 독립수입을 가진 동거가족이 있을 때 나머지 가족 구성원 전원이 모두 신청채무자의 피부양자인지 여부가 문제될 수 있는바, 만약 신청채무자의 동거가족으로 처와 미성년인 자녀 2명이 있고 처는 독립수입을 가지고 있는 경우, 자녀 2명이 모두 피부양자인지 여부, 다시 말해 생계비를 3인 가족을 기준으로 산정해야 할 것인지가 문제되는 것입니다. 서울중앙지방법원은 이러한 경우, 신청채무자의 소득액과 다른 수입원의 소득액을 비교하여 어느 쪽이 가족의 주수입원인지를 고려하여 판단하기로 하면서, 다른 가족 구성원의 소득합계가 신청채무자의 소득의 70~130% 범위 내에 있으며 주수입원과 부수입원의 구별이 곤란하다고 보아 균등부담시키고 있습니다. 즉, '신청채무자의 소득액(A)'과 '그 외 소득 있는 가족 구성원의 소득합계액(B)'을 비교하여 (B)가 (A)의 70% 미만이면 소득 없는 나머지 가족 구성원들을 신청채무자의 피부양자로 보고, (B)가 (A)의 70~130%이면 소득 없는 나머지 가족 구성원 중 절반을 신청채무자의 피부양자로 보며[다만 소득 없는 나머지 가족 구성원의 수가 홀수이면, 가령 1인이면 신청채무자에게 공제할 생계비는(본인 포함) 1인 가족 생계비와 2인 가족 생계비의 중간값으로, 3이면 신청채무자에게 공제할 생계비는(본인 포함) 2인 가족 생계비와 3인 가족 생계비의 중간값으로 계산하게 됩니다], (B)가 (A)의 130%를 넘으면 소득 없는 나머지 가족 구성원들을 신청채무자 외의 소득액과 비율적으로 분담시키는 방안도 생각해볼 수 있으나, 이는 그만큼 다른 가족 구성원들의 소득까지도 엄밀하게 입증시켜야 하는 점 등의 문제가 있기 때문에 적용하기 어렵습니다.

만일 배우자 쌍방이 개인회생절차를 신청하는 경우라면 부부 모두 독립수입이 있음을 전제로 하므로, 생계비 산정에 있어 부부라는 이유만으로 양자를 하나의 생계로 취급하여서는 아니 될 것이고, 각자를 별개의 채무자로 보아 생계비를 산정하여야 할 것입니다.

또한 생계비의 구성 내역 중 특히 주거비 및 물가는 대도시, 중소도시, 농촌 등에 따라 달라질 수 있습니다. 채무자는 위에서 정한 사유 이외에 그 밖에 필요한 사항(지속적으로 지출되는 의료비나 교육비 등)이 있으면 이를 생계비 산정에 반영해달라고 요청할 수 있을 것입니다.

■ 상속포기를 한 경우 부인권 행사의 대상이 될 수 있는 것인지요?

[질문]

서울에 거주하는 50대 여성으로 개인회생절차개시신청을 하여 법원으로부터 개인회생절차개시결정을 받은 상태입니다. 제가 개시결정을 받기 전 저의 아버지가 돌아가시면서 건물 2채와 예금채권 등의 재산을 남기셨는데요, 이때 저는 상속포기를 하였습니다. 이 경우 부인권 행사의 대상이 될 수 있는 것인지요?

[답변]

부인권이란 채무자가 자신의 재산에 관하여 개인회생절차개시 전에 한 개인회생채권자를 해하는 행위의 효력을 개인회생재단에 회복시키기 위하여 행사하는 권리를 의미합니다. 일단 일탈한 재산을 원상회복하여 개인회생재단의 충실을 기하기 위한 도산법 특유의 제도라고 할 수 있습니다.

채무자 회생 및 파산에 관한 법률 제584조 제1항은 파산절차의 부인권을 준용한다고 규정하면서도, 부인권을 원칙적으로 채무자가 행사하고(동조 제2항), 부인권의 제척기간을 개인회생절차개시결정 후 1년으로 제한하며(동조 제5항)(파산절차에서는 파산선고 후 2년), 부인권 대상인 원인행위를 한 날로부터 5년을 경과한 경우에도 행사할 수 없는 것으로 규정하고 있습니다.

채무자 회생 및 파산에 관한 법률 제584조가 준용하는 파산절차상의 부인권(동법 제391조)은 부인할 행위의 내용, 시기, 상대방에 따라 고의부인, 위기부인, 무상부인 총 3가지 유형을 인정하고 있는바, 각 유형마다 특유한 성립요건 외에 공통되는 일반적 성립요건으로서 행위의 유해성과 채무자의 행위 및 행위의 부당성이 주로 문제됩니다.

그 중 행위의 유해성과 관련하여 살펴보건대, 부인의 대상이 되는 행위는 개인회생채권자에게 해를 끼치는 행위이어야 합니다. 개인회생채권자에게 해를 끼치는 행위에는 채무자의 일반재산을 절대적으로 감소시키는 사해행위 외에 채권자 간의 평등을 저해하는 편파행위도 포함된다는 것이 통설입니다.

대표적인 사례로 ① 부동산의 매각에 있어서 부당한 가격으로 매각한 경우는 물론이고, 적정한 가격으로 매각한 경우라도 소비하기 쉬운 금전으로 환가하는 경우, ② 변제기가 도래한 채권을 변제하는 본지변제행위가 형식적 위기시기에 이루어진 경우, ? 제3자로부터 자금을 차입하여 특정채권자에게만 변제를 한 경우 등이 부인권 대상으로 될 수 있습니다.

경제적 위기상태에 빠진 채무자가 이혼하면서 배우자에게 금전, 주식, 부동산 등을 재산분할의 명목으로 증여하는 경우가 종종 있습니다. 일반적으로 재산권을 목적으로 하지 않는 법률행위, 즉 결혼, 입양, 파양, 상속의 포기 등은 그것이 간접적으로 채무자 재산의 감소를 가져오는 행위라고 하더라도 부인의 대상으로 되지는 않는 것으로 보아야 할 것입니다. 그러나 이혼에 수반한 재산분할은 신분관계의 설정이나 폐지와 직접 관계없는 재산처분행위이므로 부인대상이 될 수 있습니다.

판례도 상속포기와 관련하여 "상속의 포기는 비록 포기자의 재산에 영향을 미치는 바가 없지 아니하나(그러한 측면과 관련하여서는 '채무자 회생 및 파산에 관한 법률' 제386조 도 참조) 상속인으로서의 지위 자체를 소멸하게 하는 행위로서 순전한 재산법적 행위와 같이 볼 것이 아니다. 오히려 상속의 포기는 1차적으로 피상속인 또는 후순위상속인을 포함하여 다른 상속인 등과의 인격적 관계를 전체적으로 판단하여 행하여지는 '인적 결단'으로서의 성질을 가진다. 그러한 행위에 대하여 비록 상속인인 채무자가 무자력상태에 있다고 하여서 그로 하여금 상속포기를 하지 못하게 하는 결과가 될 수 있는 채권자의 사해행위취소를 쉽사리 인정할 것이 아니다. 그리고 상속은 피상속인이 사망 당시에 가지던 모든 재산적 권리 및 의무·부담을 포함하는 총체재산이 한꺼번에 포괄적으로 승계되는 것으로서 다수의 관련자가 이해관계를 가지는데, 위와 같이 상속인으로서의 자격 자체를 좌우하는 상속포기의 의사표시에 사해행위에 해당하는 법률행위에 대하여 채권자 자신과 수익자 또는 전득자 사이에서만 상대적으로 그 효력이 없는 것으로 하는 채권자취소권의 적용이 있다고 하면, 상속을 둘러싼 법률관계는 그 법적 처리의 출발점이 되는 상속인 확정의 단계에서부터 복잡하게 얽히게 되는 것을 면할 수 없다. 또한 상속인의 채권자의 입장에서는 상속의 포기가 그의 기대를 저버리는 측면이 있다고 하더라도 채무자인 상속인의 재산을 현재의 상태보다 악화시키지 아니한다. 이러한 점들을 종합적으로 고려하여 보면, 상속의 포기는 민법 제406조 제1항 에서 정하는 '재산권에 관한 법률행위'에 해당하지 아니하여 사해행위취소의 대상이 되지 못한다."(대법원 2011. 6. 9. 선고 2011다29307 판결 참조)고 판시한 바 이는 부인의 소나 청구에서도 마찬가지로 적용된다고 봄이 상당합니다(서울중앙지방법원 개인회생파산실무).

따라서 이러한 점을 종합하여 볼 때, 귀하는 개인회생절차개시결정 이전에 상속포기를 하였으나 이러한 상속포기행위가 부인권 행사의 대상이 되지는 않는 것으로 보입니다.

■ 위탁매매와 환취권의 대상이 되는 것인지요?

[질문]

저는 위탁매매인으로서 개인회생개시결정을 받고 변제계획인가결정까지 받아 개인회생절차 진행 중에 있습니다. 그런데 개인회생절차개시결정이 있기 전에 위탁자로부터 매매를 위탁받은 물건을 판매하여 취득한 채권을 보유하게 되었습니다. 만일 이러한 상황이라면 위탁받은 물건을 매매하여 취득한 제3채무자에 대한 채권이 환취권의 대상이 되는 것인지 궁금합니다.

[답변]

채무자 회생 및 파산에 관한 법률 제585조는 파산절차에서의 환취권규정 등을 준용하여 '개인회생절차개시결정은 채무자에 속하지 아니하는 재산을 개인회생재단으로부터 환취하는 권리에 영향을 미치지 아니한다'고 정하고 있습니다(동법 제585조, 제407조). 즉, 개인회생절차개시결정이 이루어지면, 개인회생채무자가 외형상 점유하고 있거나 자신의 명의로 등기·등록하고 있는 재산을 일응 개인회생재단에 포함시켜 점유·관리하게 되는데 이러한 재산 중에는 채무자 아닌 타인의 재산이 있을 수도 있고, 그 재산의 귀속에 관하여 다툼이 있을 수도 있게 됩니다. 이때 정당한 재산상의 권리자가 개인회생절차에서 채무자의 점유·관리 권한을 배제하고 그 반환을 청구할 수 있는 권능을 환취권이라 합니다.

환취권은 파산절차나 개인회생절차에서 새롭게 인정되는 권리는 아니며, 본래 실체법상 채무자의 재산이 아닌 제3자에 속하는 재산이 어떠한 사정에 의해 채무자의 재산 속에 섞여 있을 때 채무자에 대해 파산선고나 개인회생절차개시결정이 있다고 하더라도, 그 제3자가 애초부터 자신의 재산에 대하여 주장할 수 있는 실체법상의 권리나 지위를 도산절차에도 그대로 행사할 수 있다는 점을 표현한 것에 불과하다고 볼 수 있을 것입니다.

환취권은 개인회생재단으로부터 개별적으로 분별해 낼 수 있는 특정재산을 대상으로 하는 것이기 때문에 일정한 가치나 금액을 대상으로 할 수는 없습니다. 환취권의 기초가 되는 대표적인 권리는 소유권이나, 소유권 이외에 점유권이나 용익물권도 환취권의 기초가 될 수 있습니다. 임대인 또는 전대인이나 임치인은 소유자가 아니더라도 계약상의 반환청구권에 기초하여 환취권자가 될 수 있으나, 매매계약상의 매수인은 환취권자가 될 수 없고 단순히 개인회생채권자에 불과한 지위만 인정됩니다.

매도인이 매매의 목적인 물건을 매수인에게 발송하였으나 매수인이 그 대금의 전액을 변제하지 아니하고, 도달지에서 그 물건을 수령하지 아니한 채 매수인이 파산선고를 받은 때에는 매도인은 그 물건을 환취할 수 있습니다. 다만 채무자가 대금전액을 지급하고 그 물건의 인도를 청구한 때에는 환취권을 행사할 수 없게 됩니다(동법 제585조, 제408조 제1항). 물품매수의 위탁을 받은 위탁매매인이 그 물품을 위탁자에게 발송한 경우에도 마찬가지라고 할 수 있습니다(동법 제409조). 동법 제408조 제1항의 규정은 미이행 쌍무계약에 있어서 채무자의 선택권을 배제하지 않습니다(동법 제408조 제2항).

채무자가 개인회생절차개시결정 전에 환취권의 목적인 재산을 양도한 때에는 환취권자는 반대급부의 이행청구권의 이전을 청구할 수 있습니다. 이 경우 채무자가 반대급부의 이행을 받은 때에는 환취권자는 채무자가 반대급부로 받은 재산의 반환을 청구할 수 있게 됩니다(동법 제410조 제1항, 제2항).

이와 관련하여 판례도 "위탁매매인이 위탁자로부터 받은 물건 또는 유가증권이나 위탁매매로 인하여 취득한 물건, 유가증권 또는 채권은 위탁자와 위탁매매인 또는 위탁매매인의 채권자 간의 관계에서는 이를 위탁자의 소유 또는 채권으로 보므로(상법 제103조), 위탁매매인이 위탁자로부터 물건 또는 유가증권을 받은 후 파산한 경우에는 위탁자는 구 파산법(2005. 3. 31. 법률 제7428호 채무자 회생 및 파산에 관한 법률 부칙 제2조로 폐지) 제79조에 의하여 위 물건 또는 유가증권을 환취할 권리가 있고, 위탁매매의 반대급부로 위탁매매인이 취득한 물건, 유가증권 또는 채권에 대하여는 구 파산법 제83조 제1항 에 의하여 대상적 환취권(대체적 환취권)으로 그 이전을 구할 수 있다."(대법원 2008. 5. 29. 선고 2005다6297 판결 참조)고 한바 있습니다.

이러한 점들을 종합하여 보면, 개인회생절차개시결정을 받은 위탁매매인으로서 귀하가 개인회생절차개시결정 전에 위탁매매의 반대급부로 취득한 채권은 위탁자에 의한 환취권 행사의 대상이 될 것으로 보입니다.

■ 개인회생채권자의 상계권 행사와 어떠한 사유가 있을 때 제한되는 것인지요?

[질문]

개인회생권자로서 개인회생절차개시 이후 상계권 행사가 가능한지 여부와 만약 가능할 경우 그 행사가 제한되는 경우가 있는지, 있다면 어떠한 사유가 있을 때 제한되는 것인지 알고 싶습니다.

[답변]

개인회생채권자는 개인회생개시결정 당시 채무자에 대하여 채무를 부담하는 때에는 개인회생절차에 의하지 아니하고 상계할 수 있습니다(채무자 회생 및 파산에 관한 법률 제587조, 제416조). 개인회생절차에서 개인회생채권자가 갖는 상계권에 대하여 동법 제587조는 파산절차의 규정을 준용하도록 하고 있는바, 상계는 채권자로 하여금 자기의 자동채권을 수동채권의 한도에서 실질적으로 회수할 수 있도록 담보하고, 채권자가 수동채권은 전액에 대하여 채무를 이행하여야 하는 반면에 자동채권은 개인회생절차 내에서 변제계획에 따라 변제받아야 하는 불합리한 경우를 피할 수 있게끔 합니다.

실무상으로는 금융기관이 채무자에 대하여 부담하는 예금 등의 반환채무와 채무자에 대하여 갖는 대출금채권을 상계하는 경우가 빈번하게 발생하고 있습니다.

상계권의 행사는 개인회생절차 진행 중인 동안에도 가능하고, 채무자에 대하여 재판상·재판 외에서 의사표시로써 할 수도 있습니다. 이 경우 민법 기타 실체법상의 상계요건이 개인회생절차와의 관계에서 완화되거나(동법 제417조 내지 제420조), 개인회생채권자 간의 공평의 관점에서 강화되기도 합니다(동법 제422조).

민법 제492조의 규정에 의한 상계의 일반원칙은 ① 동일 당사자사이에 채권의 대립이 있어야 하고, ② 자동채권과 수동채권의 목적이 동종이어야 하며, ③ 양 채권의 변제기가 도래하고 있어야 합니다. 그러나 개인회생절차는 위와 같은 요건을 완화하여 기한미도래의 채권일지라도 현재화에 의하여 개인회생절차개시결정시에 기한이 도래한 것으로 보고, 비금전채권이라도 금전화하여 비록 민법상 상계요건을 충족하지 못한 경우라도 개인회생절차 내에서는 상계가 가능하도록 그 범위를 확장하고 있습니다.

개인회생절차는 채권자들이 변제계획에 따라 공평하게 채무자로부터 변제를 받는 것인데, 상계에 대한 기대권만을 앞세워 상계를 무조건적으로 인정하게 되면 특정 채권자에게만 우선적인 만족을 주게 되어 개인회생절차의 구속을 받는 채권자들에게 상당한 불공평을 가져올 우려가 있습니다. 따라서 법은 법적으로 채권자평등의 원칙에 현저히 반하거나 개인회생재단의 감소를 가져와 채권자들의 이익을 해할 우려가 있는 상계에 대하여는 일부 제한을 가하고 있습니다.

채무자 회생 및 파산에 관한 법률 제422조 제1호는 '개인회생채권자가 개인회생절차개시결정 후 개인회생재단에 대하여 채무를 부담한 때'를, 동법 제422조 제3호는 '개인회생절차개시결정을 받은 채무자에 대하여 채무를 부담하는 자가 개인회생절차개시결정 후에 타인으로부터 개인회생채권을 취득한 때'를 상계가 제한되는 사유로 정하고 있는바, 상계권의 대상이 되는 자동채권과 수동채권은 동법 제416조에 따라 개인회생절차개시결정시를 기준으로 정해지므로, 그 후에 자동채권 도는 수동채권을 취득하여 이를 기초로 상계를 하는 것은 채권자평등의 원칙에 반하여 인정되지 않게 됩니다.

또한 동법 제422조 제2호는 '개인회생채권자가 지급정지 또는 개인회생절차의 개시신청이 있었음을 알고 채무자에 대하여 채무를 부담한 때'를, 동법 제422조 제4호는 '개인회생절차개시결정을 받은 채무자에 대하여 채무를 부담하는 자가 지급정지 또는 개인회생절차의 개시신청이 있었음을 알고 개인회생채권을 취득한 때'를 상계 제한 사유로 규정하여 개인회생절차개시 당시에는 상계권을 취득하고 있으나, 그 취득이 채무자가 위기시기에 빠진 것을 이용하여 이루어진 경우에는 채권자평등의 이념에 반하는 것으로 보아 상계를 금지하고 있습니다.

이러한 상계의 제한규정은 강행규정이므로 이에 위반하는 상계는 무효로 됩니다.

■ 개인회생절차에서 장래의 구상권자에 대한 처리방법은?

[질문]

얼마 전 저에게 지인이 은행으로부터 대출을 받는 과정에서 보증인이 필요하니 보증을 서 달라는 부탁을 하여 저를 비롯한 다른 2인과 함께 연대보증을 하였습니다. 그런데 이후 주채무자인 지인이 개인회생절차개시신청을 하였고 현재 개인회생절차개시결정을 받아 채권자인 은행이 개인회생절차에 채권 전액에 대하여 개인회생채권자로서 참가한 상황입니다. 이와 동시에 채권자인 은행은 연대보증인인 저에 대해 계속해서 연대보증채무의 이행을 청구하고 있는데요, 만일 제가 채무 전액을 주채무자를 대위하여 변제할 경우 개인회생절차에서 개인회생채권자로서 권리를 행사할 수 있나요?

[답변]

다수의 전부의무자(채무 전부의 이행을 할 의무를 지는 자를 '전부의무자'라 합니다) 중 일부에 대하여 개인회생절차가 개시된 경우 개인회생채권자는 개인회생절차에서 채권 전액의 만족을 기대할 수 없으므로 전부의무자 중 다른 자에게 청구를 하게 되고, 이러한 경우 청구를 받은 자가 나중에 채권자에게 변제를 한 후 구상을 하려고 할 때에 이미 채무자가 변제계획에 따른 변제를 완료하고 면책결정이 확정된 다음에는 구상권 행사가 불가능하게 될 염려가 있습니다. 이에 채무자 회생 및 파산에 관한 법률 제430조는 민법상 원칙적으로 사전구상을 인정하지 않는 법리를 수정하여 개인회생절차가 개시된 때에는 장래의 구상권자가 그 권리를 행사할 수 있도록 하고 있습니다.

다수의 채무자가 각각 전부의 채무를 이행하여야 하는 경우 그 채무자 중 1인 내지 전원이 개인회생절차개시결정을 받은 때에는 그 채무자에 대하여 장래의 구상권을 가진 자는 그 전액에 대하여 각 개인회생재단에 관하여 개인회생채권자로서 그 권리를 행사할 수 있습니다(채무자 회생 및 파산에 관한 법률 제430조 제1항 본문). 다만 채권자가 그 채권의 전액에 관하여 개인회생채권자로서 그 권리를 행사한 때에는 예외를 인정하여 장래의 구상권자는 권리를 행사할 수 없도록 하고 있습니다(동법 제430조 제1항 단서). 따라서 채권자가 채권의 일부에 관하여만 권리를 행사한 때에 한하여, 장래의 구상권자는 잔액의 범위 내에서 권리를 행사할 수 있게 됩니다. 이와 관련하여 변제계획안을 작성할 때에도 장래의 구상권자에 대하여 동법 제430조에 따라 처리하면 될 것인데, 구체적으로 장래의 구상권자는 개인회생채권자목록에 개인회생채권으로 기재되는 반면 변제계획안(변제예정액표)에는 기재되지 않게 됩니다. 이와 같이 변제계획안에 아무런 기재가 없게 되면 그 처리가 누락된 것과 같은 인상을 줄 수 있으므로 변제계획안 제10항의 '기타사항'란에 "채권번호 ○-○번 채권은 채무자 회생 및 파산에 관한 법률 제581조 제2항, 제430조의 규정에 의하여 처리한다."와 같이 기재하면 족할 것으로 보입니다.

한편 채권자가 채권 전액에 대하여 개인회생절차에 참가하여 장래의 구상권이 배제되는 경우에도, 채권자가 구상권자로부터 채권 전액의 대위변제를 받은 경우에는 구상권자는 구상권의 액의 비율에 따라 채권자의 권리를 취득하게 됩니다. 그러나 전부의무자가 채권의 일부에 대하여만 대위변제를 한 때에는, 채권자만이 개인회생절차개시 당시 가진 채권 전액에 관하여 개인회생채권자로서 권리를 행사할 수 있을 뿐이고 채권의 일부에 대하여 대위변제를 한 구상권자는 자신이 변제한 가액에 비례하여 채권자와 함께 개인회생채권자로서 권리를 행사할 수는 없습니다(대법원 2001. 6. 29. 선고 2001다 24938 판결 참조). 따라서 채무자 회생 및 파산에 관한 법률 제430조 제2항의 '변제의 비율'이라 함은 2인 이상의 구상권자가 일부씩 변제하고 그 변제액을 합산하면 개인회생채권 전액을 변제하는 것으로 되는 경우에 각 구상권자 사이에 있어서 각자가 변제한 비율에 따라서 대위를 인정한 것으로 해석하여야 합니다(대법원 2009. 9. 24. 선고 2008다64942 판결 등 참조).

앞서 살펴본 바에 의하면 귀하는 주채무자의 개인회생절차개시결정 당시 개인회생신청인의 대여금채무에 대한 장래의 구상권자로서 만일 채무 전부에 대해 대위변제를 한다면 채권자를 대위하여 개인회생채권자로서 개인회생절차에서 그 권리를 행사할 수 있을 것으로 보입니다. 이에 반해 귀하가 주채무 전부가 아닌 일부만을 대위변제하는 경우라면 위 채권 전액에 관하여 개인회생채권자로서 권리를 행사한 채권자는 개인회생절차개시 후 귀하 등 다른 전부의무자로부터 채권의 일부를 변제받더라도 그에 의하여 위 채권전액에 대한 만족을 얻은 것이 아닌 한 여전히 위 채권 전액에 대하여 개인회생채권자로서 권리를 행사할 수 있으므로 채권자인 은행만이 개인회생절차개시 당시 가지고 있던 채권 전액에 대해 개인회생채권자로서 그 권리를 행사할 수 있게 될 것입니다.

■ 우선권 있는 개인회생채권에는 어떤 것들이 있는지요?

[질문]

우선권 있는 개인회생채권에는 어떤 것들이 있으며, 그에 대한 법적 취급은 어떠한지 궁금합니다.

[답변]

국세징수법 또는 국세징수의 예에 의하여 징수할 수 있는 청구권(국세, 지방세 등 지방자치단체의 징수금, 관세 및 가산금, 건강보험료, 산업재해보상보험료 등), 즉 조세 등의 청구권(이하 조세채권이라 합니다)은 징수권자가 국세징수법 또는 국세징수의 예에 의한 체납처분으로 채무자의 재산을 압류한 후 그 압류한 재산의 환가대금에서 우선변제 받을 수 있다는 점에서 일반적으로 우월성이 인정되고 있으므로 일반의 우선권 있는 개인회생채권입니다. 다만 개인회생절차개시결정 전에 조세채권이 성립하였을 것을 필요로 합니다.

우선변제권이 있는 임차보증금 반환채권이 개인회생절차상 우선권 있는 채권에 해당한다고 보는 견해가 있을 수도 있습니다. 이러한 견해는 채무자 회생 및 파산에 관한 법률 제586조, 제415조 제1항의 규정, 즉 주택임대차보호법 제3조 제1항의 규정에 의한 대항요건(주택의 인도와 주민등록)을 갖추고 임대차계약증서상의 확정일자를 받은 임차인은 개인회생재단에 속하는 주택(그 대지를 포함합니다)의 환가대금에서 후순위권리자 그 밖에 채권자보다 우선하여 보증금을 변제받을 권리가 있다는 규정 등을 근거로 합니다. 위 대항요건과 확정일자를 갖춘 임차인 외에, 주택임대차보호법 제8조(소액보증금 중 일정액의 보호)의 규정에 의한 임차인은 같은 조의 규정에 의한 보증금을 개인회생재단에 속하는 주택(그 대지를 포함합니다)의 환가대금에서 다른 담보물권자보다 우선하여 변제받을 권리가 인정되므로 이러한 소액임차인도 개인회생절차상의 우선권 있는 채권인지 여부가 문제 될 수 있습니다.

그러나 임차보증금 반환채권은 다른 일반의 개인회생채권보다 우월적 지위를 가지기는 하지만, 임차목적물의 환가액의 한도 내에서만 우선권을 가지는 것에 불과하여 별제권부 채권과 유사한 성격을 가지는 것으로 봄이 상당하기 때문에 우선권 있는 개인회생채권으로 취급되기 보다는 별제권에 준하여 취급되어야 할 것입니다.

그리고 주택임대차보호법에 관한 위 규정들은 상가건물임대차보호법에 기하여 대항요건을 갖추고 확정일자를 받은 임차인과 같은 법의 소액보증금보호 규정에서 정해진 임차인에게도 준용되는데(채무자 회생 및 파산에 관한 법률 제586조, 제415조 제3항), 그 임차보증금 반환채권도 동일하게 취급되어야 할 것입니다.

법에 따라서는 환경개선부담금, 식품위생법상 과징금, 국유재산대부료 등과 같이 국세 또는 지방세 체납처분의 예에 따라 징수할 수 있다고 규정한 것들이 있습니다. 그러나 이러한 규정들은 "국제 및 지방세를 제외한 기타의 채권에 우선하여 징수한다."와 같은 징수순위에 관한 규정이 아니라 체납처분의 절차에 따라 징수할 수 있다는 자력집행권이 있음을 규정한 것에 불과하다고 보아야 하며, 위 채권들에 관하여 일반 채권에 비해 상대적으로 징수의 우선순위를 정하고 있는 규정도 없기 때문에 위 채권들을 일반의 우선권 있는 채권으로 보기는 어렵습니다. 원칙적으로 각 채권의 성격에 따라 구분하여 과태료와 같이 행정법상 의무 위반이나 불이행에 대한 제재로서의 성격을 가진 것은 동법 제581조 제2항, 제446조 제1항 제4호를 유추적용하여 후순위 개인회생채권으로 하고 그렇지 않은 것은 일반 개인회생채권으로 봄이 상당하다 할 것입니다.

우선권 있는 개인회생채권도 개인회생채권의 일종이므로 개인회생절차개시결정으로 인하여 강제집행이 중지 또는 금지되고(동법 제600조 제1항), 원칙적으로 변제계획에 의하여서만 변제가 허용됩니다(동법 제581조 제1항, 제582조). 국세징수법 또는 국세징수의 예에 의한 체납처분도 그 예외는 아닙니다(동법 제600조 제1항 제4호).

한편 채무자 회생 및 파산에 관한 법률은 우선권 있는 개인회생채권에 대하여 특별한 취급을 하고 있는바, 구체적으로 변제계획에는 우선권 있는 개인회생채권의 전액에 변제에 관한 사항을 정하여야 하고(동법 제611조 제1항 제2호), 일정한 기간 안의 채권액에 관하여 우선권 있는 경우 그 기간은 개인회생절차개시결정시부터 소급하여 계산하도록 하고 있습니다(동법 제581조 제2항, 제442조).

■ 개인회생절차개시결정과 가압류의 효력은 어떻게 되는 것인가요?

[질문]

최근 법원으로부터 개인회생절차개시결정을 받은 60대 여성입니다. 개인회생절차개시신청을 하면서 채권자목록에 기재한 채권에 기하여 개인회생채권자가 개시결정이 있기 전 개인회생재단에 포함된 저의 재산에 대해 가압류를 하였는데요. 이때 이러한 가압류의 효력은 어떻게 되는 것인가요?

[답변]

법원은 개인회생절차개시신청일로부터 1개월 이내에 개인회생절차의 개시 여부를 결정해야 하는데(채무자 회생 및 파산에 관한 법률 제596조 제1항), 개시결정을 함과 동시에 법원은 개시결정일로부터 2주 이상 2월 이하의 기간 범위 내에서 개인회생채권에 관한 이의기간을 정하고, 이의기간 말일부터 2주 이상 1월 이하의 기간 범위 내에서 개인회생채권자집회 기일을 정하여야 합니다(채무자 회생 및 파산에 관한 법률 제596조 제2항). 다만 동조 제3항에 따라 위 기간들은 특별한 사정이 있는 경우 늦추거나 늘일 수 있습니다.

일단 개인회생절차개시결정이 있게 되면 파산절차와 달리 채무자는 여전히 개인회생재단을 관리하고 처분할 권한을 가지게 되며, 채무자에 대하여 이미 속행 중인 회생절차 또는 파산절차는 중단되고, 새로이 회생절차 또는 파산절차를 개시하는 것도 금지되며(동법 제600조 제1항 제1호), 이후 변제계획인가결정이 있는 때에는 중지된 회생절차 또는 파산절차는 그 효력을 잃게 됩니다(동법 제615조 제3항).

또한 개인회생절차개시결정이 있는 때에는 개인회생채권자목록에 기재된 개인회생채권에 기하여 개인회생재단에 속하는 재산에 대해 이미 절차가 진행 중인 강제집행·가압류 또는 가처분은 중단되고, 새로이 강제집행·가압류 또는 가처분을 하는 것이 금지됩니다(동법 제600조 제1항 제2호).

이때 중지·금지되는 절차는 개인회생채권, 즉 채무자에 대하여 개인회생절차 개시결정 전의 원인으로 생긴 재산상의 청구권(동법 제581조 제1항)에 한정됩니다. 그러므로 개인회생채권이 아닌 개인회생재단채권(동법 제583조), 환취권(동법 제585조)에 기한 강제집행·가압류 또는 가처분은 허용되는 것으로 해석할 수 있습니다. 또한 개인회생채권 중에서도 '개인회생채권자목록에 기재된 개인회생채권'에 기한 절차만이 중지·금지되는 것이므로(동법 제600조

제1항 단서), 채무자가 개인회생채권자목록에 기재하지 않은 채권자는 개인회생채권의 경우에는 당해 채권자가 개시결정 후에도 자유롭게 강제집행 등을 할 수 있게 됩니다. 그리고 '개인회생재단에 속하는 재산'에 대하여 이루어지는 강제집행 등만이 중지 또는 금지되는 것이므로 연대채무자, 보증인, 물상보증인 등 제3자의 재산에 대하여 진행되는 강제집행 등은 중지 또는 금지되지 않습니다.

구체적으로 절차의 중지라 함은 진행 중이던 강제집행 등의 절차가 그 시점에서 동결되고 그 속행이 허용되지 아니함을 뜻하고 소급적 효력은 없으므로 이미 행하여진 절차가 소급하여 무효로 되거나 취소되는 것은 아닙니다. 따라서 가압류 또는 가처분 등 보전처분이 발하여진 경우, 이에 기하여 본집행으로 이전하는 것은 허용되지 아니하나, 보전처분 자체가 실효되는 것은 아니고, 변제계획인가결정이 있으면 비로소 중지된 강제집행·가압류 또는 가처분이 효력을 상실하게 됩니다(동법 제615조 제3항). 그리고 새로이 강제집행 등 절차를 신청하는 것은 금지되므로, 이러한 절차가 새로이 신청된 경우에는 부적법하여 각하되고, 이에 위배되어 개시된 절차는 무효로 됩니다. 개인회생절차의 특성상 채무자의 급여 등 소득에 대한 가압류가 이루어진 경우가 상당수 있는데, 앞서 설명한대로 개시결정 이전에 이미 가압류가 마쳐진 경우에는 개시결정만으로 그 효력 자체가 실효되는 것은 아니므로 가압류가 해제 또는 취소된다고 볼 수는 없습니다. 다만 변제계획인가결정 전이 미리 가압류를 취소시켜야 할 상당한 이유가 있는 때에는 채무자 회생 및 파산에 관한 법률 제615조 제3항에 따라 법원에 가압류의 취소명령을 신청해볼 수는 있을 것입니다.

개시결정에 의하여 중지된 강제집행·가압류 또는 가처분은, 그 후에 변제계획인가결정이 있는 때에는 그 효력을 상실하게 되고(동법 제615조 제3항), 폐지결정이 확정되는 때에는 중지된 강제집행·가압류 또는 가처분을 속행할 수 있는바, 결국 위와 같은 중지는 효과는 변제계획인가결정시까지 존속하는 것으로 봄이 상당합니다.

이에 반하여 개인회생절차는 각 개인회생채권이 변제계획에 의하여만 변제받는 것을 예정하고 있기 때문에, 개시결정에 의해 강제집행·가압류 또는 가처분을 금지하는 효과는 개인회생절차의 종료시점까지 존속한다고 보아야 합니다.

귀하의 경우 개인회생절차개시결정 이전에 개인회생채권자목록에 기재된 개인회생채권에 기하여 개인회생재단에 대해 이루어진 가압류는 그 개시결정으로 말미암아 중지되고, 이러한 가압류 중지의 효력은 변제계획인가결정이 있기 전까지 지속될 것이며 변제계획인가결정이 있은 후에는 중지된 강제집행·가압류 또는 가처분의 효력이 상실될 것으로 보입니다.

■ 개인회생의 변제계획안에서 정할 변제기간은 어느 정도 인가요?

[질문]

저는 사업을 하다가 IMF로 부도를 맞았습니다. 이후 신용카드 돌려막기로 생계를 유지했는데, 빚 독촉이 심해서 개인회 생을 생각하고 있습니다. 개인회생의 변제계획안에서 정할 변제기간은 어느 정도 인가요?

[답변]

개인회생사건 처리지침 제8조 제2항에는 개인회생채무자의 변제기간을 정하고 있습니다. 제8조에 의하면 개인회생채무와 이자를 3년 이내에 변제할 수 있으면 그 기간, 채무자가 5년 이내의 변제기간 동안 원금의 전부를 변제할 수 없는 때에는 그 변제기간을 5년으로 정하고 있습니다.

제8조 (변제기간)

① 채무자는 법 제611조의 규정에 따른 변제계획에서 정하는 변제기간을 변제개시일로부터 5년을 초과하지 아니하는 범위 내에서 정할 수 있다.

② 채무자가 제1항의 변제기간을 정함에 있어서는 다음과 같이 하는 것이 바람직하다.

1. 채무자는 변제계획안에서 정하는 변제기간 동안 그 가용소득의 전부를 투입하여 우선 원금을 변제하고 잔여금으로 이자를 변제한다.

2. 채무자가 3년 이내의 변제기간 동안 원금과 이자를 전부변제할 수 있는 때에는 그 때까지를 변제기간으로 한다.

3. 채무자가 3년 이내의 변제기간 동안 원금의 전부를 변제할수 있으나 이자의 전부를 변제할 수 없는 때에는 변제기간을3년으로 한다.

4. 채무자가 3년 이상 5년 이내의 변제기간 동안 원금의 전부를 변제할 수 있는 때에는 이자의 변제 여부에 불구하고 원금의 전부를 변제할 수 있는 때까지를 변제기간으로 한다.

5. 채무자가 5년 이내의 변제기간 동안 원금의 전부를 변제할수 없는 때에는 그 변제기간을 5년으로 한다.

■ 개인회생의 변제계획안에서 변제금의 감액이 가능하나요?

[질문]

저는 개인회생 중입니다. 월 변제금이 약 60만원 정도입니다. 그런데 최근에 모시고 있는 모친의 심장병으로 병원비가 많이 나가게 되었고, 저도 대학 학비가 필요한 상황입니다. 그러나 수입은 오히려 줄어들었습니다. 이때 개인회생 변제금의 변경이 가능할까요?

[답변]

개인회생변제계획안인가 이후에도 채권자목록을 수정할 수는 없지만 변제계획을 변경할 수 있습니다. 특히, 채무자의 소득이 줄어드는 경우 변제계획안의 변경을 고려해볼 수 있겠습니다.

이때 변경의 방법이 문제되는데, 현재 실무상 매월 납부하는 변제금의 감액은 인정되지 않고 있습니다. 하지만 변제금의 납부기간 변경(유예,연기등)은가능합니다. 지금 변제금납입이 어렵다면 변제금 납부기간의 연기를 고려하면 좋겠습니다.

또한 변제금을 상당한 정도 납부했다면 법원의 특별면책도 고려할수 있겠습니다. 채무자회생 및 파산에 관한 법률 제624조 제2항은 '법원은 채무자가 변제계획에 따른 변제를 완료하지 못한 경우에도 다음 각호의 요건이 모두 충족되는 때에는 이해관계인의 의견을 들은 후 면책의 결정을 할수 있다'고 하여 '1.채무자가 책임질 수 없는 사유로 인하여 변제를 완료하지 못하였을 것 2.개인회생채권자가 면책결정일까지 변제받은 금액이 채무자가 파산절차를 신청한 경우 파산절차에서 배당받을 금액보다 적지 아니할 것 3.변제계획의 변경이 불가능할 것'의 요건이 갖추어지는 한 면책의 결정을 할 수 있도록 하고 있습니다.

개인회생변제계획안 인가이후에도 채권자목록을 수정할 수는없지만 변제계획을 변경할 수 있습니다. 특히, 채무자의 소득이 줄어드는 경우 변제계획안의 변경을 고려해 볼 수 있겠습니다.

이 때 변경의 방법이 문제되는데, 현재 실무상 매월 납부하는변제금의 감액은 인정되지 않고 있습니다. 하지만 변제금의 납부기간변경(유예,연기등)은 가능합니다. 지금 변제금납입이어렵다면 변제금납부기간의 연기를 고려하면 좋겠습니다.

또한 변제금을 상당한 정도 납부했다면 법원에 특별면책도 고려할 수 있겠습니다. 채무자회생 및 파산에 관한 법률 제624조 제2항은 '법원은 채무자가 변제계획에 따른 변제를 완료하지 못한 경우에도 다음 각호의 요건이 모두 충족되는 때에는이해관계인의 의견을 들은 후 면책의 결정을 할수 있다'고 하여 '1.채무자가 책임질 수 없는 사유로 인하여 변제를 완료하지 못하였을 것 2.개인회생채권자가 면책결정일까지 변제받은 금액이 채무자가 파산절차를 신청한 경우 파산절차에서 배당받을 금액보다 적지 아니할 것 3.변제계획의 변경이 불가능할 것'의 요건이 갖추어지는 한 면책의 결정을 할 수 있도록 하고 있는 것입니다.

■ 개인회생채무자의 채권자가 수령하는 임치금에 대하여 가압류를 할 수 있을까요?

[질문]

저는 상대방에게 납품을 하고 받을 돈이 있습니다. 그런데 물건을 구입한 상대방은 개인회생채권자로서 매달 개인회생위원을 통해서 변제금을 지급받고 있습니다. 위 임치금에 대하여 가압류를 할 수 있을까요?

[답변]

변제계획이 인가되면 채무자는 인가된 변제계획에 따라서 개인회생채권자에게 변제하여야 할 금원을 회생위원에게 임치하여야 합니다.(채무자 회생 및 파산에 관한 법률 제617조 제1항)개인회생채권자는 임치된 금원을 변제계획에 따라서 회생위원으로부터 지급받아야 합니다. 만약 개인회생채권자가 매일 지급받아야 할 변제금을 수령할 계좌를 신고하지 않으면 지급해야 할 금원을 공탁할 수 있습니다.

그렇다면 제3채무자를 대한민국(소관 : 개인회생위원)한 변제금수령채권에 압류를 할 수 있을 것으로 보이고, 만약 개인회생채권자에게 지급할 금원이 공탁되면 공탁금출급청구권에 압류를 할 수 있을 것으로 생각됩니다.

■ 기초수급비를 재원으로 한 개인회생가능성?

[질문]

저는 채무초과 상태로 개인회생을 신청하려고 합니다. 개인회생의 경우 정기적 급여가 있어야 한다고 하는데 저는 기초수급비를 매월 받고 있습니다. 기초수급비를 재원으로 회생이 가능할까요?

[답변]

개인회생을 신청하기 위해서는 "채무자가 정기적이고 확실한" 및 "계속적으로 또는 반복하여" 수입을 얻을 가능성이 있어야 합니다. 수입의 의미는 반드시 근로의 대가일 필요는 없고 계속적으로 또는 반복적으로 얻을 가능성이 있으면 족합니다.

실무적으로는 기초수급비를 재원으로 한 개인회생개시결정, 변제계획안 인가를 해주고 있습니다. 이는 자신의 위험부담으로 개인회생을 하겠다는 채무자의 의사를 존중하는 것이고, 개인회생이 청산형의 파산보다 채권자들에게 유리하기 때문인 것으로 보입니다.

■ 파산면책절차에서 채무자가 사망한 경우 처리절차는?

[질문]

저의 아버지는 채무초과상태로 파산면책을 신청하였습니다. 그런데 파산절차 중 아버지가 사망하였는데 저는 파산절차를 어떻게 처리해야 하나요?

[답변]

경우의 수를 나누어 판단해야 합니다. ① 채무자가 파산선고 후 면책절차 중 사망한 경우에는 면책을 받을 권리는 일신전속적 권리이므로 채무자가 사망하면 당연히 면책절차는 종료되고 절차 승계의 문제는 발생하지 않습니다. 면책절차가 종결됩니다. ② 채무자가 파산선고 전 사망한 경우 채무자가 파산신청 후 파산선고 전에 사망한 경우 파산절차는 상속재산에 대해 속행됩니다.(법 제308조) 단, 파산절차는 중단되고 수계문제 발생합니다. 신청대리인이 있으면 수계문제 발생하지 않습니다. ③ 채무자가 파산선고 후 사망한 경우 상속재산의 관리처분권이 파산관재인에게 있으므로 절차가 중단되지 않습니다. 그런데 파산선고 전, 후 면책을 받기 전 채무자가 사망한 경우, 면책은 일신적속적 권리로써 면책절차는 채무자 사망으로 종료되므로 결국 면책을 받을 수 없어 파산신청을 취하하는 것이 타당할 것입니다.

■ 회생절차개시는 어떻게 신청해야 할까요?

[질문]

회생절차를 밟고 싶습니다. 어떻게 신청해야 할까요?

[답변]

회생절차는 신청에 의하여 시작됩니다. 즉 사업의 계속에 현저한 지장을 초래하지 아니하고는 변제기에 있는 채무를 변제할 수 없는 경우, 또는 채무자에게 파산의 원인인 사실이 생길 염려가 있는 경우에는 채무자는 회생절차개시의 신청을 할 수 있습니다. 한편 위 염려가 있는 경우에는 채무자 이외에도 일정액 이상의 채권을 가지는 채권자 또는 일정한 비율 이상의 주식 또는 출자지분을 가지는 주주 혹은 지분권자도 신청할 수 있습니다.

■ 회생절차개시결정은 어떤 효과가 있나요?

[질문]

회생절차개시가 결정되었습니다. 그런데 채권자가 따로 돈을 갚으라고 압박을 해 옵니다. 이 경우 따로 돈을 주어야 하나요?

[답변]

법원은 회생절차개시의 원인인 사실이 있다고 인정되고 달리 신청기각사유가 없다고 판단한 경우에는 회생절차개시결정을 합니다. 개시결정은 공고되고 알고 있는 채권자 등에게 그 내용을 기재한 서면이 송달됩니다. 개시결정이 내려지면 그 효과로서 회생담보권자나 회생채권자는 원칙적으로 회생계획에 의하지 않으면 변제를 받을 수 없게 됩니다.

■ 강제집행 중지명령은 어떻게 하나요?

[질문]

제가 채권을 가지고 있는 회사가 도산하여 회생절차에 들어섰습니다. 이미 회사재산에 강제집행 등이 이루어지고 있는 것으로 아는데, 제 채권을 다 변제받기도 전에 다른 채권자들에게 먼저 집행으로 인해 변제되어버리고 남은 것이 없으면 어쩌죠?

[답변]

회생절차의 개시신청이 있은 경우에 필요하다고 인정하는 때에는 법원은 이해관계인의 신청에 의하여 또는 직권으로 회생절차개시의 신청에 관한 결정이 있을 때까지 파산절차, 회생채권 또는 회생담보권에 긴한 강제집행, 가압류, 가처분 또는 담보권실행을 위한 경매절차로서 채무자의 재산에 대하여 이미 행하여지고 있는 것, 채무자의 재산에 관한 소송절차 또는 채무자의 재산에 관하여 행정청에 계속하고 있는 절차의 중지를 명할 수 있습니다(법 제44조 제1항 제1호 내지 제4호).

■ 어떠한 경우에 회생절차 개시에 관하여 기각결정이 날 수 있나요?

[질문]

어떠한 경우에 회생절차 개시에 관하여 기각결정이 날 수 있나요?

[답변]

법원은 채무자 회생 및 파산에 관한 법률 제42조 각 호의 기각사유가 없는 한 회생절차의 개시결정과 동시에 관리인을 선임하고 같은 법 제50조 각 호의 사항을 정하여야 합니다. 즉 과거와 같이 절차개시가 필요하다고 판단되는 경우에 한하여 절차개시결정을 하는 것이 아니고 절차개시에 장애가 되는 기각사유가 없는 한 필요적으로 절차개시결정을 하여야 하는 것입니다.

여기서 기각사유란

1. 회생절차의 비용을 미리 납부하지 않은 경우

2. 회생절차개시 신청이 성실하지 않은 경우

3. 그 밖에 회생절차에 의함이 채권자 일반의 이익에 적합하지 아니한 경우를 말합니다.

■ 회생절차 개시결정의 효력은?

[질문]

회생절차가 개시되었습니다. 이후에 회사재산인 부동산에 대하여 제3자에게 임대차를 놓았는데, 이러한 행위는 유효합니까?

[답변]

회생절차개시결정이 있게 되면 채무자는 사업의 경영과 재산의 관리처분권을 상실하고 이러한 권한은 관리인에게 전속하게 됩니다. 그 결정시부터 이러한 효력이 발생합니다. 채무자가 회생절차개시 후 채무자 재산에 대하여 한 법률행위는 회생절차와의 관계에 있어서 그 효력을 주장하지 못합니다. 회생절차와의 관계에 있어서는 그 효력을 주장하지 못한다는 것은 행위의 상대방이 회생채무자에 대하여 그 행위의 유효를 주장하지 못한다는 의미이고 관리인이 그 행위의 유효를 주장하는 것은 무방합니다. 이때 상대방의 선악의는 불문합니다.

■ 채권자취소소송 중 채무자의 개인회생절차가 개시되었을 경우 어떠한 절차
　를 조치해야 하나요?

[질문]

채권자취소소송이 진행중인데 채무자의 개인회생절차가 개시되었다면, 어떠한
절차를 조치해야 하나요?

[답변]

대법원은 "채무자 회생 및 파산에 관한 법률 제584조 제1항, 제406조 제1항
에 의하면, 개인회생채권자가 제기한 채권자취소소송이 개인회생절차 개시결
정 당시 법원에 계속되어 있는 때에는 그 소송절차는 수계 또는 개인회생절
차의 종료에 이르기까지 중단된다. 채권자취소소송의 계속 중 채무자에 대하
여 개인회생절차 개시결정이 있었는데, 법원이 그 개인회생절차 개시결정사실
을 알고도 채무자의 소송수계가 이루어지지 아니한 상태 그대로 소송절차를
진행하여 판결을 선고하였다면, 그 판결은 채무자의 개인회생절차 개시결정으
로 소송절차를 수계할 채무자가 법률상 소송행위를 할 수 없는 상태에서 심
리되어 선고된 것이므로 여기에는 마치 대리인에 의하여 적법하게 대리되지
아니하였던 경우와 마찬가지의 위법이 있다."고 판시하였습니다(대법원
2013.6.13. 선고, 2012다33976, 판결). 따라서 채무자는 소송수계절차를 거
쳐야 할 것입니다.

■ 회생절차 폐지 결정 후 특별면책 신청이 가능한지요?

[질문]

개인회생을 신청한 채무자가 법원이 인가한 변제계획을 중도에 이행하지 못해 법원이 회생절차폐지 결정을 내린 이후에는 특별면책을 신청할 수 있는가요?

[답변]

대법원은 개인회생을 신청한 채무자가 법원이 인가한 변제계획을 중도에 이행하지 못해 법원이 회생절차폐지 결정을 내린 이후에는 특별면책을 신청할수 없다고 결정하였습니다. 그 이유로 "개인회생절차가 종료한 이후에도 채무자가 개인회생절차에 따른 면책신청을 할 수 있다면 개인회생절차로 말미암은 권리행사의 제한에서 벗어난 개인회생채권자의 지위가 불안정해지고, 개인회생절차 폐지결정이 확정된 후에 채무자가 면책신청을 해 법원이 면책결정또는 면책불허결정을 해야 한다면 이미 종료한 절차를 다시 종료하거나 폐지결정을 다시 해야 하는 모순이 발생한다"며 "특별면책은 개인회생절차가 계속 진행하고 있음을 전제로 한 것으로 개인회생절차가 종료하기 전까지만 신청이 가능하다고 봐야한다"고 판단하였습니다(대법원 2012. 7. 12.자 2012마811 결정). 따라서 법원이 인가한 변제계획을 중도에 이행하지 못해 법원이 회생절차 폐지를 결정하였다면 특별면책도 신청할 수 없습니다.

■ 고의의 불법행위로 발생한 손해배상채무가 개인회생절차 면책대상에서 제외되는지요?

[질문]

고의의 불법행위로 발생한 손해배상채무도 개인회생절차의 면책대상에서 제외되나요?

[답변]

채무자가 고의로 불법행위를 저질러 발생한 손해배상채무를 면책 대상에서 제외하고 있는 채무자 회생 및 파산에 관한 법률 제625조 제2항 제4호에 대해 헌법재판소는 "채무자의 재기·갱생을 통한 채권자의 이익 도모와 사회적 차원의 경제적 손실 방지 등의 입법목적을 고려할 때 개인회생절차를 통한 면책을 단순히 재산상 이익의 기대 또는 반사적 이익에 불과하다고 단정할 수는 없다. 이 사건 법률조항은 개인회생절차를 통하여 면책을 받을 권리의 범위를 제한함으로써 채무자의 재산권을 제한한다. 고의에 의한 불법행위의 발생을 방지함과 아울러 이로 인한 피해자에게 현실적인 변제를 받게 하려는 이 사건 법률조항은 입법목적의 정당성과 방법의 적절성이 인정된다. 채무자가 고의로 타인의 재산을 침해한 불법행위의 비난가능성이 고의로 타인의 생명 또는 신체를 침해한 불법행위의 비난가능성보다 반드시 가볍다고 할 수도 없으므로, 타인의 생명 또는 신체를 침해한 불법행위로 인한 손해배상채무에 한정하여 면책되지 않는 채무로 규율하지 아니하였다 하여, 과도하게 채무자의 재산권을 제한하였다고 볼 수도 없다. 따라서 채무자가 고의로 가한 모든 불법행위로 인한 손해배상채무를 면책되지 않는 채무로 규정하였다고 하여 입법재량의 범위를 벗어난 것이라고 할 수 없고, 이로써 달성하려는 공익이 채무자의 제한되는 재산권에 비해 결코 작다고 할 수 없어 법익의 균형성에도 반하지 아니하므로, 이 사건 법률조항은 채무자의 재산권을 침해하지 아니한다. 입법자는 피해자의 사후적인 구제와 손해의 공평·타당한 부담과 분배를 참작하고, 자신의 자유의사와 위험판단에 따라 법률행위를 한 계약관계의 채권자와는 달리 고의로 가한 불법행위로 인한 손해배상청구권의 채권자는 채무자와 무관한 불특정한 피해자가 될 수 있고, 고의에 의한 불법행위라는 반규범적 행위를 억제할 필요성 등을 고려하여, 개인회생절차에 따른 면책결정이 있는 경우에 '채무불이행으로 인한 손해배상채무'와 달리 '채무자가 고의로 가한 불법행위로 인한 손해배상채무'는 면책되지 아니하는 내용으로 입법한 것으로, 이 사건 법률조항은 그 차별취급에 합리적인 이유가 있으므로 평등원칙에 위배되지 아니한다고 판시하였습니다(헌법재판소 2011.10.25 2009헌바234 결정). 따라서 고의의 불법행위를 저질러 발생한 손해배상채무는 면책 대상에서 제외된다고 할 것입니다.

■ 개인회생절차가 종료한 이후 면책신청을 할 수 있는지요?

[질문]

甲은 개인회생절차가 종료하였음에도 면책신청을 하였습니다. 면책신청이 이유있다고 판단하는 경우 법원은 면책판단을 할 수 있나요?

[답변]

대법원은 "채무자 회생 및 파산에 관한 법률(이하 '법'이라 한다) 제624조 제2항은, 채무자가 변제계획에 따른 변제를 완료하지 못한 경우에도 채무자가 책임질 수 없는 사유로 인하여 변제계획에 따른 변제를 완료하지 못하였을 것(제1호), 개인회생채권자가 면책결정일까지 변제받은 금액이 채무자가 파산절차를 신청한 경우 파산절차에서 배당받을 금액보다 적지 아니할 것(제2호), 변제계획의 변경이 불가능할 것(제3호)의 요건을 모두 충족한 때에는, 법원은 이해관계인의 의견을 들은 후 면책결정을 할 수 있다고 규정하고 있다. 그런데 개인회생절차가 종료한 이후 채무자에게 파산원인이 있는 경우 채무자는 파산절차를 이용할 수 있는 점, 개인회생절차가 종료한 이후에도 채무자가 개인회생절차에 따른 면책신청을 할 수 있다면 개인회생절차로 말미암은 권리행사의 제한에서 벗어난 개인회생채권자의 지위가 불안정하게 되는 점, 면책결정이나 개인회생절차폐지결정이 확정되면 개인회생절차가 종료하는 점, 면책불허가결정이 확정된 때에는 개인회생절차를 폐지하여야 하는데(법 제621조 제1항 제1호), 개인회생절차폐지결정이 확정된 후에 채무자가 면책신청을 하여 법원이 면책결정 또는 면책불허가결정을 하여야 한다면, 이미 종료한 절차가 다시 종료하거나 폐지결정을 다시 하여야 하는 모순이 발생하여 법체계에 맞지 않는 점 등에 비추어 보면, 법 제624조 제2항에 따른 면책은 개인회생절차가 계속 진행하고 있음을 전제로 한 것으로 개인회생절차가 종료하기 전까지만 신청이 가능하다고 봄이 타당하다."고 판시하였습니다(대법원 2012. 7. 12.자 2012마811 결정). 따라서 개인회생절차가 종료하기 전까지만 면책신청이 가능할 것으로 보입니다.

■ 사기회생죄에서 말하는 '재산의 은닉'의 의미는?

[질문]

단순히 소극적으로 자신의 재산 및 수입 상황을 제대로 기재하지 아니한 재산목록 등을 제출하는 행위는 채무자 회생 및 파산에 관한 법률 제643조 사기회생죄에 해당하나요?

[답변]

대법원은 "구 개인채무자회생법(2005. 3. 31. 법률 제7428호 채무자 회생 및 파산에 관한 법률 부칙 제2조로 폐지) 제87조 제1호 사기개인회생죄에서 말하는 '재산의 은닉'은 재산의 발견을 불가능하게 하거나 곤란하게 만드는 것을 말하고, 재산의 소재를 불명하게 하는 경우뿐만 아니라 재산의 소유관계를 불명하게 하는 경우도 포함한다. 다만, 채무자가 법원에 개인회생절차개시신청을 하면서 단순히 소극적으로 자신의 재산 및 수입 상황을 제대로 기재하지 아니한 재산목록 등을 제출하는 행위는 위 죄에서 말하는 '재산의 은닉'에 해당한다고 할 수 없다."고 판시하였습니다(대법원 2009. 1. 30. 선고 2008도6950 판결). 따라서 단순히 소극적으로 자신의 재산 및 수입 상황을 제대로 기재하지 아니한 재산목록 등을 제출하는 행위는 채무자 회생 및 파산에 관한 법률 제643조 사기회생죄에 해당하지 않는다 할 것입니다.

■ 개인회생절차가 종료한 후 면책신청을 할 수 있는지요?

[질문]

개인회생절차가 종료한 후 면책신청을 할 수 있나요?

[답변]

대법원은 "채무자 회생 및 파산에 관한 법률(이하 '법'이라 한다) 제624조 제 2항 은, 채무자가 변제계획에 따른 변제를 완료하지 못한 경우에도 채무자가 책임질 수 없는 사유로 인하여 변제계획에 따른 변제를 완료하지 못하였을 것(제1호), 개인회생채권자가 면책결정일까지 변제받은 금액이 채무자가 파산 절차를 신청한 경우 파산절차에서 배당받을 금액보다 적지 아니할 것(제2호), 변제계획의 변경이 불가능할 것(제3호)의 요건을 모두 충족한 때에는, 법원은 이해관계인의 의견을 들은 후 면책결정을 할 수 있다고 규정하고 있다. 그런 데 개인회생절차가 종료한 이후 채무자에게 파산원인이 있는 경우 채무자는 파산절차를 이용할 수 있는 점, 개인회생절차가 종료한 이후에도 채무자가 개인회생절차에 따른 면책신청을 할 수 있다면 개인회생절차로 말미암은 권 리행사의 제한에서 벗어난 개인회생채권자의 지위가 불안정하게 되는 점, 면 책결정이나 개인회생절차폐지결정이 확정되면 개인회생절차가 종료하는 점, 면책불허가결정이 확정된 때에는 개인회생절차를 폐지하여야 하는데(법 제 621조 제1항 제1호), 개인회생절차폐지결정이 확정된 후에 채무자가 면책신 청을 하여 법원이 면책결정 또는 면책불허가결정을 하여야 한다면, 이미 종 료한 절차가 다시 종료하거나 폐지결정을 다시 하여야 하는 모순이 발생하여 법체계에 맞지 않는 점 등에 비추어 보면, 법 제624조 제2항 에 따른 면책 은 개인회생절차가 계속 진행하고 있음을 전제로 한 것으로 개인회생절차가 종료하기 전까지만 신청이 가능하다고 봄이 타당하다. "고 판시하였습니다(대 법원 2012. 7. 12. 자 2012마811 결정). 따라서 개인회생절차폐지결정이 확정된 경우 개인회생절차가 종료한다 할 것이므로 면책신청도 할 수 없을 것입니다.

■ 개인회생절차에서 면책취소신청 기각결정에 대한 불복방법은 무엇인가요?

[질문]

개인회생절차에서 면책취소신청 기각결정에 대한 불복방법은 무엇인가요?

[답변]

대법원은 "채무자 회생 및 파산에 관한 법률 제33조는 "회생절차에 관하여 이 법에 규정이 없는 때에는 민사소송법을 준용한다."라고 규정하고, 제13조 제1항은 "이 법의 규정에 의한 재판에 대하여 이해관계를 가진 자는 이 법에 따로 규정이 있는 때에 한하여 즉시 항고를 할 수 있다."라고 규정하고 있는데, 제627조는 "면책 여부의 결정과 면책취소의 결정에 대하여는 즉시항고를 할 수 있다."라고 규정할 뿐 면책취소신청 기각결정에 대하여는 아무런 규정을 두고 있지 아니하므로,이에 대하여는 즉시항고를 할 수 없고, 민사소송법 제449조 제1항 의 특별항고만 허용될 뿐이다."고 판시하였습니다(대법원 2016. 4. 18. 자 2015마2115 결정). 따라서 면책취소신청 기각결정에 대한 불복방법은 특별항고만 가능할 것으로 보입니다.

■ 주택임차인의 임대차보증금반환채권에 관하여 면책결정의 효력이 미치는 범위는 어디까지 인가요?

[질문]

임대인에 대한 개인회생절차 진행 중에 임차주택의 환가가 이루어지지 않아 주택임차인이 환가대금에서 임대차보증금반환채권을 변제받지 못한 채 임대인에 대한 면책결정이 확정되어 개인회생절차가 종료된 경우, 주택임차인의 임대차보증금반환채권에 관하여 면책결정의 효력이 미치는 범위는 어디까지 인가요?

[답변]

대법원은 "주택임차인은 구 개인채무자회생법(2005. 3. 31. 법률 제7428호 채무자 회생 및 파산에 관한 법률 부칙 제2조로 폐지, 이하 '구 개인채무자회생법'이라 한다) 제46조 제1항 에 의하여 인정된 우선변제권의 한도 내에서는 임대인에 대한 개인회생절차에 의하지 아니하고 자신의 임대차보증금반환채권의 만족을 받을 수 있으므로, 설혹 주택임차인의 임대차보증금반환채권 전액이 개인회생채무자인 임대인이 제출한 개인회생채권자목록에 기재되었더라도, 주택임차인의 임대차보증금반환채권 중 우선변제권이 인정되는 부분을 제외한 나머지 채권액만이 개인회생절차의 구속을 받아 변제계획의 변제대상이 되고 면책결정의 효력이 미치는 개인회생채권자목록에 기재된 개인회생채권에 해당한다. 그렇다면 임대인에 대한 개인회생절차의 진행 중에 임차주택의 환가가 이루어지지 않아 주택임차인이 환가대금에서 임대차보증금반환채권을 변제받지 못한 채 임대인에 대한 면책결정이 확정되어 개인회생절차가 종료되었더라도 특별한 사정이 없는 한 주택임차인의 임대차보증금반환채권 중 구 개인채무자회생법 제46조 제1항에 의하여 인정된 우선변제권의 한도 내에서는 같은 법 제84조 제2항 단서 제1호에 따라 면책이 되지 않는 '개인회생채권자목록에 기재되지 아니한 청구권'에 해당하여 면책결정의 효력이 미치지 않는다."고 판시하였습니다(대법원 2017. 1. 12. 선고 2014다32014 판결). 따라서 주택임차인의 임대차보증금반환채권 중 구 개인채무자회생법 제46조 제1항에 의하여 인정된 우선변제권의 한도 내에서는 면책결정의 효력이 미치지 않습니다.

제2장

개인파산·면책절차

Part 1. 개인파산 · 면책절차 개관

1. 개념

1-1. 개인파산

개인인 채무자가 개인사업 또는 소비활동의 결과 자신의 재산으로 모든 채무를 변제할 수 없는 상태에 빠진 경우 그 채무의 정리를 위해 스스로 파산신청을 하는 경우를 개인파산이라고 합니다.

1-2. 개인파산의 목적

① 개인파산제도의 주된 목적은, 모든 채권자가 평등하게 채권을 변제받도록 보장함과 동시에, 채무자에게 면책절차를 통하여 남아 있는 채무에 대한 변제 책임을 면제하여 경제적으로 재기 · 갱생할 수 있는 기회를 부여하는 것입니다.

② 개인파산제도는 성실하지만 불운하게도 과도한 채무를 지게 되어 절망에 빠지고 생활의 의욕을 상실한 채무자에게는 좋은 구제책이 될 수 있습니다.

③ 개인파산을 신청하는 이유는 주로 파산선고를 거쳐 면책결정까지 받음으로써 채무로부터 해방되기 위한 것이므로, 개인파산을 신청하기 전에 자신에게 면책불허가 사유가 있는지 여부를 잘 검토하시기 바랍니다.

1-3. 동시폐지결정

법원은 파산재단으로 파산절차의 비용을 충당하기에 부족하다고 인정되는 경우 파산선고와 동시에 파산폐지의 결정을 하는데 이를 동시폐지결정이라고 합니다(「채무자 회생 및 파산에 관한 법률」 제317조 제1항).

1-4. 면책

"면책"이란, 자신의 잘못이 아닌 자연재해나 경기변동 등과 같은 불운(不

運)으로 파산선고를 받은 '성실하나 불운한' 채무자에게 새로운 출발의 기회를 주기 위한 것으로서 파산절차를 통해 변제되지 않고 남은 채무에 대한 채무자의 변제책임을 파산법원의 재판에 따라 면제시킴으로써 채무자의 경제적 갱생(更生)을 도모하는 제도로, 개인에게만 인정되는 제도입니다.

1-5. 복권

면책이 불허된 경우(일부면책 포함)에 채무자가 변제 그 밖의 방법으로 파산채권자에 대한 채무를 변제나 면제, 상계 등으로 면한 경우 채무자의 신청과 법원의 심리절차를 거쳐 파산선고를 받기 전과 같은 상태로 돌아가는 것을 말합니다.

2. 파산선고의 효력

2-1. 파산자의 재산상 법률행위 제한

파산선고를 받은 채무자는 파산선고 후 재산에 관해 법률행위를 할 수 없습니다(「채무자 회생 및 파산에 관한 법률」 제329조 제1항).

2-2. 자격제한

파산선고를 받고 복권되지 않은 사람은 다음과 같은 공·사법상의 자격제한을 받게 됩니다.

① 공법상 건설엔지니어링업자(「건설기술 진흥법」 제27조 제2호), 공인노무사(「공인노무사법」 제4조 제3호), 공인회계사(「공인회계사법」 제4조 제5호), 공무원(「국가공무원법」 제33조 제2호), 법무사(「법무사법」 제6조 제2호), 변호사(「변호사법」 제5조 제9호)등이 될 수 없습니다.

② 사법상 대리인(「민법」 제127조 제2호), 조합원(「민법」 제717조 제2호), 후견인(「민법」 제937조), 유언집행자(「민법」 제1098조)등이 될 수 없습니다.

③ 파산선고로 인한 불이익은 채무자 본인에게만 한정됩니다.

3. 파산면책결정의 효력

3-1. 채무에 대한 책임면제

면책을 받은 채무자는 파산절차에 의한 배당을 제외하고는 파산채권자에 대한 채무의 전부에 관해 그 책임이 면제됩니다(「채무자 회생 및 파산에 관한 법률」 제566조 본문).

3-2. 불이익의 제거

복권이 되면 파산선고를 받기 전과 같은 상태로 돌아가며, 파산선고로 인한 공·사법(公·私法)상의 불이익이 없어집니다.

4. 개인파산·면책 절차도

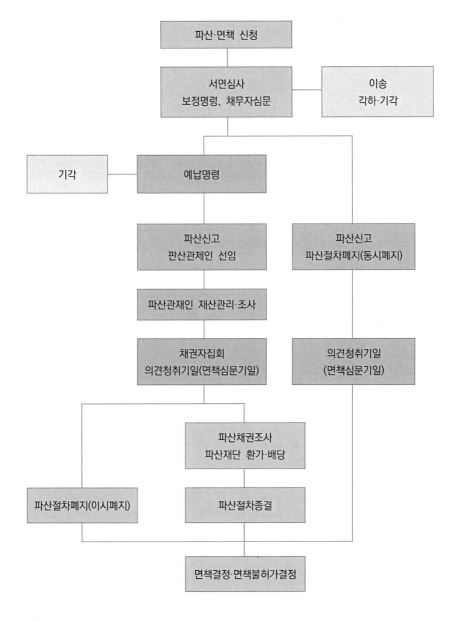

5. 개인회생절차와의 비교

구 분	대상자	채무한도	변제방법	효과
개인 파산절차	개인 채무자	채무한도 없음	재산의 청산	채무의 변제책임 면제
개인 회생절차	개인 채무자	담보채무 : 최대 15억원 무담보채무: 최대 10억원	변제계획안에 따라 변제	변제계획안에 따라 변제 후 잔여 채무면제

■ **개인파산절차와 개인회생절차의 비교**

Q. 개인파산절차는 개인회생절차와 어떤 차이가 있나요?

A. 파산은 원칙적으로 채무자의 재산을 환가해 변제하는 절차이고, 파산절차
가 종결되면 면책을 신청해 채무를 변제할 책임을 면제받을 수 있는 제
도로서, 채무를 장래 일반적·계속적으로 변제할 수 없는 사람들이 이용하
는 제도입니다.

그러나 개인회생제도는 채무자에게 일정한 수입이 있는 것을 전제로 채무
자가 원칙적으로 5년 이내의 기간 동안 원금의 일부를 변제하면 나머지
를 면책받을 수 있는 제도라는 점에서 차이가 있습니다.

Part 2. 개인파산·면책절차 법제 개관

1. 관련 법령

■ 「채무자 회생 및 파산에 관한 법률」의 적용

「채무자 회생 및 파산에 관한 법률」은 재정적 어려움으로 파탄에 직면해 있는 채무자의 채권자·주주·지분권자 등 이해관계인의 법률관계를 조정해 채무자 또는 그 사업의 효율적인 회생을 도모하거나, 회생이 어려운 채무자의 재산을 공정하게 환가·배당하는 것을 목적으로 합니다(「채무자 회생 및 파산에 관한 법률」 제1조).

2. 관련 용어 정리

2-1. 파산채권

① 채무자에 대해 파산선고 전의 원인으로 생긴 재산상의 청구권을 파산 채권이라고 합니다(「채무자 회생 및 파산에 관한 법률」 제423조).

② 파산채권에 속하는 채권

  1. 기한부채권

  - 기한부채권은 파산선고 시에 변제기에 이른 것으로 봅니다(「채무자 회생 및 파산에 관한 법률」 제425조).

  2. 조건부채권 및 장래의 청구권

  - 조건부채권은 그 전액을 파산채권액으로 합니다(「채무자회생 및 파산에 관한 법률」 제427조 제1항).

  - 채무자에 대한 장래의 청구권은 그 전액을 파산채권액으로 합니다(「채무자 회생 및 파산에 관한 법률」 제427조 제2항).

  3. 여럿의 채무자가 각각 전부의 채무를 이행해야 하는 경우

  - 여럿의 채무자가 각각 전부의 채무를 이행해야 하는데 채무자의 전원 또는 일부가 파산선고를 받은 경우 채권자 또는 장래의 구상권을 가진 채권자는 채권의 전액에 대해 파산채권자로서 권리를 행사할 수 있습니다(「채무자 회생 및파산에 관한 법률」 제428조 및 제430조 제1항 본문).

  4. 보증인에 대한 채권

  - 보증인이 파산선고를 받은 경우 채권자는 파산선고 시에가진 채권의 전액에 대해 파산채권자로서 그 권리를 행사할수 있습니다(「채무자 회생 및 파산에 관한 법률」 제429조).

  - 여럿의 보증인이 각각 채무의 일부를 보증한 상황에서 보증인 전원 또는 일부가 파산선고를 받은 경우 채권자는 그보증 부분에 대해 파산채권자로서 권리를 행사할 수 있습니다(「채무자 회생 및 파산에 관한 법률」 제431조).

  5. 파산절차참가의 비용(「채무자 회생 및 파산에 관한 법률」제439조).

2-2. 파산재단

① "파산재단"이란 채무자가 파산선고 당시에 가진 모든 재산을 말합니다 (「채무자 회생 및 파산에 관한 법률」 제382조 제1항).

② 채무자가 파산선고 전에 생긴 원인으로 장래에 행사할 청구권은 파산 재단에 속합니다(「채무자 회생 및 파산에 관한 법률」 제382조 제2항).

③ 압류할 수 없는 재산은 파산재단에 속하지 않습니다(「채무자 회생 및 파산에 관한 법률」 제383조 제1항).

2-3. 파산재단채권(우선권이 있는 채권)

① "파산재단채권"이란 우선권이 있는 다음과 같은 청구권을 말합니다(「채 무자 회생 및 파산에 관한 법률」 제473조).
- 파산채권자의 공동의 이익을 위한 재판상 비용에 대한 청구권
- 「국세징수법」 또는 「지방세징수법」에 따라 징수할 수 있는청구권(단, 파 산선고 후의 원인으로 인한 청구권은 파산재단에 관해 생긴 것에 한함)
- 파산재단의 관리·환가 및 배당에 관한 비용
- 파산재단에 관해 파산관재인이 한 행위로 인해 생긴 청구권
- 사무관리 또는 부당이득으로 인해 파산선고 후 파산재단에생긴 청구권
- 위임의 종료 또는 대리권의 소멸 후에 긴급한 필요에 의해한 행위로 파 산재단에 생긴 청구권
- 쌍방미이행 쌍무계약(「채무자 회생 및 파산에 관한 법률」제335조 제1항) 에서 파산관재인이 채무를 이행하기로 한 경우 상대방이 가지는 청구권
- 파산선고로 인해 쌍무계약이 해지된 경우 그 때까지 생긴청구권
- 채무자 및 그 부양을 받는 자의 부양료
- 채무자의 근로자의 임금·퇴직금 및 재해보상금
- 파산선고 전의 원인으로 생긴 채무자의 근로자의 임치금및 신원보증금의 반환청구권

② 파산재단채권은 파산절차에 의하지 않고 수시로 변제합니다(「채무자 회생 및 파산에 관한 법률」 제475조).

③ 파산재단채권은 파산채권보다 먼저 변제합니다(「채무자 회생 및 파산에 관한 법률」 제476조).

2-4. 부인권(否認權)

① "부인권"이란 파산관재인이 파산재단을 위해 다음 중 어느 하나에 해당하는 행위를 부인할 수 있는 권리를 말합니다(「채무자 회생 및 파산에 관한 법률」 제391조).

- 채무자가 파산채권자를 해하는 것을 알고 한 행위(단, 이익을 받은 자가 그 행위 당시 파산채권자를 해하게 되는 사실을 알지 못한 경우 제외)

- 채무자가 지급정지 또는 파산신청이 있은 후에 한 파산채권자를 해하는 행위와 담보의 제공 또는 채무소멸에 관한 행위(단, 이익을 받은 자가 그 행위 당시 지급정지 또는 파산신청이 있은 것을 알고 있은 경우에 한함)

- 채무자가 지급정지나 파산신청이 있은 후 또는 그 전 60일이내에 한 담보의 제공 또는 채무소멸에 관한 행위로서 채무자의 의무에 속하지 않거나 그 방법 또는 시기가 채무자의의무에 속하지 않는 경우(단, 채권자가 그 행위 당시 지급정지나 파산신청이 있은 것 또는 파산채권자를 해하게 되는 사실을 알지 못한 경우 제외)

- 채무자가 지급정지 또는 파산신청이 있은 후 또는 그 전 6월 이내에 한 무상행위 및 이와 동일시할 수 있는 유상행위

② 부인권 행사방법

- 부인권은 소송, 부인의 청구 또는 항변의 방법으로 파산관재인이 행사합니다(「채무자 회생 및 파산에 관한 법률」 제396조 제1항).

- 법원은 파산채권자의 신청이나 직권으로 파산관재인에게 부인권의 행사를 명할 수 있습니다(「채무자 회생 및 파산에 관한 법률」 제396조 제2항).

③ 부인권 행사시기

부인권은 파산선고가 있은 날부터 2년이 경과한 경우에는 행사할 수 없고, 채권자를 해하는 행위를 한 날부터 10년이 경과한 경우에도 행사할 수 없습니다(「채무자 회생 및 파산에 관한 법률」 제405조).

④ 부인권의 효력

부인권의 행사는 파산재단을 원상으로 회복시킵니다(「채무자 회생 및 파산에 관한 법률」 제397조 제1항).

2-5. 환취권(還取權)

"환취권"이란 채무자에게 속하지 않는 재산을 파산재단으로부터 가져오는 권리를 말합니다(「채무자 회생 및 파산에 관한 법률」 제407조).

2-6. 별제권(別除權)

① "별제권"이란 채무자의 재산에 설정된 유치권, 질권, 저당권 ,「동산·채권 등의 담보에 관한 법률」에 따른 담보권 또는 전세권 등의 담보권을 말합니다(「채무자 회생 및 파산에 관한 법률」 제411조).

② 별제권자는 별제권의 행사로 변제를 받을 수 없는 채권액에 대해서만 파산채권자로서의 권리를 행사할 수 있습니다. 다만, 별제권을 포기한 채권액에 관해 파산채권자로서 권리를 행사하는 것에 영향을 미치지는 않습니다(「채무자 회생 및 파산에 관한 법률」 제413조).

2-7. 상계권(相計權)

"상계권"이란 파산채권자가 파산선고 당시 채무자에게 채무를 부담하는 경우 파산절차에 의하지 않고 자신의 채권과 채무자에 대한 채무를 모두 소멸시키는 권리를 말합니다(「채무자 회생 및 파산에 관한 법률」 제416조).

Part 3. 개인파산 · 면책절차의 신청

1. 법률구조

1-1. 개념

"법률구조(法律救助)"란 경제적으로 어렵거나 법을 몰라서 법의 보호를 충분히 받지 못하는 사람에게 변호사나 공익법무관에 의한 소송대리, 그 밖에 법률 사무에 관한 모든 지원을 하는 것을 말합니다(「법률구조법」 제1조 및 제2조).

1-2. 법률구조기관

법률구조를 효율적으로 추진하기 위해 대한법률구조공단이 설립되었습니다(「법률구조법」 제8조).

1-3. 신청절차

① 법률구조는 신청인이 자신의 주민등록등본, 법률구조 대상자임을 소명할 수 있는 자료, 주장 사실을 입증할 자료 등을 가지고 가까운 대한법률구조공단 사무실 지부에 내방해 상담을 신청하면 됩니다[「법률구조사건처리규칙」(대한법률구조공단규칙 제419호, 2022. 2. 18. 발령·시행) 제7조제2항].

② 상담을 마치고 법률구조 대상자에 해당되면 대한법률구조공단 소정의 신청서와 구비서류 등을 공단 사무실에 제출하면 됩니다.

③ 대한법률구조공단의 법률구조신청서 및 첨부서류는 「법률구조사건 처리규칙 시행규정」(대한법률구조공단규칙 제448호, 2023. 5. 3. 발령·시행)에서 확인하실 수 있습니다.

④ 법률구조 신청서가 접수되면 대한법률구조공단에서는 곧바로 사실조사에 착수한 후 구조의 타당성, 승소가능성, 집행가능성 등을 판단해 지원할 것인지를 결정합니다(법률구조, 소송구조, 소송구조결정 및 진행, 대한법률구조공단).

2. 소송구조제도

2-1. 개념

"소송구조(訴訟救助)"란 소송비용을 지출할 자금능력이 부족한 사람에 대해 법원이 신청 또는 직권으로 재판에 필요한 일정한 비용의 납입을 유예 또는 면제시킴으로써 그 비용을 내지 않고 재판을 받을 수 있도록 하는 제도를 말합니다.

2-2. 소송구조 대상자

다음 중 어느 하나에 해당하는 사람은 법원에 소송구조를 신청할 수 있습니다[「소송구조제도의 운영에 관한 예규」 (대법원 재판예규 제1861호, 2023. 10. 17. 발령·시행) 제22조제1항].

- 「국민기초생활 보장법」에 따른 수급자
- 「국민기초생활 보장법」에서 정한 기준 중위소득의 60% 이하 소득자임을 소명하는 사람
- 「한부모가족지원법」에 따른 지원대상자
- 60세 이상인 사람
- 「장애인복지법」에 따른 장애인
- 「국가유공자 등 예우 및 지원에 관한 법률」 및 「보훈보상대상자 지원에 관한 법률」에 따른 상이등급 판정자, 「고엽제후유의증 등 환자지원 및 단체설립에 관한 법률」에 따라 장애정도에 대해 판정을 받은 사람, 「5·18민주유공자예우 및단체설립에 관한 법률」에 따른 장해등급 판정자

2-3. 소송구조 지정변호사 선임

① 소송구조를 신청하려는 사람은 파산사건을 관할하는 회생법원을 방문해 법원이 지정한 소송구조 담당 변호사를 확인합니다(「소송구조제도의 운영에 관한 예규」 제23조제1항 참조).

② 개인파산·면책 사건에서 법원은 소송구조 대상자에게 직권으로 파산관 재인 선임을 위한 비용에 관하여 소송구조를 할 수 있습니다(「소송구조 제도의 운영에 관한 예규」 제22조 제2항).

③ 소송구조를 신청하려는 사람은 지정변호사를 선임한 후 지정변호사를 통해 변호사비용 및 송달료에 대한 소송구조를 신청해야 하며, 변호사 비용에 대해 법원의 직권에 의한 소송구조신청이 있는 경우 법원은 소 송구조 지정변호사를 대리인으로 선임해야 합니다(「소송구조제도의 운 영에 관한 예규」 제22조 제3항).

④ 소송구조 지정변호사는 다음과 같은 업무를 수행합니다(「소송구조제도 의 운영에 관한 예규」 제23조 제2항).

- 소송구조 신청 전 상담

- 소송구조 신청서 작성제출

- 개인파산·회생 신청서 작성제출(첨부서류를 검토했다는 확인서를 붙여야 함)

- 재판기일 및 절차, 면책의 효과 등에 관한 안내

- 법원의 보정사항에 대한 보정

- 그 밖에 절차상 필요한 업무

2-4. 법률구조제도와 소송구조제도의 비교

"법률구조"는 대한법률구조공단과 같은 기관이 소송대리 등의 법률사무 에 관한 지원을 하는 것이고, "소송구조"는 법원이 소송비용을 내지 않고 재판을 받을 수 있도록 배려해 주는 제도라는 점에서 차이가 있습니다.

구분	법률구조제도	소송구조제도
기관	대한법률구조공단	법원
신청 시점	소송제기에 대한 판단 전	파산의 경우 소송제기 전

신청 요건	월평균 수입 260만원 이하의 국민 및 국내 거주 외국인 등의 생활이 어렵고 법을 몰라 스스로 법적 수단을 강구하지 못하는 국민	소송비용을 지출할 자금능 력이 부족하고 패소할 것 이 명백하지 않은 자
대상 사건	① 민사·가사사건 ② 형사사건 ③ 행정심판사건 ④ 행정소송사건 ⑤ 헌법소원사건 ⑥ 개인회생·파산사건	소송사건(비송사건 제외)

3. 신청서 작성

3-1. 파산·면책 동시신청

① 채무자가 파산신청을 한 경우에는 채무자가 반대의 의사표시를 한 경우를 제외하고, 신청과 동시에 면책신청을 한 것으로 봅니다(「채무자 회생 및 파산에 관한 법률」 제556조 제3항).

② 개인채무자는 파산신청과 동시에 면책신청을 합니다.

③ 파산·면책 동시신청의 장점

파산 및 면책 신청서류를 같은 날, 동시에 신청함으로써 개별신청 시 드는 서류 작성의 번거로움도 덜 수 있고, 나아가 개별신청보다 더 신속하게 절차가 진행되는 등 여러 가지로 채무자에게 유리합니다(개인파산 및 면책동시신청 안내문, 대법원 전자민원센터).

3-2. 기재내용

개인파산·면책 신청서에는 다음 사항이 기재되어야 합니다(「채무자 회생 및 파산에 관한 법률」 제302조 제1항).

- 채무자의 성명·주민등록번호 및 주소
- 신청 취지
- 신청 원인

3-3. 파산 및 면책 동시신청 절차의 흐름

① 이시폐지 및 종결사건

파산 및 면책 신청서가 제출되면, 법원은 기록상 명백히 나타나는 각하·기각사유를 검토하고 '파산 원인 사실'의 존부를 심리한 후, 파산관재인 선임을 위한 비용의 예납을 명하고, 예납금이 납부되면 신속히 파산을 선고하면서 그와 동시에 파산관재인을 선임합니다. 파산이 선고되면 법원은 채무자에게 파산관재인의 조사에 적극 협력해야 한다는 점과 파산선고 후에는 채무자의 재산에 대한 관리처분권이 상실된다는 점 등을 고지하고, 채무자의 면책에 관한 채권자의 이의여부를 확인합니다. 파산관재인이 조사한 결과, 채무자에게 재산이 없거나 재산이 있어도 파산절차 비용에 충당하기에 부족할 정도의 규모라면 파산절차 폐지결정을 하게 되고, 채무자에게 일정 규모 이상의 재산이 남아 있는 경우에는 재산을 매각하여 채권자들에게 배당까지 마친 후 파산절차 종결결정을 하게 됩니다. 위와 같이 파산절차 폐지결정과 종결결정이 이루어진 이후 채무자에 대한 면책여부에 관한 판단을 하게 됩니다.

② 동시폐지사건

채무자에게 재산이 없거나 재산이 있어도 파산절차 비용에 충당하기에 부족할 정도임이 명백하고, 부인권 대상 행위(채권자를 해하는 것을 알고 한 재산 처분, 편파변제, 대물변제 행위 등)도 없는 경우에는 파산선고와 동시에 파산절차를 폐지하는 결정을 할 수도 있습니다. 법원은 파산 여부에 대한 결정과 함께 면책심문기일 또는 이의신청기간을 동시에 지정하고 이를 신청인(채무자) 등 이해관계인에게 통지합니다. 이의신청기간 내에 채권자로부터 이의가 없는 경우에는 이의신청기간이 경과된 후에, 이의가 있는 경우에는 신청인(채무자)과 이의채권자 쌍방이 출석하는 의견청취기일 등을 거친 후에 면책여부에 관한 결정을 합니다.

③ 파산 및 면책 동시신청의 경우 신청부터 면책여부의 결정까지는 약 6~8개월이 소요됩니다. 다만 그 처리기간은 사건량, 파산선고 전 심문 여부, 재판부의 사정 등에 따라 늘어나거나 줄어들 수 있습니다.

④ 만일 전부면책을 받지 못한 경우에는 안내문의 목차 "10. 복권" 편을 참고하시기 바랍니다.

  ※ 면책신청에 관한 재판이 확정될 때까지 채무자의 재산에 대하여 파산채권에 기한 강제집행, 가압류 또는 가처분은 금지 또는 중지되고, 면책결정 확정으로 중지된 강제집행 등은 당연 실효됩니다.

3-4. 신청서 양식

파산 및 면책 신청서

신 청 인(채무자)　　　(주민등록번호 :　　　-　　　　　)

주소 :　　　　　　　　　　　　(우편번호 :　　　　)

거소 :　　　　　　　　　　　　(우편번호 :　　　　)

송달장소 :　　　　송달영수인 :　　　(우편번호 :　　　)

등록기준지 :

연락처 : 휴대전화(　　　),집전화(　　　　),e-mail(　　　)

신 청 취 지

1. 신청인에 대하여 파산을 선고한다.
2. 채무자를 면책한다. 라는 결정을 구합니다.

신 청 이 유

1. 신청인에게는 별첨한 진술서 기재와 같이 지급하여야 할 채무가 존재합니다.
2. 그런데 위 진술서 기재와 같은 신청인의 현재 자산, 수입의 상황 하에서는 채무를 지급할 수 없는 상태에 있습니다.
3. 따라서 신청인에 대하여 파산을 선고하며, 채무자를 면책한다. 라는 결정을 구합니다.

첨 부 서 류

1. 가족관계증명서(상세증명서), 혼인관계증명서(상세증명서) 각 1부
2. 주민등록초본[주소변동내역(과거 주소 전체) 및 개명, 주민등록번호 변동사항 포함] 및 주민등록등본 각 1부

※ 가족관계증명서, 혼인관계증명서, 주민등록등본은 신청인 외 제3자의 주

민등록번호 뒷자리가 표기되지 아니한 것을 제출(신청인 본인의 주민등 록번호는 전체 표기)

  3. 진술서(채권자목록, 재산목록, 현재의 생활 상황, 수입 및 지 출에 관한 목록 포함) 1부

  4. 자료제출목록 1부

휴대전화를 통한 정보수신 신청서

위 사건에 관한 파산선고결정, 면책결정 등 정보를 예납의무자가 납부한 송달료 잔액 범위 내에서 휴대전화를 통하여 알려주실 것 을 신청합니다.

▣ **휴대전화 번호 :**

  신청인 채무자   (날인 또는 서명)

※ 파산선고 및 이의기간지정 결정(또는 면책심문기일 결정), 면책결정이 있으 면 신속하게 위 휴대전화로 문자메시지가 발송됩니다. 문자메시지 서비스 이용금액은 메시지 1건당 17원씩 납부된 송달료에서 지급됩니다(송달료가 부족하면 문자메시지가 발송되지 않습니다). 추후 서비스 대상 정보, 이용금 액 등이 변동될 수 있습니다.

법원외 타기관을 통한 개인파산 신청에 대한 지원 여부
(해당사항 있을시 기재)

1.지원기관 (1.   2.   ) (예)신용회복위원회, 서울시복지재단, 법률구조공단 등
2.지원내역과 지원금액(1.
                      2
(예)신청서 작성 지원, 변호사 수임료 지원, 송달료 지원, 파산관 재인 보수 지원 등
       서울시복지재단 - 파산관재인 보수 지원(30만원)

---

20 .   .   .

신 청 인   ㉑

○○회생(지방)법원 귀중

파산사건번호	
면책사건번호	
배당순위번호	
재 판 부	제 단독

※ 채무의 변제에 사용할만한 파산절차를 진행할 필요가 있는 경우에는 신청취지 2항 및 신청이유 2항, 3항 중 괄호 부분을 삭제하고 날인해야 합니다(개인파산 및 면책동시신청 안내문, 대법원 전자민원센터).

3-5. 첨부서류

① 개인파산·면책 신청 시 다음 서류를 첨부해야 합니다(「채무자 회생 및 파산에 관한 법률」 제302조 제2항 본문 및 「채무자 회생 및 파산에 관한 규칙」 제72조 제1항 제1호).

- 채권자목록

- 재산목록

- 채무자의 수입 및 지출에 관한 목록

- 가족관계증명서, 주민등록등본, 진술서, 그 밖의 소명자료

② 다만, 신청과 동시에 첨부할 수 없는 경우에는 그 사유를 소명하고 그 후에 지체 없이 제출해야 합니다(「채무자 회생 및 파산에 관한 법률」 제302조 제2항 단서).

3-6. 부본의 제출

파산신청 시 채권신고서 및 첨부서류의 부본을 2부 제출해야 합니다 (「채무자 회생 및 파산에 관한 규칙」 제74조 제1항).

4. 진술서 작성

4-1. 기재내용

① 진술서에는 신청인의 학력, 경력, 현재까지의 생활상황, 채권자와의 상황, 파산신청에 이르게 된 사정 등에 대해 자세히 기재합니다.

② 또한, 진술서에는 다음 사항을 기재해야 합니다(「채무자 회생 및 파산에 관한 규칙」 제72조 제2항).

- 법원에 채무자에 대한 회생절차 또는 개인회생절차가 진행되고 있는 경우 해당 사건이 진행되고 있는 법원 및 사건의표시

- 개인인 채무자가 면책허가결정 또는 면책결정을 받은 적이있는지 여부 및 있는 경우 그 결정의 확정일자

4-2. 첨부서류(증빙서류)

① 진술서에는 진술서의 기재내용을 증명할 수 있는 서류를 제출하면 됩니다(진술서 내의 기재내용 참조).

② 현재까지의 생활상황: 개인회생절차 인가결정 등을 받은 후 폐지된 경우 그 이유를 소명할 수 있는 자료를 첨부해야 합니다.

③ 채권자와의 상황: 채권자로부터 받은 소장·지급명령·전부명령·압류 및 가압류결정문 사본

5. 채권자목록 작성

5-1. 기재내용

① 채권자목록에는 다음 사항을 기재해야 합니다(아래의 채권자목록 양식의 기재내용 참조).

- 채권자명 및 최초 채권액

- 차용 또는 구입일자

- 발생원인

- 사용처

- 보증인

- 잔존 채권액

  ※ 채무자 명의의 재산이 있어 이를 환가해 배당절차를 거쳐야 한다면 우선권있는 채권, 별제권, 후순위 채권 등이 중요한 채권개념이 되므로, 채권자는 정해진 기간 내에 자신의 채권을 신고해야 합니다(「채무자 회생 및 파산에 관한 법률」 제447조 제1항).

② 우선권 있는 채권

파산재단에 속하는 재산에 대해 일반의 우선권이 있는 파산채권은 다른 채권에 우선합니다(「채무자 회생 및 파산에 관한 법률」 제441조).

③ 후순위파산채권

다음에 해당하는 청구권을 후순위개인파산채권이라 합니다(「채무자 회생 및 파산에 관한 법률」 제446조 제1항).

1. 파산선고 후의 이자

2. 파산선고 후의 불이행으로 인한 손해배상액 및 위약금

3. 파산절차참가비용

4. 벌금·과료·형사소송비용·추징금 및 과태료

5. 기한이 파산선고 후에 도래하는 이자없는 채권의 경우 파산선고가 있은

때부터 그 기한에 이르기까지의 법정이율에의한 원리금의 합계액이 채권액이 될 계산에 의해 산출되는이자의 액에 상당하는 부분

6. 기한이 불확정한 이자없는 채권의 경우 그 채권액과 파산선고 당시의 평가액과의 차액에 상당하는 부분

7. 채권액 및 존속기간이 확정된 정기금채권인 경우 각 정기금에 관해 위 5.의 규정에 준해 산출되는 이자액의 합계액에상당하는 부분과 각 정기금에 관해 위 5.의 규정에 준해 산출되는 원본액의 합계액이 법정이율에 의해 그 정기금에 상당하는 이자가 생길 원본액을 초과하는 경우에는 그 초과액에 상당하는 부분

※ 채무자가 채권자와 파산절차에서 다른 채권보다 후순위로 하기로 정한 채권은 다른 채권보다 후순위로 합니다(「채무자 회생 및 파산에 관한 법률」 제446조 제2항).

5-2.채권자목록의 양식 및 기재례

〈채권자목록 기재례〉

순번	채권자명	처음 또는 구입일자	발생원인	최초 채권액	사용처	보증인	잔존 채권액	
							잔존 원금	잔존 이자 지연손해금
1	OO카드 ㈜	01.01.07~ 05.01.31	②	6,000,000	생활비	김이순	5,234,567	789,456
1-1	김이순	02.05.08	①	6,000,000			미정	미정
2	OO은행 ㈜	02.05.08	①	10,000,000	창업지금		10,000,000	2,456,789
9	최OO	03.06.09	①	5,000,000	병원치료비		5,000,000	1,150,000

※채권의 '발생원인'란에는 아래 해당번호를 기재함 ①금원차용(은행대출, 사채 포함), ②물품 구입(신용카드에 의한 구입 포함), ③보증 (피보증인 기재), ④기타	합계	잔존원금	잔존 이자·지연손해금
	24,630,812	20,234,567	4,396,245

5-3. 첨부서류(부채증명서)

채무자는 채권액 및 원인, 채권자의 성명 및 주소 등이 기재된 자료를 채권자로부터 받아 채권자목록의 첨부서류로 제출합니다(「채무자 회생 및 파산에 관한 법률」 제447조 제1항 및 제448조 제1항 참조).

6. 재산목록 작성

6-1. 파산재단(재산)

① "파산재단"이란 채무자가 파산선고 당시에 가진 모든 재산을 말합니다 (「채무자 회생 및 파산에 관한 법률」 제382조 제1항).

② 채무자가 파산선고 전에 생긴 원인으로 장래에 행사할 청구권은 파산 재단에 속합니다(「채무자 회생 및 파산에 관한 법률」 제382조 제2항).

③ 압류할 수 없는 재산은 파산재단에 속하지 않습니다(「채무자 회생 및 파산에 관한 법률」 제383조 제1항).

6-2. 파산재단에 속하지 않는 재산

① 임대차보증금 중 일부

채무자 또는 그 피부양자의 주거용으로 사용하고 있는 건물의 임차보 증금 중 ㉠ 「주택임대차보호법」에 따라 우선변제를 받을 수 있는 다음 의 금액 또는 ㉡ 그 금액이 주택가격의 2분의 1을 초과하는 경우에는 주택가격의 2분의 1에 해당하는 금액만큼 채무자의 신청으로 파산재단 에서 면제할 수 있습니다(「채무자 회생 및 파산에 관한 법률」 제383조 제2항 제1호, 「채무자 회생 및 파산에 관한 법률 시행령」 제16조 제1 항 및 「주택임대차보호법 시행령」 제10조 제1항).

- 서울특별시 : 5천500만원

- 「수도권정비계획법」에 따른 과밀억제권역(서울특별시는 제외), 세종특별 자치시, 용인시, 화성시 및 김포시 : 4천800만원

- 광역시(과밀억제권역에 포함된 지역과 군지역 제외), 안산시, 광주시, 파 주시, 이천시 및 평택시: 2천800만원

- 그 밖의 지역: 2천500만원

② 6개월간의 생계비

채무자 및 그 피부양자의 생활에 필요한 6개월간의 생계비에 사용할

특정한 재산으로서 1천110만원을 초과하지 않는 부분은 채무자의 신청으로 파산재단에서 면제할 수 있습니다(「채무자 회생 및 파산에 관한 법률」 제383조 제2항 제2호 및 「채무자 회생 및 파산에 관한 법률 시행령」 제16조 제2항).

③ 면제재산결정신청서의 제출
　㉠ 면제재산결정신청은 파산신청일 이후, 파산선고 후 14일 이내에 면제재산목록 및 소명에 필요한 자료를 첨부한 서면으로 해야 합니다(「채무자 회생 및 파산에 관한 법률」 제383조제3항).
　㉡ 법원은 파산선고 전에 면제재산 신청이 있는 경우 파산선고와 동시에, 파산선고 후에 면제재산 신청이 있는 경우에는 신청일부터 14일 이내에 면제 여부 및 그 범위를 결정해야 합니다(「채무자 회생 및 파산에 관한 법률」 제383조제4항).
　㉢ 면제재산 결정이 있는 경우 법원은 채무자 및 알고 있는 채권자에게 그 결정서를 송달해야 합니다(「채무자 회생 및 파산에 관한 법률」 제383조 제5항).

6-3. 재산목록 양식

① 재산목록 요약표

1. 현금	□있음 □없음	6. 매출금	□있음 □없음	11. 지급 불가능 시점의 1년 이전부터 현재까지 재산 처분 여부	□있음 □없음
2. 예금	□있음 □없음	7. 퇴직금	□있음 □없음	12. 최근 2년간 받은 임차보증금	□있음 □없음
3. 보험	□있음 □없음	8. 부동산	□있음 □없음	13. 이혼재산분할	□있음 □없음
4. 임차보증금	□있음 □없음	9. 자동차·오토바이	□있음 □없음		
5. 대여금	□있음 □없음	10. 기타 재산 (주식, 특허권, 귀금속 등)	□있음 □없음	14. 상속재산	□있음 □없음

② 법원은, 채무자가 파산신청을 하면서 파산관재인 선임을 희망하였거나 채무자에게 면제재산을 초과하는 재산이 있음이 밝혀진 경우 특별한 사정이 없는 한 바로 파산선고 여부를 결정해야 합니다[「개인파산 및 면책신청사건의 처리에 관한 예규」(대법원재판예규 제1805호, 2022. 4. 18. 발령, 2022. 9. 1. 시행) 제2조의3].

6-4. 첨부서류(증빙서류)

다음과 같이 재산목록의 기재내용을 증빙할 수 있는 서류를 제출하면 됩니다(위 재산목록 양식 내의 작성 시 유의사항 참조).

① 예금 : 파산신청시의 잔고(정기예금분을 포함)와 최종 금융거래일로부터 과거 1년간의 입출금이 기재된 통장 사본 또는 예금거래내역서(공과금, 통신료, 카드사용, 급여이체 등이 기재된 통장 사본 또는 예금거래내역서를 제출, 가족명의의 계좌로 거래하였다면 그 계좌에 관한 통장 사본 또는 예금거래내역서를 제출)

② 보험 : 생명보험협회에서 발급받은 채무자에 대한 생존자 보험가입내역조회, 그러한 보험가입내역조회에 기재된 생명보험(손해보험, 자동차보험, 운전자보험, 여행자·단체보험, 주말휴일상해보험은 제외)의 해지·실효·유지 여부 및 예상해약환급금 내역을 기재한 각 보험회사 작성의 증명서

③ 임차보증금 : 임대차계약서 사본 등 임차보증금 중 반환예상액을 알 수 있는 자료

④ 부동산 : 부동산등기사항전부증명서, 저당권 등 등기된 담보권에 대하여는 은행 등 담보권자가 작성한 피담보채권의 잔액증명서 등의 증명자료, 경매진행 중일 경우에는 경매절차의 진행상태를 알 수 있는 자료

⑤ 자동차 : 자동차등록원부와 시가 증명자료

⑥ 지급 불가능 시점의 1년 이전부터 현재까지 처분한 1,000만원 이상의 재산(다만, 여러 재산을 처분한 경우 그 합계액이 1,000만 원 이상이면 모두 기재하여야 하고, 부동산은 1,000만 원 미만이라도 기재): 부

동산등기사항전부증명서, 계약서사본, 영수증사본(경매로 처분된 경우에는 배당표 및 사건별수불내역서를 제출).

⑦ 이혼재산: 최근 2년 이내에 이혼을 한 경우, 이혼에 관한 재판서(조정·화해가 성립된 경우에는 그에 대한 조서) 또는 협의이혼의사확인서의 등본을 제출

7. 현재의 생활상황 작성

7-1. 기재내용

현재의 생활상황에는 신청인의 직업, 수입, 가족상황, 주거상황 등에 대해 자세히 기재합니다.

7-2. 현재의 생활상황 양식

현재의 생활상황

1. 현재의 직업【 자영, 고용, 무직 】
업종 또는 직업(   )직장 또는 회사명 (   )
지 위 (   ) 취직시기(년   월)

2. 수입의 상황(이 사건 신청일이 속한 달의 직전 달인   년   월 기준으로 신청인의 월수입 합계   원)
자영수입(원) → 종합소득세 확정신고서(최근 2년분)를 첨부하여 주십시오.
월 급여(원) → 급여증명서(최근 2년분)와 근로소득세 원천징수영수증의 사본을 첨부하여 주십시오.
연 금(원) → 수급증명서를 첨부하여 주십시오.
생활보호(원)→ 수급증명서를 첨부하여 주십시오.
기 타(원)→ 구체적으로 기재하고 수입원을 나타내는 자료를 첨부하여 주십시오.

3. 동거하는 가족의 상황 (월수입 부분은 이 사건 신청일이 속한 달의 직전 달인   년   월 기준)

성명	신청인과의 관계	연령	동거여부	직업	월수입
		세	동거 별거		원
		세	동거 별거		원

		세	동거	별거		원
		세	동거	별거		원
		세	동거	별거		원

4. 주거의 상황

거주를 시작한 시점 (년   월   일)

거주관계 : 아래 ㉠ - ㉫ 중 선택 ( )

㉠ 임대 주택(신청인 이외의 자가 임차한 경우 포함)

㉡ 사택 또는 기숙사

㉢ 신청인 소유의 주택

㉣ 친족 소유의 주택에 무상으로 거주

㉤ 친족 이외의 자 소유의 주택에 무상으로 거주

㉫ 기타 (   )

㉠, ㉡항을 선택한 분에 대하여,

 관리비를 포함한 임대료 (원) 임대보증금 (원)

 연체액 (원)

 신청인 이외의 자가 임차인인 경우 임차인 성명 (   )

 신청인과의 관계 (   )

㉣, ㉤항을 선택한 분에 대하여,

 소유자 성명 (   ) 신청인과의 관계 (   )

 신청인 이외의 자가 소유자이거나 임차인인데 함께 거주하지 않는 경우 그 경위를 기재하십시오.

 (   )

☆ ㉠ 또는 ㉡항을 선택한 분은 임대차계약서 또는 사용허가서 사본을 첨부하여 주시기 바랍니다.

☆ ㉢항을 선택한 분은 부동산등기사항전부증명서를 첨부하여 주십시오.

☆ ㉣ 또는 ㉤항을 선택한 분은 소유자 작성의 거주 증명서를 첨부하여 주십시오.

5. 조세 등 공과금의 납부 상황(체납 조세가 있는 경우 세목 및

미납액을 기재하십시오)
소득세 미납분 (없음 / 있음 - 미납액　　　원)
주민세 미납분 (없음 / 있음 - 미납액　　　원)
재산세 미납분 (없음 / 있음 - 미납액　　　원)
의료보험료 미납분(없음 / 있음 - 미납액　　원)
국민연금 미납분 (없음 / 있음 - 미납액　　원)
자동차세 미납분 (없음 / 있음 - 미납액　　원)
기타 세금 미납분 (없음 / 있음 - 미납액　　원)

7-3. 첨부서류(증빙서류)

첨부서류에는 현재의 생활상황의 기재내용을 증명할 수 있는 서류를 제출하면 됩니다(위 현재의 생활상황 내의 기재내용 참조).

① 수입의 상황 : 종합소득세 확정신고서(최근 2년분), 급여증명서(최근 2년분), 원천징수영수증 등

② 가족·동거인의 상황 : 가족·동거인 중 수입이 있는 사람의 종합소득세 확정신고서 또는 급여명세서 사본

③ 주거상황 : 임대차계약서, 등기부등본, 거주증명확인서

8. 수입 및 지출에 관한 목록 작성

8-1. 기재내용

수입 및 지출에 관한 목록에는 신청인, 신청인의 배우자 등의 수입 및 지출에 관한 내용을 기재합니다.

8-2. 수입 및 지출에 관한 목록 양식

수입 및 지출에 관한 목록

1. 가계수지표(20 . . 월분)(신청일이 속한 달의 직전 달 기준)

수 입		금 액	지 출	금 액
항 목			항 목	
급여 또는 자영 수입	신청인	원	주거비(임대료,관리비 등)	원
	배우자	원	식비(외식비 포함)	원
	기타( )	원	교육비	원
연금	신청인	원	전기·가스·수도료	원
	배우자	원	교통비(차량유지비 포함)	원
	기타( )	원	통신료	원
생활보호		원	의료비	원
기타		원	보험료	원
			기타	원
수입합계		원	지출합계	

2. 채무자의 가용소득(개인회생절차를 신청할 경우 소득에서 생계비를 뺀 나머지 소득)

구분		금액(단위 : 원)						
1	채무자의 월 평균 소득1)							
2	생계비(기준 중위소득의 100분의 602))	1인	2인	3인	4인	5인	6인	
	부양가족 이름, 연령, 관계							
3	채무자의 가용소득 (1 -2)							

1) 최근 1년 동안의 모든 소득을 평균하여 기재하십시오.
2) 본인을 포함한 부양가족(스스로 기준 중위소득의 40% 이상의 소

득을 올리는 사람은 부양가족이 아님)의 수에 해당하는 곳에   표 하
십시오. 한편, 각 가구별 생계비로 기재될 금액은「국민기초생활보장
법」제6조의 규정에 따라 공표된 해당 연도의 기준 중위소득에 100
분의 60을 곱한 금액으로서 매년 변경됩니다. 위 규정에 따라 올바
르게 계산된 금액을 가구별 생계비로 기재하여 주시기 바랍니다.

8-3. 가용소득

"가용소득"이란 채무자의 소득에서 생계비와 같은 금액을 공제한 나머
지 금액을 말합니다(「채무자 회생 및 파산에 관한 법률」제579조 제4호
및「채무자 회생 및 파산에 관한 법률 시행령」제17조).

① 채무자의 소득 : 채무자가 수령하는 근로소득·연금소득·부동산임대소득·
   사업소득·농업소득·임업소득, 그 밖에 합리적으로 예상되는 모든 종류
   의 소득합계금액

② 공제되는 금액

   - 소득세, 주민세 개인분·개인지방소득세, 건강보험료, 국민연금보험료, 고
     용보험료, 산업재해보상보험료

   - 채무자 및 그 피부양자의 인간다운 생활을 유지하기 위해필요한 생계비로
     서, 최저생계비, 채무자 및 그 피부양자의연령, 피부양자의 수, 거주지역,
     물가상황, 그 밖에 필요한사항을 종합적으로 고려해 법원이 정하는 금액

   - 채무자가 영업에 종사하는 경우 그 영업의 경영, 보존 및계속을 위해 필
     요한 비용

8-4. 첨부서류(증빙서류)

다음과 같이 수입 및 지출에 관한 목록의 기재내용을 증빙할 수 있는
서류를 제출하면 됩니다(위 수입 및 지출에 관한 목록 양식 내의 작성 시
유의사항 참조).

- 소득이 있는 경우 : 근로소득세 원천징수영수증 사본, 종합소득세 확정
  신고서 등의 증명서류

9. 신청비용 등

9-1. 인지대

채무자가 신청하는 경우 개인파산·면책 절차 신청서에는 2,000원(파산 1,000원, 면책 1,000원)의 인지를 붙여야 합니다[「민사접수서류에 붙일 인지액 및 그 편철방법 등에 관한 예규」(대법원재판예규 제1692호, 2018. 6. 7. 발령, 2018. 7. 1. 시행) 별표].

9-2. 예납비용

① 개인파산·면책 절차 신청인은 법원이 상당하다고 인정하는 금액을 파산 절차 비용으로 미리 납부해야 합니다(「채무자 회생 및 파산에 관한 법률」 제303조).

② 개인파산사건에서 동시폐지를 하지 아니하는 경우의 예납금은 파산재 단의 규모, 부인권 대상 행위의 존부와 수, 파산절차의 예상 소요기간, 재단수집의 난이도, 채권자의 수 등을 고려하여 정할 수 있습니다[「개 인파산 및 면책신청사건의 처리에 관한 예규」(대법원재판예규 제1805 호, 2022. 4. 18. 발령, 2022. 9. 1. 시행) 제2조의4 본문].

③ 다만, 특별한 사정이 없는 한 500만 원을 넘을 수 없습니다(「개인파산 및 면책신청사건의 처리에 관한 예규」 제2조의4 단서).

④ 송달료
개인파산·면책 절차 신청 시에 예납할 송달료는 다음과 같습니다[「송달 료규칙의 시행에 따른 업무처리요령」(대법원재판예규 제 1859호, 2023. 9. 14. 발령, 2023. 10. 19. 시행) 별표 1].
- 파산단독사건 송달료 : 송달료 10회 + (채권자수 × 4회)
- 면책사건 송달료 : 송달료 10회 + (채권자수 × 3회)

⑤ 공고비용
- 송달에 갈음하는 공고

"송달에 갈음하는 공고"란 송달을 해야 하는 장소를 알기 어렵거나 개인 파산·면책 절차의 진행이 현저하게 지연될 우려가 있는 경우에 송달에 갈음해 할 수 있는 공고방법을 말합니다(「채무자 회생 및 파산에 관한 법률」제10조 제1항 및「채무자 회생 및 파산에 관한 규칙」제7조 제1호).

- 개인파산·면책 절차에서 공고는 법원 홈페이지 법원공고란에 게시하는 방법으로 하므로(「개인파산 및 면책신청사건의처리에 관한 예규」제7조 제2항), 별도의 비용이 들지는 않습니다.

9-3. 신청비용을 납입하지 않는 경우의 처리

법원은 신청인이 절차 비용을 미리 납부하지 않은 경우 개인파산·면책 절차 신청을 기각할 수 있습니다(「채무자 회생 및 파산에 관한 법률」제309조 제1항 제1호 및 제559조 제1항제3호).

10. 관할법원

10-1. 신청서 제출법원

① 보통재판적 소재지

개인파산·면책 절차 신청서는 채무자의 보통재판적 소재지를 관할하는 회생법원에 제출하면 됩니다(「채무자 회생 및 파산에 관한 법률」 제3조 제1항 제1호).

※ 채무자의 "보통재판적"은 채무자의 주소에 따라 정해집니다. 다만, 대한민국에 주소가 없거나 주소를 알 수 없는 경우에는 거소(居所)에 따라 정하고, 거소가 일정하지 않거나 거소도 알 수 없으면 마지막 주소에 따라 정합니다(「민사소송법」 제3조).

② 채무자 재산의 소재지

관할법원이 없는 경우에는 채무자 재산의 소재지(채권의 경우에는 재판상의 청구를 할 수 있는 곳을 그 소재지로 봄)를 관할하는 회생법원에 신청서를 제출하면 됩니다(「채무자 회생 및 파산에 관한 법률」 제3조 제1항 제3호).

③ 채무자의 주된 사무소 또는 영업소의 소재지

파산사건은 채무자의 주된 사무소 또는 영업소의 소재지를 관할하는 고등법원 소재지의 회생법원에 신청할 수 있습니다(「채무자 회생 및 파산에 관한 법률」 제3조 제2항).

④ 관계인의 파산사건 관할 법원

다음 중 어느 하나에 해당하는 관계인이 신청인보다 먼저 파산·면책절차를 신청해 진행되고 있는 경우 신청인은 그 파산·면책 사건이 진행되고 있는 회생법원에 신청할 수 있습니다(「채무자 회생 및 파산에 관한 법률」 제3조 제3항 제3호).

- 주채무자 및 그 보증인
- 채무자 및 그와 함께 동일한 채무를 부담하는 자
- 부부

10-2. 이송

　법원은 현저한 손해 또는 지연을 피하기 위해 필요하다고 인정되는 경우 직권으로 파산사건을 다음 중 어느 하나에 해당하는 회생법원으로 이송할 수 있습니다(「채무자 회생 및 파산에 관한 법률」 제4조).

- 채무자의 다른 영업소 또는 사무소나 채무자 재산의 소재지를 관할하는 회생법원
- 채무자의 주소 또는 거소를 관할하는 회생법원
- 관계인의 파산사건의 관할 법원인 회생법원
- 관계인의 파산사건이 진행 중인 경우 신청인의 보통재판적소재지나 채무자 재산의 소재지를 관할하는 회생법원

Part 4. 개인파산 선고

1. 파산선고와 그 효력

1-1. 파산선고

① 채무자가 지급을 할 수 없는 경우 법원은 신청에 따라 결정으로 파산을 선고합니다(「채무자 회생 및 파산에 관한 법률」 제305조 제1항).

② 파산결정서에는 파산선고의 연·월·일·시를 기재해야 합니다(「채무자 회생 및 파산에 관한 법률」 제310조).

1-2. 파산선고기간

법원은 특별한 사정이 없는 한 파산신청일부터 30일 이내에 파산선고 여부를 결정해야 합니다[「개인파산 및 면책신청사건의 처리에 관한 예규」(대법원재판예규 제1805호, 2022. 4. 18. 발령, 2022. 9. 1. 시행) 제3조제1항].

1-3. 파산선고 시 규정사항

① 법원은 파산선고와 동시에 파산관재인을 선임하고 다음의 사항을 정해야 합니다(「채무자 회생 및 파산에 관한 법률」 제312조 제1항).
   - 채권신고의 기간(파산선고를 한 날부터 2주 이상 3개월 이하)
   - 제1회 채권자집회의 기일(파산선고를 한 날부터 4개월 이내)
   - 채권조사의 기일(채권신고기간의 말일과의 사이에 1주 이상1개월 이하의 기간 존재)

② 법원은 제1회 채권자집회일과 채권조사기일을 병합해 지정할 수 있습니다(「채무자 회생 및 파산에 관한 법률」 제312조제2항).

1-4. 효력발생시기

파산은 선고를 한 때부터 그 효력이 생깁니다(「채무자 회생 및 파산에 관한 법률」 제311조).

1-5. 효력

① 채무자의 파산선고 후의 법률행위

　㉠ 파산선고를 받은 채무자가 파산선고 후 파산재단에 속하는 재산에 관해
　　한 법률행위는 파산채권자에게 대항할 수 없습니다(「채무자 회생 및 파
　　산에 관한 법률」 제329조 제1항).

　㉡ 채무자가 파산선고일에 한 법률행위는 파산선고 후에 한 것으로 추정합
　　니다(「채무자 회생 및 파산에 관한 법률」 제329조 제2항).

② 파산선고 후의 권리취득

　㉠ 파산선고 후에 파산재단에 속하는 재산에 관해 채무자가 법률행위에 따
　　르지 않고 권리를 취득한 경우 그 취득은 파산채권자에게 대항할 수 없
　　습니다(「채무자 회생 및 파산에 관한 법률」 제330조 제1항).

　㉡ 채무자가 파산선고일에 한 취득은 파산선고 후에 한 것으로 추정합니다
　　(「채무자 회생 및 파산에 관한 법률」 제330조 제2항).

③ 파산선고 후의 등기·등록 등

　㉠ 부동산 또는 선박에 관해 파산선고 전에 생긴 채무의 이행으로서 파산
　　선고 후에 한 등기 또는 가등기는 파산채권자에게 대항할 수 없습니다
　　(「채무자 회생 및 파산에 관한 법률」 제331조 제1항 본문).

　㉡ 다만, 등기권리자가 파산선고 사실을 알지 못하고 한 등기는 그렇지 않
　　습니다(「채무자 회생 및 파산에 관한 법률」 제331조 제1항 단서).

　㉢ 등기권리자가 등기를 한 경우 파산선고의 공고 전에는 등기권리자가 그
　　사실을 알지 못한 것으로 추정하고, 공고 후에는 그 사실을 안 것으로
　　추정합니다(「채무자 회생 및 파산에 관한 법률」 제334조).

④ 파산선고 후 채무자에 대한 변제(辨濟)

　㉠ 파산선고 후에 그 사실을 알지 못하고 파산자의 채무자가 한 변제는 파
　　산채권자에게 대항할 수 있습니다(「채무자 회생 및 파산에 관한 법률」
　　제332조 제1항).

ⓛ 파산자의 채무자가 한 변제는 파산재단이 받은 이익의 한도 안에서만 파산채권자에게 대항할 수 있습니다(「채무자 회생 및 파산에 관한 법률」 제332조 제2항).

ⓒ 파산자의 채무자가 파산자에게 변제를 한 경우 파산선고의 공고 전에는 파산자의 채무자가 그 사실을 알지 못한 것으로 추정하고, 공고 후에는 그 사실을 안 것으로 추정합니다(「채무자 회생 및 파산에 관한 법률」 제334조).

⑤ 임대차계약

ⓐ 임대인이 파산선고를 받은 경우 차임의 선급 또는 차임채권의 처분은 파산선고 시의 당기(當期) 및 차기(次期)에 관한 것을 제외하고는 파산채권자에게 대항할 수 없습니다(「채무자 회생 및 파산에 관한 법률」 제340조 제1항).

ⓑ 파산채권자에게 대항할 수 없어 손해를 받은 사람은 그 손해배상에 관해 파산채권자로서 권리를 행사할 수 있습니다(「채무자 회생 및 파산에 관한 법률」 제340조 제2항).

ⓒ 임대인이 파산선고를 받았으나 임차인이 다음과 같은 대항요건을 갖춘 경우에는 임대차계약을 해제 또는 해지하지 못합니다(「채무자 회생 및 파산에 관한 법률」 제340조 제4항).

- 임차인이 주택의 인도를 받고 주민등록을 마친 경우(「주택임대차보호법」 제3조 제1항)
- 임차인이 건물을 인도받고 사업자등록을 신청한 경우(「상가건물 임대차보호법」 제3조)

⑥ 강제집행 및 보전처분에 대한 효력

ⓐ 파산채권에 기해 파산재단에 속하는 재산에 행해진 강제집행·가압류 또는 가처분은 파산재단에 대해서는 그 효력을 잃습니다(「채무자 회생 및 파산에 관한 법률」 제348조 제1항 본문).

ⓑ 다만, 파산관재인은 파산재단을 위해 강제집행절차를 속행할 수 있습니다(「채무자 회생 및 파산에 관한 법률」 제348조제1항 단서).

⑦ 체납처분에 대한 효력

㉠ 파산선고 전에 파산재단에 속하는 재산에 「국세징수법」 또는 「지방세징수법」에 기해 체납처분을 한 경우 파산선고를 받았다 하더라도 체납처분은 계속됩니다(「채무자 회생 및 파산에 관한 법률」 제349조 제1항).

㉡ 파산선고 후에는 파산재단에 속하는 재산에 「국세징수법」 또는 「지방세징수법」에 기한 체납처분을 할 수 없습니다(「채무자 회생 및 파산에 관한 법률」 제349조 제2항).

2. 파산신청의 기각사유

① 법원은 다음 중 어느 하나에 해당하는 경우 파산신청을 기각할 수 있습니다(「채무자 회생 및 파산에 관한 법률」 제309조제1항).

- 신청인이 절차비용을 미리 납부하지 않은 경우

- 법원에 회생절차 또는 개인회생절차가 계속되어 있고 그절차에 의함이 채권자 일반의 이익에 부합하는 경우

- 채무자에게 파산원인이 존재하지 않은 경우

- 신청인이 소재불명인 경우

- 그 밖에 신청이 성실하지 않은 경우

② 법원은 채무자에게 파산원인이 존재하더라도 파산신청이 파산절차의 남용에 해당한다고 인정되는 경우에는 심문을 거쳐 파산신청을 기각할 수 있습니다(「채무자 회생 및 파산에 관한 법률」 제309조 제2항).

3. 동시폐지결정

3-1. 의미

법원은 파산재단으로 파산절차의 비용을 충당하기에 부족하다고 인정되는 때에는 파산선고와 동시에 파산폐지의 결정을 해야 합니다(「채무자 회생 및 파산에 관한 법률」 제317조 제1항).

■ "동시폐지"의 의미

Q. 파산선고결정문을 받았는데 "동시폐지한다"는 문구가 써 있습니다. 파산을 동시폐지한다는 말이 제가 파산이 되지 않는다는 말인가요?

A. 아닙니다. "파산절차를 동시폐지한다"는 말은 파산선고로 인한 여러 불이익을 받지 않고 바로 면책절차로 넘어간다는 말입니다.

개인파산의 경우, 채무자에게 배당의 재원(財源)이 될 만한재산이 거의 남아있지 않아 이를 금전으로 환가(換價)해도 파산절차의 비용에도 충당할 수 없고 또한 부인권 대상 행위(채권자를 해하는 것을 알고 한 재산 처분 등)도 없는 경우에는 파산관재인의 선임, 배당 등의 절차를 진행하지 않고, 파산선고와 동시에 파산절차를 종결하는 동시폐지결정을 합니다.

배당할 재산이 남아 있거나 부인권 대상 행위가 있으면 채무자에게 절차비용을 예납하게 한 후 파산관재인 선임 등의 절차를 진행합니다.

동시폐지결정이 내려지면 파산절차는 끝나게 되고, 다음 단계인 면책절차로 넘어가게 됩니다(개인파산 및 면책동시신청 안내문, 대법원 전자민원센터).

3-2. 통지

3-2-1. 공고

① 법원은 파산선고를 한 경우 즉시 다음의 사항을 공고해야 합니다(「채무자 회생 및 파산에 관한 법률」 제313조 제1항).

- 파산결정의 주문

- 파산관재인의 성명 및 주소 또는 사무소

- 채권신고기간, 제1회 채권자집회기일, 채권조사 기일

- 파산선고를 받은 채무자의 채무자와 파산재단에 속하는 재산의 소유자는 파산선고를 받은 채무자에게 변제를 하거나그 재산을 교부해서는 안 된다는 뜻의 명령

- 파산선고를 받은 채무자의 채무자와 파산재단에 속하는 재산의 소유자는 다음 사항을 일정한 기간 안에 파산관재인에게 신고해야 한다는 뜻의 명령

  √ 채무를 부담하고 있다는 것

  √ 재산을 소지하고 있다는 것

  √ 소지자가 별제권을 가지고 있는 경우 그 채권을 가지고있다는 것

② 파산선고를 받은 채무자의 채무자와 파산재단에 속하는 재산의 소유자가 위의 신고를 게을리한 경우 이로 인해 파산재단에 생긴 손해를 배상해야 합니다(「채무자 회생 및 파산에 관한 법률」 제313조 제4항).

3-2-2. 송달

법원은 알고 있는 채권자·채무자 및 재산소지자에게 위의 공고사항을 기재한 서면을 송달해야 합니다(「채무자 회생 및 파산에 관한 법률」 제313조 제2항).

3-2-3. 등록기준지 통보

① 파산선고가 확정되면 법원은 개인인 채무자의 신원증명업무 관장자인 등록기준지 시(구가 설치된 시에 있어서는 구)·읍·면의 장에게 그 사실을 통보해야 합니다[「개인파산 및 면책신청사건의 처리에 관한 예규」 대법원재판예규 제1805호, 2022. 4. 18. 발령, 2022. 9. 1. 시행) 제6조 제1항 제1호 본문].

② 다만, 채무자가 파산·면책 동시신청을 하거나 면책신청을 한 것으로 보

는 경우에는 그 면책신청이 각하·기각되거나 면책불허가결정이 내려지거나 면책취소의 결정이 확정된 때에 한해 통보합니다(「개인파산 및 면책신청사건의 처리에 관한 예규」 제6조 제1항 제1호 단서).

3-3. 위반 시 제재

3-3-1. 사기파산죄

채무자가 파산선고의 전후를 불문하고 자기 또는 타인의 이익을 도모하거나 채권자를 해할 목적으로 다음 중 어느 하나에 해당하는 행위를 하고, 그 파산선고가 확정된 경우에는 10년 이하의 징역 또는 1억원 이하의 벌금에 처해 집니다(「채무자 회생 및 파산에 관한 법률」 제650조 제1항).
- 파산재단에 속하는 재산을 은닉 또는 손괴하거나 채권자에게 불이익하게 처분을 하는 행위
- 파산재단의 부담을 허위로 증가시키는 행위
- 법률 규정에 의해 작성해야 하는 상업장부를 작성하지 않거나, 그 상업장부에 재산현황을 알 수 있는 정도의 기재를하지 않거나, 부실한 기재를 하거나, 그 상업장부를 은닉 또는 손괴하는 행위
- 파산선고 후 파산관재인이 채무자의 재산에 관한 장부를폐쇄하기로 하고 법원사무관등이 폐쇄한 장부에 변경을 가하거나 이를 은닉 또는 손괴하는 행위

3-3-2. 과태파산죄(過怠破産罪)

채무자가 파산선고의 전후를 불문하고 다음 중 어느 하나에 해당하는 행위를 하고, 그 파산선고가 확정된 경우 그 채무자는 5년 이하의 징역 또는 5천만원 이하의 벌금에 처해 집니다(「채무자 회생 및 파산에 관한 법률」 제651조 제1항).
- 파산선고를 지연시킬 목적으로 신용거래로 상품을 구입해현저히 불이익한 조건으로 이를 처분하는 행위
- 파산의 원인인 사실이 있음을 알면서 어느 채권자에게 특별한 이익을

줄 목적으로 한 담보의 제공이나 채무의 소멸에관한 행위로서 채무자의 의무에 속하지 않거나 그 방법 또는시기가 채무자의 의무에 속하지 않는 행위

- 법률 규정에 의해 작성해야 하는 상업장부를 작성하지 않거나, 그 상업장부에 재산현황을 알 수 있는 정도의 기재를하지 않거나, 부실한 기재를 하거나, 그 상업장부를 은닉 또는 손괴하는 행위

- 파산선고 후 파산관재인이 채무자의 재산에 관한 장부를폐쇄하기로 하고 법원사무관등이 폐쇄한 장부에 변경을 가하거나 이를 은닉 또는 손괴하는 행위

4. 파산관재인 선임

4-1. 파산관재인 개념

"파산관재인"이란 파산재단에 속하는 재산을 관리하고, 파산절차에 따른 업무를 수행하는 자로서 법원에 의해 임명되는 사람을 말합니다. 파산관재인은 법원에 의해 파산선고와 동시에 선임되며, 법원의 감독을 받습니다.

4-2. 파산관재인의 직무

① 채권자협의회에 자료제공

파산관재인은 법원에 대한 보고서류 중 법원이 지정하는 주요서류를 채권자협의회에 분기별로 제출해야 합니다(「채무자 회생 및 파산에 관한 법률」 제22조 제2항).

② 채무자명의의 재산조회 신청

파산관재인은 채무자명의의 재산에 관한 조회를 법원에 신청할 수 있습니다(「채무자 회생 및 파산에 관한 법률」 제29조 제1항).

③ 채권자집회 소집 신청

파산관재인은 법원에 채권자집회의 소집을 신청할 수 있습니다(「채무자 회생 및 파산에 관한 법률」 제367조).

④ 채권자집회의 결의집행 금지 신청

채권자집회의 결의가 파산채권자 일반의 이익에 반하는 경우 파산관재인은 법원에 그 결의의 집행을 금지할 것을 신청할 수 있습니다(「채무자 회생 및 파산에 관한 법률」 제375조 제1항).

⑤ 파산재단의 점유·관리 및 처분

파산관재인은 취임 후 즉시 파산재단에 속하는 재산의 점유 및 관리에 착수해야 합니다(「채무자 회생 및 파산에 관한 법률」 제479조).

⑥ 재산가액의 평가

파산관재인은 지체 없이 파산재단에 속하는 모든 재산의 파산선고 당시의 가액을 평가해야 합니다(「채무자 회생 및 파산에 관한 법률」 제482조).

⑦ 파산경과의 보고

파산관재인은 파산선고에 이르게 된 사정과 채무자 및 파산재단에 관한 경과 및 현상에 관해 제1회 채권자집회에서 보고를 해야 합니다(「채무자 회생 및 파산에 관한 법률」 제488조).

⑧ 배당

파산관재인은 법원의 허가를 받아 배당을 합니다(「채무자 회생 및 파산에 관한 법률」 제506조).

⑨ 재단채권의 변제 및 공탁

파산폐지결정이 확정된 경우 파산관재인은 재단채권에 대해 변제를 해야 하고, 이의가 있는 것에 관해서는 채권자를 위해 공탁을 해야 합니다(「채무자 회생 및 파산에 관한 법률」 제547조).

4-3. 파산관재인의 의무

파산관재인은 선량한 관리자의 주의로써 그 직무를 행해야 합니다(「채무자 회생 및 파산에 관한 법률」 제361조 제1항).

4-4. 위반 시 제재

① 선량한 관리자의 주의의무 위반 시

파산관재인이 직무를 행할 때 선량한 관리자의 주의를 게을리한 경우 이해관계인에게 손해를 배상할 책임이 있고, 이 경우 주의를 게을리한 파산관재인이 여럿 있는 경우에는 연대해 손해를 배상할 책임이 있습니다(「채무자 회생 및 파산에 관한 법률」 제361조 제2항).

② 무허가행위 등의 죄

파산관재인이 법원의 허가를 받아야 하는 행위를 허가를 받지 않고 행한 경우 3년 이하의 징역 또는 3천만원 이하의 벌금에 처해 집니다(「채무자 회생 및 파산에 관한 법률」 제648조제1항).

③ 보고와 검사거절의 죄

파산관재인이 정당한 사유 없이 채권자협의회에 제출해야 하는 자료의 제공을 거부·기피 또는 방해하거나 허위의 자료를 제공한 경우 1년 이하의 징역 또는 1천만원 이하의 벌금에 처해 집니다(「채무자 회생 및 파산에 관한 법률」 제649조 제1호).

④ 파산수뢰죄

파산관재인이 그 직무에 관해 뇌물을 수수·요구 또는 약속한 경우 5년 이하의 징역 또는 5천만원 이하의 벌금에 처해 집니다(「채무자 회생 및 파산에 관한 법률」 제655조 제1항).

⑤ 파산증뢰죄

파산관재인에게 뇌물을 약속 또는 공여하거나 공여의 의사를 표시한 자는 3년 이하의 징역 또는 3천만원 이하의 벌금에 처해 집니다(「채무자 회생 및 파산에 관한 법률」 제656조 제1호).

Part 5. 면책결정 및 복권

1. 면책심리 및 결정

1-1. 면책심리

1-1-1. 면책심문기일 또는 이의기간

법원은 특별한 사정이 없는 한 면책신청일(파산신청과 동시에 면책신청을 한 경우에는 파산선고일)부터 60일 이내의 날짜로 면책심문기일 또는 면책신청에 대한 이의기간을 지정해야 합니다[「개인파산 및 면책신청사건의 처리에 관한 예규」(대법원재판예규 제1729호, 2019. 12. 24. 발령, 2020. 1. 20. 시행) 제3조 제2항].

1-1-2. 면책처리기간

법원은 면책신청에 대한 이의신청기간이 종료되면 다음에 해당하는 경우를 제외하고 14일 이내에 면책허가 여부를 결정해야 합니다(「개인파산 및 면책신청사건의 처리에 관한 예규」 제4조).

- 면책신청에 대한 이의신청이 있는 경우
- 파산이 취소된 경우
- 채무자가 절차비용을 예납하지 않은 경우
- 채무자에게 면책불허가 사유가 있음이 명백한 경우
- 그 밖에 특별한 사정이 있는 경우

1-1-3. 면책심리기간 동안의 효력

① 강제집행정지
　㉠ 면책신청이 있는 경우 면책신청에 관한 재판이 확정될 때까지 채무자의 재산에 대해 파산채권에 기한 강제집행·가압류 또는 가처분을 할 수 없습니다(「채무자 회생 및 파산에 관한 법률」 제557조 제1항).
　㉡ 면책신청에 관한 재판이 확정될 때까지 채무자의 재산에 대해 파산선고

전에 이미 행해지고 있던 강제집행·가압류 또는 가처분은 중지됩니다 (「채무자 회생 및 파산에 관한 법률」 제557조 제1항).

② 면책결정이 확정되면 중지한 절차는 그 효력을 잃습니다(「채무자 회생 및 파산에 관한 법률」 제557조제2항).

1-1-4. 채무자의 심문

① 면책신청자에 대해 파산선고가 있는 경우 법원은 기일을 정해 채무자를 심문할 수 있습니다(「채무자 회생 및 파산에 관한 법률」 제558조 제1항).

② 면책심문기일

법원은 면책심문기일을 정하는 결정을 한 경우 이를 공고하고, 파산관재인과 면책의 효력을 받을 파산채권자로서 법원이 알고 있는 파산채권자에게 송달해야 합니다(「채무자 회생 및 파산에 관한 법률」 제558조 제2항).

③ 면책심문기일은 채권자집회 또는 채권조사의 기일과 병합할 수 있습니다(「채무자 회생 및 파산에 관한 법률」 제558조제5항).

1-1-5. 채권자의 이의신청

① 검사·파산관재인 또는 면책의 효력을 받을 파산채권자는 면책심문기일부터 30일(심문기일을 정하지 않은 경우에는 법원이 정하는 날) 이내에 면책신청에 관해 법원에 이의를 신청할 수 있습니다(「채무자 회생 및 파산에 관한 법률」 제562조제1항 본문).

② 다만, 법원은 상당한 이유가 있는 경우에는 신청에 의해 그 기간을 늘일 수 있습니다(「채무자 회생 및 파산에 관한 법률」 제562조 제1항 단서).

③ 이의신청을 하는 경우에는 면책불허가사유를 소명해야 합니다(「채무자 회생 및 파산에 관한 법률」 제562조제2항).

1-2. 면책불허가 사유

법원은 다음 중 어느 하나에 해당하는 경우를 제외하고는 면책을 허가해야 합니다(「채무자 회생 및 파산에 관한 법률」 제564조 제1항).

- 채무자가 사기파산죄(제650조)·과태파산죄(제651조)·구인불응죄(제653조)·파산증뢰죄(제656조) 또는 설명의무위반죄(제658조)에 해당하는 행위를 했다고 인정되는 경우
- 채무자가 파산선고 전 1년 이내에 파산의 원인인 사실이있음에도 불구하고 그 사실이 없는 것으로 믿게 하기 위해그 사실을 속이거나 감추고 신용거래로 재산을 취득한 사실이 있는 경우
- 채무자가 허위의 채권자목록 그 밖의 신청서류를 제출하거나 법원에 그 재산상태에 관해 허위진술을 한 경우
- 채무자가 파산면책신청 전에 면책을 받은 경험이 있는 경우 면책허가결정의 확정일부터 7년이 경과되지 않은 경우
- 채무자가 개인회생절차의 면책을 받은 경험이 있는 경우면책확정일부터 5년이 경과되지 않은 경우
- 채무자가 「채무자 회생 및 파산에 관한 법률」에서 정하는채무자의 의무를 위반한 경우
- 채무자가 과다한 낭비·도박 그 밖의 사행행위를 해서 현저히 재산을 감소시키거나 과대한 채무를 부담한 사실이 있는경우

■ "낭비"의 의미

Q. 낭비로 빚이 늘어난 경우에는 파산신청을 해도 면책을 받을 수 없다고 하는데 어떤 것이 낭비인가요? ⟩

A. 면책불허가사유의 하나인 '낭비'란 해당 채무자의 사회적 지위, 직업, 영업상태, 생활수준, 수지상황, 자산상태 등에 비추어 사회통념을 벗어나는 과다한 소비적 지출행위를 말하고, 채무자의 어떠한 지출행위가 '낭비'에 해당한다고 보기 위해서는 그것이 형사처벌의 대상이 될 수 있음을 감안해 보다 신중한 판단을 요합니다.

1-3. 면책허가결정

법원은 면책불허가 사유가 있지 않는 한 면책을 허가해야 하고, 면책허가결정을 한 경우에는 그 주문과 이유의 요지를 공고해야 합니다. 이 경우 송달은 하지 않을 수 있습니다(「채무자 회생 및 파산에 관한 법률」제564조 제1항 및 제3항).

2. 면책의 효력

2-1. 효력발생시기

면책결정은 확정된 후에 그 효력이 발생합니다(「채무자 회생 및 파산에 관한 법률」 제565조).

2-2. 효력

① 채무에 대한 책임면제

면책을 받은 채무자는 파산절차에 의한 배당을 제외하고는 파산채권자에 대한 채무의 전부에 관해 그 책임이 면제됩니다(「채무자 회생 및 파산에 관한 법률」 제566조 본문). 다만, 다음 청구권에 대해서는 책임이 면제되지 않습니다(「채무자 회생 및 파산에 관한 법률」 제566조 단서).

- 조세

- 벌금·과료·형사소송비용·추징금 및 과태료

- 채무자가 고의로 가한 불법행위로 인한 손해배상

- 채무자가 중대한 과실로 타인의 생명 또는 신체를 침해한불법행위로 인해 발생한 손해배상

- 채무자의 근로자의 임금·퇴직금 및 재해보상금

- 채무자의 근로자의 임치금 및 신원보증금

- 채무자가 악의로 채권자목록에 기재하지 않은 청구권(단,채권자가 파산선고가 있음을 안 경우 제외)

- 채무자가 양육자 또는 부양의무자로서 부담해야 하는 비용

② 한국신용정보원의 장에 대한 통보

㉠ 법원은 면책결정이 확정된 경우 한국신용정보원의 장에게 다음 사항을 통보해야 합니다[「개인파산 및 면책신청사건의 처리에 관한 예규」(대법원재판예규 제1805호, 2022. 4. 18. 발령, 2022. 9. 1. 시행) 제5조 제1항 제1호].

- 사건번호, 채무자의 성명, 주민등록번호, 면책결정일, 면책결정 확정일

ⓒ 위 통보는 전자통신매체를 이용하여 할 수 있습니다(「개인파산 및 면책 신청사건의 처리에 관한 예규」 제5조제2항).

③ 보증인에 대한 효과

면책은 파산채권자가 채무자의 보증인 그 밖에 채무자와 더불어 채무를 부담하는 자에 대해 가지는 권리와 파산채권자를 위해 제공한 담보에 영향을 미치지 않으므로(「채무자 회생 및 파산에 관한 법률」 제567조), 보증인은 자신의 보증채무를 변제해야 합니다.

■ 면책 후 누락된 채권을 발견한 경우

Q. 파산신청을 해서 면책을 받았습니다. 얼마 후 누락된 채권이 있는 것을 발견했는데 어떻게 해야 하나요? 〉

A. 면책을 받은 채무자는 파산채권자에 대한 채무의 전부에 관해 그 책임이 면제되므로, 파산·면책 신청 시 알지 못하여 채권자목록에 기재하지 못한 누락된 채권이 있다하더라도 그 채권에 대해서도 면책의 효력을 주장할 수 있습니다.

---

3. 면책의 취소

3-1. 면책의 취소

① 법원은 다음과 같은 경우 면책취소결정을 할 수 있습니다(「채무자 회생 및 파산에 관한 법률」 제569조제1항).

 - 채무자가 사기파산으로 유죄의 확정판결을 받은 경우(파산채권자의 신청 이나 직권으로 면책취소결정을 함)

 - 채무자가 부정한 방법으로 면책을 받은 경우(파산채권자가면책 후 1년 이내에 면책취소신청을 한 경우)

② 법원은 면책취소에 대한 재판을 하기 전에 채무자 및 신청인의 의견을 들어야 합니다(「채무자 회생 및 파산에 관한 법률」 제570조).

3-2. 면책취소결정의 효력발생시기

면책취소결정은 확정된 후부터 그 효력이 발생합니다(「채무자 회생 및 파산에 관한 법률」 제571조).

3-3. 면책취소의 효력

① 신채권자의 우선권

면책의 취소가 있은 경우 면책 후 취소에 이르기까지의 사이에 생긴 원인으로 채권을 가지게 된 자는 다른 채권자에 우선해 변제를 받을 권리를 가집니다(「채무자 회생 및 파산에 관한 법률」 제572조).

② 전국은행연합회 통보

 ㉠ 법원은 면책취소결정이 확정된 경우 전국은행연합회장에게 다음 사항을 통보해야 합니다(「개인파산 및 면책신청사건의 처리에 관한 예규」 제5조 제1항 제2호).

 - 사건번호, 채무자의 성명, 주민등록번호, 면책취소결정일, 면책취소결정 1확정일

ㄴ 전국은행연합회에 대한 통보는 전자통신매체를 이용할 수 있습니다(「개
   인파산 및 면책신청사건의 처리에 관한 예규」 제5조 제2항).

③ 등록기준지 통보
   ㄱ 법원은 면책취소결정이 확정된 경우 개인인 채무자의 신원증명업무 관
     장자인 등록기준지 시(구가 설치된 시에 있어서는 구)·읍·면의 장에게
     그 사실을 통보해야 합니다[「개인파산 및 면책신청사건의 처리에 관한
     예규」 제6조 제1항 제4호].
   ㄴ 등록기준지에 대한 통보는 전자통신매체를 이용할 수 있습니다(「개인파
     산 및 면책신청사건의 처리에 관한 예규」 제6조제2항).

4. 복권(復權)

4-1. 개념

① 면책결정이 확정되거나 ② 면책이 불허된 경우(일부면책 포함)라도 채무자가 변제 그 밖의 방법으로 파산채권자에 대한 채무를 면한 경우 파산선고를 받기 전과 같은 상태로 돌아가는 것을 말합니다.

4-2. 복권되는 방법

① 당연복권

파산선고를 받은 채무자는 다음 중 어느 하나에 해당하는 경우 복권됩니다(「채무자 회생 및 파산에 관한 법률」 제574조 제1항).

- 면책결정이 확정된 경우

- 채무자가 파산채권자의 동의를 받아 파산폐지신청을 해서(「채무자 회생 및 파산에 관한 법률」 제538조) 파산폐지결정이 확정된 경우

- 파산선고를 받은 채무자가 파산선고 후 사기파산죄로 유죄확정판결을 받음이 없이 10년이 경과한 경우

② 신청에 의한 복권

㉠ 파산선고를 받은 채무자가 당연복권이 되는 요건을 갖추지 못해 변제 그 밖의 방법으로 파산채권자에 대한 채무의 전부에 관해 그 책임을 면한 경우 파산계속법원은 파산선고를 받은 채무자의 신청에 의해 복권결정을 해야 합니다(「채무자 회생 및 파산에 관한 법률」 제575조 제1항).

㉡ 당연복권의 요건을 갖추지 못한 파산선고를 받은 채무자가 복권신청을 하는 경우 그 책임을 면한 사실을 증명할 수 있는 서면을 제출해야 합니다(「채무자 회생 및 파산에 관한 법률」 제575조 제2항).

③ 복권신청의 공고

법원은 복권의 신청이 있는 경우 그 뜻을 공고하고, 이해관계인이 열람할 수 있도록 그 신청에 관한 서류를 법원에 비치해야 합니다(「채무자 회생 및 파산에 관한 법률」 제576조).

④ 복권신청에 관한 이의
　　㉠ 파산채권자는 복권신청의 공고가 있은 날부터 3개월 이내에 복권의 신
　　　청에 관해 법원에 이의를 신청할 수 있습니다(「채무자 회생 및 파산에
　　　관한 법률」 제577조 제1항).
　　㉡ 파산채권자의 이의신청이 있는 경우 법원은 파산선고를 받은 채무자와
　　　이의를 신청한 파산채권자의 의견을 들어야 합니다(「채무자 회생 및 파
　　　산에 관한 법률」 제577조 제2항).

4-3. 복권의 효력

① 효력
　복권이 되면 파산선고를 받기 전과 같은 상태로 돌아가며, 파산선고로
　인한 공·사법(公·私法)상의 불이익이 없어집니다.

② 효력발생시기
　복권결정은 확정된 후부터 그 효력이 발생합니다(「채무자 회생 및 파산
　에 관한 법률」 제578조).

Part 6. 개인파산 및 면책에 대한 상담사례

■ 파산의 의의와 절차는 어떻게 되나요?

[질문]

파산을 신청할 경우 현재 본인이 부담하고 있는 모든 빚을 쉽게 탕감 받을 수 있다고 하는데 파산이라는 제도는 무엇이고 또한 어떤 절차로 진행이 되며, 과연 모든 빚을 손쉽게 탕감 받을 수 있는 것인지요?

[답변]

파산이란 채무자의 채무가 재산을 초과하거나, 채무자가 채무를 장래에 일반적·계속적으로 변제할 수 없는 경우, 채무자의 총재산을 모든 채권자에게 공평하게 변제할 것을 목적으로 하는 사법절차를 말하며, 그 중 채무자가 법인 아닌 개인인 파산사건을 일반적으로 개인파산이라고 합니다.

개인파산은 비영업자가 소비활동의 일환으로 변제능력을 초과하여 물품 등을 구입한 결과 자신의 모든 재산으로도 채무를 완제할 수 없어 이를 해결하고자 스스로 파산을 신청하는 '소비자파산'과, 개인사업자가 영업활동을 통하여 채무를 부담하고 파탄에 이르러 파산을 신청하는 '영업자파산'을 모두 포함합니다.

파산절차는 채무자의 총재산을 환가하여 이를 채권자들에게 평등하게 분배하는 것을 본래적인 목적으로 하는 청산절차이나, 개인파산의 경우 총재산을 환가하여 분배하는 절차비용을 충당할 재산이 없는 경우가 대부분이며, 법인과 달리 개인의 경우 파산이 종결 또는 폐지된다고 하여도 여전히 사회경제의 주체로서 금융 및 소비생활을 계속하게 되므로 '성실하나 불운한' 채무자를 구제하여 갱생을 도모하는 제도가 필요하게 되는데 이러한 제도가 바로 면책제도입니다. 결국 파산제도는 청산절차로서의 파산과 채무를 변제할 책임을 소멸케하는 면책이라는 두가지 절차로 구성되어 있으며, 일반적으로 파산절차 보다는 면책절차에 채무자들의 실질적인 관심이 있다고 할 것입니다.

그러나 채무가 많다고 하여 모두 파산을 신청하여 면책을 받을 수 있는 것은 아닙니다. 파산의 경우 파산원인으로서 지급불능 즉, 채무자의 연령, 직업, 기술, 건강, 재산 및 부채의 규모 등을 종합적으로 고려하여 채무자의 재산, 노동력, 신용으로 채무를 변제할 수 없음이 일반적·계속적으로 불가능하다고 판단되어야하고, 일반적으로 소액의 채무가 있는 경우 지급불능으로 평가될 수 없어 파산 자체가 불가능할 수 있습니다. 또한 면책의 경우 낭비, 재산은닉 등 「채무자 회생 및 파산에 관한 법률」에 정한 일정한 면책불허가사유가 없어야 면책허가결정을 받을 수 있으며, 이미 개인파산절차에서 면책을 받은 사실이 있다면 그 면책결정 확정일로부터 7년이 경과하지 않으면 면책 받을 수 없습니다(같은 법 제564조 제1항 제4호). 또한 면책결정이 된다 하더라도 면책의 효력을 부여하는 것이 부적당한 채권에 대하여는 면책에서 제외하고 있습니다(같은 법 제566조 단서). 따라서 단순히 현재 갚을 능력이 없다는 사유만으로 무조건 모든 빚을 탕감받을 수 있는 것은 아니라고 할 것입니다.

■ 개인파산, 개인회생, 개인워크아웃 제도는 서로 어떻게 다른가요?

[질문]

저는 중학생 자녀 한명과 배우자(가정주부)를 두고 있는 50대 남자 회사원으로서, 금융권에 부채가 8,000만원 정도 되며 친지 및 사채업자에게 진 부채가 약 1,500만원 정도 있습니다. 급여는 약 150만원 정도이며 현재 다니고 있는 회사가 폐업할 예정이어서 다른 직장을 알아보고 있는데, 대부분의 회사의 급여가 현재 회사의 급여에 미치지 못하는 실정입니다. 이곳저곳 문의해보니 파산을 권하는 사람이 있는 반면에 저의 경우 개인회생이나 개인워크아웃을 해야 한다는 사람도 있습니다. 저는 어떤 제도를 이용해야 하는지요?

[답변]

현재 시행되고 있는 신용회복제도는 크게 개인파산, 개인회생, 개인워크아웃이 있습니다. 위 각 제도는 다음과 같은 구체적인 점에서 차이가 있습니다.

① 제도 운영주체에 있어서, 개인파산과 개인회생제도는 「채무자 회생 및 파산에 관한 법률?에 따라 법원이 재판을 통해 결정하는 방식으로 운영하고 있으나, 개인워크아웃은 금융감독위원회의 허가를 받아 설립된 신용회복위원회가 운영하고 있습니다. ② 제도가 적용될 채권자의 범위에 있어서도 개인파산과 개인회생제도는 제한이 없으나 개인워크아웃제도는 협약에 가입되어 있는 금융기관만을 그 대상으로 하고 있어 개인 간 채권관계나 사채업자들을 그 대상에서 제외하고 있습니다. ③ 제도를 이용할 채무자의 요건으로서, 개인파산의 경우 지급불능으로 인정된다면 채무액의 제한은 없으나 개인회생의 경우 지급불능 또는 그러한 염려가 있는 급여·영업·연금소득자로서 담보채무의 경우 10억원, 무담보채무의 경우 5억원 이하이어야 하고, 개인워크아웃의 경우 연체기간이 90일 이상이거나 연체정보가 등록된 자로 최저생계비 이상의 소득이 있거나 그 미만의 소득이 있더라도 채무상환이 가능하다고 인정된 채무자로서 5억원 이하의 채무를 부담하고 있는 경우에 한하고 있습니다. ④ 채무조정 내용에 있어서도 개인파산의 경우 전부 또는 일부면책을 받을 수 있으나 개인회생의 경우 원칙적으로 5년 동안 원금 일부를 변제하고 나머지를 면책 받을 수 있으며, 개인워크아웃의 경우 원칙적으로 이자 및 연체이자는 전액 감면을, 원금은 채무성격 및 변제 소요기간에 따라 최대 30~60%까지 감면을 받

을 수 있습니다.

귀하의 경우 개인워크아웃을 이용한다면 친지 및 사채업자에 대한 채무를 해결할 수 없게 되어 개인파산 또는 개인회생제도의 이용을 고려해볼 수 있습니다.

그런데 귀하는 현재 부양가족수가 3인 가구로 평가되어 2016년 기준 보건복지부 공표 3인 가구 최저 생계비 1,431,608원의 1.5배(개인회생시 법원인정 생계비)인 금 2,147,412원을 공제하면 남는 소득이 없을 뿐만 아니라 실직 가능성도 있어 개인회생절차를 이용하기는 어려울 것으로 보입니다. 따라서 채무증대과정에 있어서 낭비, 재산은닉 등 면책불허가사유가 없다면 개인파산을 고려해 볼 수 있을 것입니다.

■ 파산원인에 대한 판단기준은 무엇인지요?

[질문]

저는 4년제 대학교 경영학과를 졸업한 만 32세 미혼 남성으로서, 대학교 졸업 후 친구들과 벤쳐기업(법인)을 설립하여 대표이사로 회사를 운영하면서 은행으로부터 사업자금을 대출받고 이에 개인자격으로 보증을 서 준 사실이 있습니다. 그러나 법인은 매출 부진으로 인하여 투자자들이 투자를 중단하는 바람에 갑자기 자금이 경색되어 결국 폐업하게 되었고, 이로 인하여 저는 본인 개인적인 부채와 보증채무 등 합계 금 1,500만원의 채무가 남아 있는 상황입니다. 현재 저는 부모님 집에 거주하면서 다른 회사를 알아보고 있는 상황입니다. 이러한 상황에서 파산이 가능한지요?

[답변]

개인파산을 신청하기 위해서는 파산원인으로서의 지급불능 즉, 변제능력이 부족하여 변제기가 도래한 채무를 일반적·계속적으로 변제할 수 없는 객관적인 상태가 인정되어야 하며(대법원 2010. 9. 20. 선고 2010마868 결정), 단순히 채무가 보유 재산액을 초과한 것만으로는 지급불능이라고 볼 수 없습니다. 또한 지급불능은 신용, 노동력, 재산으로 평가되며, 구체적으로는 채무자의 재산, 학력, 현재 수입, 채무의 액수, 연령, 장애 유무, 부양가족수 등에 따라 지급불능 여부가 결정될 수 있습니다.

구체적으로 ① 채무를 변제할 재산이 있다고 인정되거나 현재 생계비 이상의 수입이 있는 경우 ② 고등교육을 받아 장차 일정한 생계비 이상의 소득이 있을 것으로 예상되는 경우 ③ 채무 총액이 소액으로서 특별한 사정이 없는 한 이를 변제할 수 있는 것으로 인정되는 등의 경우는 지급불능으로 평가되기 어렵습니다.

그러나, 채무자가 다른 재산이 없는 상태에서 ① 고령으로 계속적인 소득활동을 할 수 없다고 인정되는 경우 ② 장애가 있어 일반적인 사람들과 같은 소득을 얻을 수 없다고 인정되는 경우 ③ 일정한 수입이 있는 경우라도 부양가족수에 따른 생계비를 고려할 때 변제능력이 없다고 평가될 경우는 파산원인으로서 지급불능을 인정받을 수 있을 것입니다.

귀하의 경우 현재는 소득이 없다고 하더라도 4년제 대학교를 졸업하여 다른 곳에 취업하여 생계비 이상의 소득을 얻을 것으로 예상되는 점, 연령이 만

32세로서 경제적인 재기의 기회가 남아 있어 향후 계속적으로 소득활동을 할 것으로 예상되는 점, 채무 총액이 1,500만원에 불과하여 장애가 있거나 부양가족이 많다는 등 특별한 사정이 없는 한 일반적으로 이를 감당할 수 있는 것으로 보이는 점 등에 비추어 볼 때, 일반적으로 파산원인으로서 지급불능에 이른 것으로 평가되기 어려워 파산신청이 기각될 가능성이 높습니다. 다만, 이러한 판단은 일반적인 견해이며 개별적 사정에 따라 결론이 달라질 수는 있습니다.

■ 파산선고를 받을 경우 어떤 불이익이 있는지요?

[질문]

저는 40대 초반의 여성으로서 남편의 사업 실패로 인한 생활비 부족으로 신용카드를 발급받아 사용하면서 부채가 증대되었고 이후 남편까지 사망하여 현재 식당에서 홀 써빙을 하면서 초등학교, 중학교에 재학중인 자녀들과 근근이 생계를 유지하고 있어 파산을 신청하고자 합니다. 그런데 사람들의 말에 의하면 파산을 할 경우 가족관계증명서에 빨간 줄이 가서 평생 파산자로 낙인찍혀 금융기관도 전혀 이용할 수 없고 주소도 함부로 옮길 수 없으며, 자녀들에게도 영향이 있다고 합니다. 파산을 하면 어떤 불이익이 있으며 정말 가족관계증명서에 파산자로 기재가 되는지요?

[답변]

파산을 선고받을 경우 민법 등 개별 법률에 의하여 다음과 같은 법률상 불이익이 있습니다.

첫째, 사법상의 불이익으로서 민법상 후견인, 유언집행자, 신탁법상 수탁자가 될 수 없고, 상법상 합명회사, 합자회사 사원의 퇴사원인이 되고, 주식회사, 유한회사의 이사의 경우 위임관계가 종료되어 당연 퇴임하게 됩니다.

둘째, 공법상 불이익으로서 공무원, 변호사, 공증인, 공인회계사, 공인노무사, 세무사, 변리사, 국공립·사립학교 교수, 전임강사 및 교사, 증권거래소 임원, 상장법인의 상근감사, 등이 될 수 없거나, 그 직을 계속 수행할 수 없습니다. 그러나 위와 같은 신분상의 공·사법상 제한은 복권이 되면 없어지며, 면책 결정이 확정되면 당연히 복권이 됩니다.

한편 과거 의사, 한의사, 간호사, 약사, 건축사 등에 대한 자격제한은 해당 법률의 개정으로 삭제되어 파산선고를 받더라도 결격사유에 해당되지 않습니다. 그러나 공인중개사의 경우 자격제한은 없으나 복권되지 않은 경우 중개사무소 개설등록을 할 수 없고 소속공인중개사 또는 중개보조원이 될 수 없습니다.

신원증명사항과 관련하여, 개인파산 및 면책신청사건의 처리에 관한 예규 제6조 제1항은 "법원은 개인인 채무자에 대하여 다음 각호의 사유가 있는 때에는 채무자의 신원증명업무 관장자인 등록기준지 시(구가 설치된 시에 있어서는 구)·읍·면의 장에게 그 사실을 통보하여야 한다. 다만 제2호 내지 제4호의 사실은 제1호의 사실이 통보된 채무자에 한하여 통보한다.

1. 파산선고가 확정된 때. 다만 채무자가 법 제556조제1항에따른 면책신청을 하거나 동조제3항에 따라 면책신청을 한것으로 보는 경우에는 그 면책신청이 각하·기각되거나 면책불허가결정이 내려지거나 면책취소의 결정이 확정된 때에 한하여 통보한다.

2. 법 제574조제1항 제1· 2호의 사유가 발생된 때

3. 복권결정이 확정된 때

4. 면책취소의 결정이 확정된 때"라고 규정하고 있어 여러 가지 사회적 평가 상의 불이익을 받을 소지를 줄였습니다.

금융기관과의 거래와 관련하여, 파산을 선고받아 면책결정이 확정된 경우 법원은 전국은행연합회장에게 사건번호, 채무자의 성명 및 주민등록번호 등을 통보하고(동 예규 제5조), 전국은행연합회는 채무자의 기존 연체등록정보(구 신용불량정보)를 공공정보로 변경 등록하고(신용정보관리규약 제11조 제1항 제8호), 등록사유 발생일로부터 5년간 공공정보를 1201 코드로 관리하게 됩니다. 특수기록정보 등록자라고 하더라도 일반적인 통장개설은 가능하며, 최근에는 체크카드의 발급도 가능하게 되었습니다. 그러나 신용카드 발급이나 대출 등 신용거래는 각 금융기관이 개별적으로 정할 내용으로서 일반적으로 다시 신용이 발생하기 전까지는 어렵다고 볼 수 있습니다.

결론적으로 ① 파산을 선고받더라도 면책결정이 확정될 경우 가족관계등록부나 신원증명사항에 어떠한 기재도 하지 않으며, 만일 면책결정을 받지 못하더라도 가족관계등록관서가 관리하고 있는 신원증명사항에 기재될 뿐, 가족관계등록부에 직접 파산자로 기재되지는 않고 ② 금융기관 이용과 관련하여 특수기록정보 등록자로서 신용거래는 불가능할 것으로 보이나 일반적인 통장개설 등의 금융기관 이용이 제한 당하지는 않으며 ③ 파산 및 면책으로 인한 불이익은 신청 당사자에게만 효력이 있으므로, 자녀들에게 불이익이 발생하는 일은 없습니다.

■ 파산선고로 인하여 근무관계가 종료되는지요?

[질문]

저는 약 20년 간 대기업 건설회사에서 근무해 오고 있습니다. IMF 이전 처남이 부동산 시행업을 하면서 처남의 부탁으로 은행에 보증을 서 준 것이 있는데 처남의 사업 실패로 인하여 본인도 수 천 만원의 보증채무를 부담하게 되어 현재 개인파산을 고려하고 있습니다. 그런데 회사 인사규정에 의하면 '파산자로서 복권되지 아니한 자'를 당연퇴직 사유로 규정하고 있어 파산을 신청한다면 회사를 더 이상 다니지 못할 것 같아 몇 년째 파산을 신청하지 못하고 있습니다. 저와 같은 경우 파산을 한다면 정말 회사를 그만 두어야 하는지요?

[답변]

파산선고와 관련하여 공무원, 변호사, 공증인, 공인회계사, 공인노무사, 세무사, 변리사, 국공립·사립학교 교수, 전임강사 및 교사, 증권거래소 임원, 상장법인의 상근감사 등의 경우, 각 개별법에서 "파산을 선고받아 복권되지 아니한 자"를 당연퇴직사유 또는 면허·등록의 임의적 또는 필요적 취소사유로 규정하고 있고(국가공무원법 제33조 제2호, 제69조 제1호 등), 법원은 파산선고가 그 면허·등록의 임의적 또는 필요적 취소사유로 되어 있는 자격을 가지고 있는 채무자에 대해 면책신청이 각하·기각되거나 면책불허가 또는 면책취소결정이 확정된 때 면허·등록의 주무관청에 이를 통지하고 있습니다.

결국 위와 같이 법률에 퇴직 또는 등록·면허 취소 사유에 해당하는 경우 법률의 규정에 따라 근로관계가 종료되거나 면허 등이 박탈될 수 있습니다.

그러나 본 사안과 같이 법률의 규정이 아닌 근로계약, 취업규칙, 인사규정에 근거하여 당연퇴직사유로 규정되어 있는 경우에도 위 법률의 규정에 근거한 경우와 같이 근로관계가 당연히 종료되는지 여부에 관하여, 「채무자 회생 및 파산에 관한 법률」제32조의2는 "누구든지 이 법에 따른 회생절차·파산절차 또는 개인회생절차 중에 있다는 사유로 정당한 사유 없이 취업의 제한 또는 해고 등 불이익한 처우를 받지 아니한다."라고 규정하고 있으나 그 적용 문제와 관련하여 다툼이 있습니다.

이에 대하여 최근 하급심 판례는 "① 인사규정에 근거한 당연퇴직사유는 근로자의 의사와 관계없이 사용자 측에서 일방적으로 근로관계를 종료시키는 것으로서 성질상 이는 해고에 해당하며 「근로기준법」제23조 소정의 정당한 이유가 있어야 하고 ② 당연퇴직규정은 「채무자 회생 및 파산에 관한 법률」 제32조의2 규정의 취지에도 명시적으로 반하여 직원의 근로의 권리, 직업행사의 자유를 과도하게 침해하는 것으로, 결국 그 사회통념상 상당성을 인정하기 어렵다."라고 판시하여 해고가 무효임을 확인한 바 있습니다(서울중앙지방법원 2006. 7. 14. 선고 2006가합17954 판결).

따라서 귀하가 파산을 신청하여 파산선고를 받는 경우에도 위 하급심 판결 이유에서 제시한 바와 같이 회사는 귀하의 파산선고사실을 근거로 당연퇴직(해고)시킬 수 없다고 보이며, 만일 회사가 귀하를 당연퇴직(해고) 시킬 경우 귀하는 관할법원에 해고무효확인소송을 제기하거나, 관할 지방노동위원회에 부당해고구제를 신청해 해고의 효력을 다툴 수 있다고 보입니다.

■ 재산이 있는 경우의 파산사건은 어떻게 처리 되는지요?

[질문]

저는 얼마 전 법원에 파산을 신청하여 결정을 기다리고 있는 중인데, 최근 법원에서 파산 심문기일을 지정하고 출석을 요청하여 이에 출석하였더니 법원에서 부동산을 매각하여 채권자들에게 배당하라고 권유하며 그 결과를 금융자료와 함께 제출하라고 하였습니다. 제가 소유하고 있는 부동산은 선산으로서 시가가 약 500만원 정도에 이르지만 시골 임야로서 이를 매각하기가 쉽지 않고 또한 선산이라 이를 팔기도 난처한 상황입니다. 만일 법원의 권유에 따르지 않을 경우 제가 신청한 파산사건은 어떻게 처리 되는지요?

[답변]

개인파산 및 면책제도는 신청인에게 면책절차를 통한 경제적 재기·갱생의 기회를 부여하는 것을 목적으로 하나, 그 본래적인 목적은 파산관재인을 통해 신청인의 재산을 처분하고 이를 채권자에게 평등하게 배당하는 것에 있습니다.

그러나 대부분의 개인파산사건은 파산선고 시 채무자가 보유하고 있는 재산이 파산관재인 선임 등 절차비용에도 미치지 못하여 재산처분을 통한 배당절차를 생략하고 바로 파산절차를 폐지(채무자 회생 및 파산에 관한 법률 제317조)하여 면책절차에 들어가게 되는데, 이렇게 파산선고와 동시에 파산절차를 폐지하는 결정을 실무상 동시폐지 결정이라고 합니다. 일반적으로 동시폐지결정을 할 수 있는 파산재단 상한선은 청산절차 비용, 즉 파산관재인 선임 및 사무처리비용 등으로서, 개별적인 사안이나 법원마다 다를 수 있어 일률적으로 제시할 수는 없으나 실무상 300만원을 기준으로 동시폐지 여부를 결정하며, 이에 따라 채무자가 파산 선고 시 보유한 재산의 가액이 이를 상회한다면 법원은 파산절차를 폐지하지 아니하고 청산절차를 진행합니다.

파산절차를 폐지하지 않는 경우 법원은 신청인에게 파산관재인 선임 비용에 대하여 예납명령을 발하고 신청인이 비용을 예납하면 법원은 파산을 선고함과 동시에 미리 작성된 법원의 파산관재인 명부에 기초하여 파산관재인을 선임하는 결정을 하게 됩니다. 선임된 파산관재인은 채무자의 채권을 조사하고 재산목록 등을 작성하여 파산재단을 관리하여 채권자들에게 파산재단을 환가·배당하여 파산절차를 종결시키거나 채권자들의 동의가 있는 경우 또는 비용

부족으로 청산절차를 진행할 수 없는 경우 법원에 파산폐지를 신청하여 그 결정(동시폐지와 비교하여 실무상 이를 이시(異時)폐지결정이라고 함)에 따라 파산절차를 종결시킵니다.

다만, ① 파산절차비용을 충당하기에는 부족하나 동시폐지결정을 하기에는 많은 재산을 보유하고 있는 경우 또는 ② 신청인에게 절차비용에 충당할 수 있는 재산이 있다고 하더라도 그 가액이 소액으로서 신청인이 스스로 채권자들에게 안분배당하고 이에 대한 금융자료를 제출하여 소명함으로서 일응 청산절차의 공정성을 보장할 수 있는 경우, 법원은 채무자 스스로 재산을 매각하여 채권자에게 배당할 것을 권고(실무상 이를 자주배당의 권유라고 함)하는 경우가 있습니다.

귀하의 경우 소유하고 있는 부동산인 선산이 중중으로부터 명의신탁을 받았다는 등 본인 소유가 아니라는 사실을 소명하지 못하는 이상, 원칙적으로 본인 소유 재산으로 취급되고, 법원은 귀하가 동시폐지결정으로 그 재산을 보유하게 하는 것이 적당치 않다고 평가하여 귀하에게 자주배당을 권유한 것으로 보입니다.

만일 귀하가 이러한 법원의 자주배당 권유에 불응할 경우 사안에 따라서는 위와 같이 파산관재인 선임을 통한 청산절차가 진행되어 결과적으로는 임야를 매각당해야 하는 처지에 이를 수 있고, 개인파산의 주된 목적인 면책결정까지는 상당한 시일이 소요될 것으로 우려되므로 가급적 법원의 권유에 응하는 것이 타당해 보입니다.

■ 주민등록상 등록된 주소와 거소가 상이한 경우 파산 관할법원은 어디 인 가요?

[질문]

저와 딸은 남편의 사업운영 중 보증채무를 부담하였는데 남편의 사업이 부도나 면서 채권자들의 독촉을 피하기 위해 주민등록상 주소지는 과거 살았던 집(대 구)으로 해 두고, 실제로 남편은 건설현장에서 일용직으로 일을 하면서 현장 숙 소(대전)에서 생활하고, 본인과 제 딸은 본인 명의로 임대차계약을 체결한 월세 집(서울)에서 살고 있습니다. 이러한 경우 어느 법원에 파산을 신청할 수 있는 지요? 그리고 가족 모두 한 곳의 법원에 파산을 신청할 수는 없는지요?

[답변]

개인파산사건의 관할은 원칙적으로 채무자의 보통재판적 소재지를 관할하는 지방법원본원 등에 전속하며(채무자 회생 및 파산에 관한 법률 제3조 제1항), 사람의 보통재판적은 그 주소에 따라 이를 정하므로(민사소송법 제3조), 결국 파산신청의 관할은 채무자의 주소지 관할 지방법원 본원에 신청해야 합니다. 다만, 서울의 경우 5개의 지방법원이 있으나 파산사건은 서울중앙지방법원의 관할에 전속합니다(채무자 회생 및 파산에 관한 법률 제3조 제8항). 파산사건 의 관할은 전속관할로서 관할법원 아닌 다른 법원에 파산을 신청할 경우 관 할법원으로 이송됩니다.

주소는 생활의 근거되는 곳으로서(민법 제18조 제1항), 일반적으로 「주민등록 법」에 의해 주소로 등록된 곳을 의미하나, 주민등록상 주소지와 생활의 근거되 는 곳은 여러 가지 사유로 달라질 수 있고 이러한 경우 법적으로는 생활의 근 거되는 곳 즉, 객관적으로 보아 채무자가 주로 생활하는 것으로 판단되는 장소 를 주소로 보아 그 장소의 관할 지방법원 본원에 파산을 신청해야 합니다.

다만, 주민등록상 주소와 실제 생활의 근거지가 상이한 경우 실제 생활의 근 거지임을 소명해야 관할을 인정할 수 있으며, 그 소명자료로서는 신청인이 임차인으로 기재되어 있는 임대차계약서, 생활 근거지로 송달된 소장 등 소 송서류나 우편물, 기타 이를 확인해 줄 수 있는 이해관계인(건물주 등)의 확 인서 등이 있습니다.

위 관할 규정에도 불구하고 "① 주채무자 및 그 보증인 ② 채무자 및 그와 함께 동일한 채무를 부담하는 자(연대채무자, 연대보증인, 부진정 연대채무자,

채무의 병존적 인수인 등) ③부부" 중 어느 일방이 한 법원에 파산을 신청하여 그 사건이 계속되어 있는 때에는 다른 일방도 해당 법원에 관할권이 없다고 하더라도 파산을 신청할 수 있습니다(채무자 회생 및 파산에 관한 법률 제3조 제3항 제3호).

귀하의 경우 주민등록상 주소지는 대구이나 실제 생활 근거지는 서울이므로 서울중앙지방법원에 파산을 신청할 수 있을 것으로 보입니다. 다만, 생활 근거지를 소명할 자료로서 임대차계약서상 귀하가 임차인으로 되어 있는 임대차계약서 사본을 제출해야 합니다. 또한 귀하의 딸의 경우 귀하와 동거하고 있으므로 역시 서울중앙지방법원에 파산을 신청할 수 있을 것이나 주소지 소명자료로서 임대차계약서상 임대인의 확인서가 첨부되는 것이 바람직합니다.

귀하의 배우자의 경우 생활의 근거지는 대전으로 볼 수 있어 원칙적으로는 대전지방법원에 파산을 신청해야 할 것이나, 배우자와 귀하 간에는 주채무자 및 그 보증인의 관계에 있으므로 관할의 특례가 인정되어 귀하가 서울중앙지방법원에 파산을 신청하였거나 배우자와 동시에 신청한다면 배우자도 역시 서울중앙지방법원에 파산을 신청할 수 있다고 보이며, 딸의 경우도(실제 생활 근거지와 상관없이) 배우자의 채무에 연대보증을 한 경우라면 역시 위와 같은 이유로 서울중앙지방법원에 파산을 신청할 수 있을 것으로 보입니다.

■ 파산신청서의 채권자목록 및 채권자주소록은 어떻게 작성 하나요?

[질문]

저는 남편의 암 투병으로 인한 병원비, 생활비 부족으로 신용카드를 발급받아 사용하던 중 신용한도의 축소로 돌려 막기가 불가능하여 동네 주민들과 사채업자로부터 돈을 빌려 사용하다가 더 이상 갚을 능력이 없어 파산을 준비하고 있습니다. 그런데 채권자와 관련하여 ①어느 금융기관에서 돈을 빌렸는지 기억나지 않는 상황이고 ②알고 있는 금융권 채권자들 또한 채권을 수차례 다른 회사로 넘겨 현재 어느 기관으로 채권이 넘어갔는지 알 수 없으며 ③부채증명서를 발급받고자 방문하였으나 부채증명서 발급비용으로 20만원을 요구하거나 아예 부채증명서를 발급해 줄 수 없다고 하는 기관도 있으며 ④ 동네 주민에게 빌린 돈은 그 주민의 호칭을 "똘이 엄마"라고 알고 있을 뿐 정확한 본명을 알지 못하고 ⑤사채업자의 경우 일수장부에 그 이름은 있지만 그 주소지를 알 수 없습니다. 이러한 경우 파산신청서의 채권자목록과 채권자 주소는 어떻게 작성해야 하는지요?

[답변]

개인파산에 있어서 채권자목록의 작성은 파산단계에서 파산채권자들을 밝혀 그 채권의 액수와 그에 따른 배당액을 정하고, 면책단계에서 면책되는 채권의 효력범위를 정하고자 하는 의미가 있으며, 채권자 주소의 기재는 파산단계에서 파산채권자들에게 파산선고 사실을 통지하여 배당절차에 참여하게 하고 면책이의신청의 기회를 부여하는 의미가 있습니다. 결국 신청인이 '악의'로 채권자목록에 기재하지 아니한 청구권은 면책되지 않으므로(채무자 회생 및 파산에 관한 법률 제566조 제7호), 채권자목록 및 채권자주소는 정확히 기재해야 할 것입니다.

① 의 질문과 관련하여, 어느 금융기관에 돈을 빌린 지 알 수 없는 경우 우선 전국은행연합회를 방문하여(인터넷으로도 공인인증서를 통해 본인 신용조회 서비스를 받을 수 있음) 자신의 연체정보등록현황을 조회해볼 수 있습니다. 이를 조회하면 본인의 연체정보를 등록한 각 금융기관을 확인할 수 있으므로 그 등록 금융기관에 문의하여 채권발생원인, 채권금액 등을 확인할 수 있을 것입니다. 다만, 금융기관 아닌 개인 간의 금전거래 행위 등은 이를 조회할 수 없습니다.

② 의 질문과 관련하여, 금융기관 채권자들은 재무구조의 건전성을 높이고자 「금융기관부실자산 등의 효율적 처리 및 한국자산관리공사의 설립에 관한 법률」 및 「자산유동화에 관한 법률」에 따라 부실채권을 동 법에 의해 설립된 한국자산관리공사와 각종 유동화전문유한회사에 양도하고 있으며, 또한 개별적으로 각 금융기관의 경영판단에 따라 부실채권을 다른 금융기관으로 양도하여 손실처리를 하고 있습니다. 이러한 경우 채권양도인이 채무자에게 그 양도사실을 통지하지 않거나 채무자가 이를 승낙하지 않으면 채권양수인은 채무자에게 양도사실을 대항하지 못하는 것이 원칙이나(민법 제450조 제1항), 파산을 신청하는 채무자의 입장으로서 그 채권양도에 대하여 커다란 이해관계를 갖지 않으므로 현실적으로는 최종 양수인을 채권자로 하여 채권자목록을 작성하면 될 것이며, 채권양도 관계는 해당 금융기관에 문의하여 확인할 수 있습니다.

다만, 채권을 매각 등으로 양도한 것이 아니라 독촉 등 추심행위만을 위임하는 경우 이러한 업무를 위임받은 회사 등(보통 'OO신용평가' 또는 'OO신용정보'라는 상호를 사용함)은 채권양수인이 아니며, 이러한 경우 위임한 회사(보통 독촉장 등에 위임회사나 입금 예금주를 표시함)를 채권자로 기재해야 할 것입니다.

③ 의 질문과 관련하여, 개인파산에 있어서 신청인은 파산채권내용이나 금액 등 파산채권의 내용을 소명하기 위한 자료를 제출해야 하며, 그 소명자료로서 일반적으로 채권자가 발급해주는 부채증명서를 첨부합니다. 그러나 일부 금융기관 또는 기업형 사채업자의 업무담당자 등은 부채확인서를 발급해 주면서 수수료 명목으로 규정에 없는 과다한 금원을 요구하거나 심지어 일부를 변제해야 이를 발급해 준다고 하여 채무자가 채무발생내용, 채무금액을 확인하는데 어려움을 겪는 채무자가 많이 있습니다.

일반적으로 파산채권의 내용을 소명하기 위한 자료는 반드시 부채증명서에 한정되지 않으며, 금전대여계약서, 차용증, 채권금액 입금통장 사본, 파산채권자나 그 추심회사가 보내 온 독촉장 등 파산채권의 존재 및 그 금액 등을 알 수 있는 서류를 제출할 수 있으며, 파산채권의 내용을 소명할 자료를 취득하지 못하는 부득이한 사유가 있는 경우 이러한 사유를 작성한 채무진술서로 소명자료에 갈음할 수 있을 것입니다(다만 채권금액은 유선상으로 확인하는 등의 방법으로 이를 채권자목록에 기재해야 할 것입니다).

④ 의 질문과 관련하여, 채권자의 명칭은 채권자를 특정하는 방법이며, 채권자 명칭을 정확히 알 수 없어 채권자가 특정되지 않을 경우 면책의 효력을 주장할 채권자가 특정되지 않는 문제가 있으므로, 최소한 채권자의 명칭은 정확히 파악하여 기재해야 합니다. 다만, 파산신청 당시 채권자명칭에 오류가 있는 경우 채권자표시정정신청을 통해 이를 바로잡을 수 있습니다.

⑤ 의 질문과 관련하여, 주소지를 알 수 없는 채권자가 있는 경우 「채무자 회생 및 파산에 관한 법률」은 공고로써 해당 채권자에의 송달을 갈음할 수 있도록 규정하고 있으므로(같은 법 제10조 제1항), 이러한 경우 해당 채권자에게 파산선고사실 및 채권자 면책이의신청기간 등을 공고할 수 있습니다.

그러나 채권자가 법원 공고를 확인하여 채무자의 면책신청에 대한 이의를 제기한다는 것은 일반적으로 기대하기 어려우므로, 파산채권자의 이의신청권의 실질적인 보장을 위해 법원은 우선적으로 신청인이 기재한 파산채권자의 주소지에 파산결정문 등을 송달하고, 송달되지 않을 경우 주소보정을 명합니다. 신청인은 법원의 주소보정 명령서로 동사무소에 채권자의 주민등록초본발급을 신청하면 채권자의 주민등록번호나 그 과거 주민등록상 주소지를 알고 있는 경우 채권자의 주민등록초본을 발급해 주고 있습니다. 그럼에도 불구하고 채권자의 주소가 파악되지 않아 송달불능에 이를 경우, 법원은 신청인으로 하여금 주소를 알 수 없는 사유 및 주소를 확인하기 위해 어떠한 노력을 했는지에 대한 사유서를 제출받고 공고로서 송달에 갈음하고 있습니다.

■ 파산신청서의 재산목록은 어떻게 작성하나요?

[질문]

파산신청서의 재산목록 작성과 관련하여 다음의 경우에는 각각 어떻게 해야 하는지요?

① 자녀가 보험계약을 체결하고 보험료를 납부하고 있으며 본인은 피보험자 또는 보험수익자인 경우.

② 배우자 또는 자녀, 부모님 명의로 임대차계약이 체결된 경우.

③ 본인이 과거에 직장동료에게 빌려 준 돈 2,000만원이 있는데 직장동료는 이를 갚지 않고 현재 그 소재를 알 수 없는 상황인 경우.

④ 종중의 선산을 본인 명의로 소유하고 있는 경우 및 그 시가증명 방법.

⑤ 차량을 담보로 채권자에게 넘겨주거나 차량구입 명의 대여로 인하여 차량 등록 명의인은 본인이나, 해당 차량은 제3자에게 전전 양도되어 그 소재를 알 수 없는 경우(일명 대포차가 된 경우).

⑥ 본인과 상관없이 형성된 친족의 재산의 경우.

[답변]

파산신청서의 재산목록은 파산재단 즉, 파산선고 당시 채무자가 보유하고 있는 총 재산으로서 채권들에게 배당할 재산의 목록을 의미하며, 파산재단의 환가액이 파산 절차비용에도 미치지 못하는 경우 파산선고와 동시에 파산절차를 폐지하는 결정(동시폐지 결정)을 하고, 파산절차 비용을 충당하고도 남는 재산이 있거나 고의로 파산채권자를 해하는 재산처분행위를 한 경우와 같이 부인권 대상행위가 있다고 평가되는 경우 파산관재인 선임을 통해 청산절차를 진행합니다.

이와 같이 채무자가 제출한 재산목록은 동시폐지 또는 파산관재인 선임 여부를 결정하는 중요한 내용으로서 재산목록의 허위 기재는 면책불허가사유가 될 뿐 아니라(채무자 회생 및 파산에 관한 법률 제 564조 제1항 제3호), 면책결정을 받아 확정된 경우라도 면책취소사유로서 부정한 방법으로 면책을 받은 경우에 해당하므로(같은 법 제569조 제1항 후문) 그 기재에 있어서 오류가 없어야 합니다.

① 보험의 경우, 보험을 재산목록에 기재하는 이유는 보험계약을 해지할 경

우 그 해약반환금을 재산으로 파악하기 위함이며, 해약반환금은 원칙적으로 보험계약자가 보험계약을 해지할 경우 발생하므로 신청인 본인이 보험계약자일 경우 이를 재산목록에 기재하고 보험증권 사본과 보험자가 발행하는 해약반환금 예상액 확인서를 첨부하여야 합니다. 다만 해약반환금을 담보로 약관대출을 받은 경우 이를 일종의 별제권(채권질권)으로 보아 해약반환금에서 약관대출금을 공제한 금액을 신청서의 해약반환금 란에 기재합니다.

② 임차보증금의 경우, 임대차계약기간 만료 기타 임대차계약관계가 종료될 경우 임차인은 임대인에 대하여 보증금반환채권을 취득하므로 그에 대한 재산적 가치를 재산목록에 기재합니다. 임대차계약서의 임차인 명의가 신청인 아닌 배우자, 부모, 자녀 등일 경우 원칙적으로 신청인은 임차보증금 채권자가 아니므로 이를 기재할 필요가 없으나, 추심 회피를 위해 신청인의 재산을 타인 명의로 임대차계약을 체결한 경우 또는 부부가 공동으로 형성한 재산으로 볼 수 있는 경우에는 그러한 사유를 재산목록 하단이나 별지로 진술서를 통해 작성하는 것이 바람직합니다.

「채무자 회생 및 파산에 관한 법률」은 면제재산제도를 신설하여, 채무자 또는 그 피부양자의 주거용으로 사용되고 있는 건물에 관한 임차보증금반환청구권으로서 일정액(3,400만원까지) 부분을 채무자의 신청 또는 직권으로 파산재단에서 면제할 수 있도록 하여 파산신청인의 최소한의 주거생활을 보장하고 있습니다(같은 법 제383조 제2항 제1호, 같은 법 시행령 제16조 제1항).

③ 대여금의 경우, 역시 신청인이 그 대여금 채무자로부터 일정액을 수령할 경우 이를 재산적 가치로 평가하여 파산재단에 편입하고 청산가치를 파악해야 할 필요성이 있으므로 이를 재산목록에 기재합니다. 다만 대부분의 경우 해당 금원을 돌려받지 못하는 사정이 있어 파산 신청에 이르게 되므로 신청인의 입장에서는 이를 재산으로 생각하지 않고 재산목록에 기재하지 않는 경우가 많습니다. 그러나 회수가 어려운 경우라도 신청인인 이를 재산목록에 기재하되, 회수가능금액 란에 실제 회수 가능한 금액을 기재하고, 회수가 어려운 사정을 진술한 진술서와 소명자료(형사고소장, 재산명시신청에 따른 재산목록, 말소자주민등록 초본 등)를 첨부하여 이를 소명해야 합니다.

④ 부동산의 경우, 채무자 소유 부동산에 근저당권자나 대항력 있는 임차인 등이 있어 그 가치가 근저당권자 등에 의해 이미 파악되어 있는 경우 해당 부동산의 평가액에서 담보채권이나 임차보증금을 공제한 금액이 청산가치로 파악되므로, 이렇게 평가된 부동산의 가치가 크지 않을 경우 청산절차 없이 파산절차가 폐지되고 면책될 수도 있습니다(다만, 면책을 받은 경우라도 근저당권자의 임의경매신청을 막을 수는 없습니다). 본 사안과 같이 종중의 선산을 신청인이 명의로 소유하고 있는 경우 일반적으로 명의신탁관계로 해석되어 실질적으로는 종중이 소유권자라고 할 수 있으나, 그러한 명의신탁관계를 인정받을 소명자료(종중과 본인이 확인한 소유권 귀속에 관한 인증서 등)를 제출하여 소명하지 못한다면 결국 해당 부동산은 신청인의 소유로 해석될 수밖에 없으며, 부동산의 가액이 상당하다면 파산관재인을 통한 청산절차를 진행해야 하는 경우도 있을 것입니다. 부동산의 시가 산정은 인터넷 부동산 사이트에서 일반적으로 평가된 거래 시세를 화면 출력하여 제출하거나 인근 부동산중개업소의 확인서를 제출하되, 이러한 자료를 제출할 수 없는 경우 구청이나 군청에서 발급받은 개별공시지가나 공동주택가격 확인서와 위 자료를 제출할 수 없는 사유를 기재한 진술서를 제출하는 것이 바람직합니다.

⑤ 자동차의 경우에도 등록된 근저당권에 의해 이미 그 가치가 파악되어 있어 이를 공제한 차량 가액이 근소하거나, 근저당등록이 없어도 차량 자체의 가액이 근소한 경우에는 부동산의 경우와 같이 동시폐지결정에 의해 청산절차를 거치지 않을 수 있고 결과적으로 차량의 보유가 허락되는 경우가 있습니다.

문제는 본 사안과 같이 신청인에게 차량등록 명의만이 남아 있을 뿐, 실재 차량의 소재를 알 수 없는 경우(소위 대포차의 경우) 이를 신청인의 재산으로 재산목록에 기재해야 하는지 문제됩니다. 위에서와 같이 차량 가액이 근소한 경우는 이를 재산목록에 기재하고 차량의 소재를 알 수 없다는 취지의 진술서를 작성하여 제출할 수 있으며, 차량가액이 상당한 경우에는 위 진술서 이외에 차량의 소재를 알 수 없게 된 사유를 소명하는 자료(차량양도계약서, 고소장 및 접수증명, 과태료 독촉장 등)를 첨부해야 할 것입니다. 다만 이러한 경우 일부 채권자에게 편파적으로 변제하거나 담보를 제공한 것 또는 신용거래 상품을 현저히 불이익한 조건으로 처분한 것으로 해석되어 면책불허가사유의 하나로 삼을 수는 있습니다.

⑥ 가족 재산의 경우, 배우자·부모·자녀 중 1인 명의로 1,000만원 이상의 재산이 있는 경우에 해당 재산의 내용 및 취득 경위를 진술해야 하고, 그 재산 취득 시점이 신청인이 지급불능 시점 2년 이내일 경우 구체적인 재산 취득 자금에 관한 금융자료 등 소명자료를 첨부해야 합니다. 이는 파산 신청인이 지급불능 시점 전 후로 재산을 친족 명의로 허위양도하거나 상속재산을 포기하는 등 은닉한 사실이 있는지 여부를 확인하고 이에 대한 납득할 만한 소명이 없는 경우 일응 부인대상행위가 존재하는 것으로 보아 부인권 행사를 위한 파산관재인을 선임할 것입니다. 이러한 경우에 해당할 사안이라면 법원은 특별한 사정이 없는 한 파산관재인 선임 등 절차 비용으로 300만원에서 500만원 정도의 예납명령을 발하고, 신청인이 이를 예납한 경우 파산선고와 동시에 파산관재인을 선임하여 해당 파산관재인으로 하여금 부인권을 행사하도록 하나, 신청인이 위 예납명령에 불응한 경우 법원은 채무자의 파산신청을 기각합니다(채무자 회생 및 파산에 관한 법률 제309조 제1항 제1호).

따라서 친족 스스로 그 재산을 형성해 오는 등 신청인에게 위와 같은 사유가 없다면 이에 대한 진술서와 그에 따른 소명자료를 제출하고, 그렇지 않을 경우 파산신청을 재고하는 것이 타당할 것입니다.

■ 파산을 신청한다면 보증금과 적금을 모두 처분해야 하는지요?

[질문]

저는 남편의 상습적인 폭행으로 협의이혼 하면서 위자료와 양육비 한 푼 받지 못하고 두 자녀를 모두 데리고 나와, 친정의 도움으로 간신히 보증금 1,000만원에 월세 15만원 하는 집에서 생활하면서 할인마트 판매원으로 매월 100여 만원의 급여를 받으며 중·고등학생 두 자녀와 생계를 유지하고 있습니다. 현재 저의 재산으로는 위 보증금 1,000만원 이외에 매월 5만원씩 불입하고 있는 적금 600만원이 전 재산입니다. 제가 파산을 신청한다면 보증금과 적금을 모두 처분해야 하는지요?

[답변]

개인파산제도는 본래 파산 선고 시 채무자가 보유하고 있는 재산 즉, 파산재단을 환가하여 채권자들에게 평등 배당하는 것을 제도적인 취지로 하고 있습니다. 따라서 파산재단의 가액이 청산절차 비용(일반적으로 300만원)을 초과할 경우 법원은 파산선고와 동시에 파산관재인을 선임하는 결정을 하고, 이에 따라 선임된 파산관재인은 채무자의 채권을 조사하고 재산목록 등을 작성하여 파산재단을 관리하여 채권자들에게 파산재단을 환가·배당하는 절차를 진행하며 그에 따라 청산절차가 종결된 이후 법원은 면책심리에 나아가게 됩니다.

그러나 최소한 생계유지에 필요한 의식주가 보장되지 않는다면 면책제도의 취지인 채무자의 경제적 재기·갱생의 보장은 이루어 질 수 없게 되므로 「채무자 회생 및 파산에 관한 법률」은 면제재산제도를 신설하여, 특정재산에 대하여는 파산재단에서 제외하도록 하고 있습니다. 면제대상 재산으로는 ① 채무자 또는 그 피부양자의 주거용으로 사용되고 있는 건물에 관한 임차보증금 반환청구권 중 일정 부분(주택가격의 1/2을 초과하지 않는 범위에서 서울특별시는 3,200만원까지, 수도권 중 과밀억제권역은 2,700만원까지, 광역시(「수도권정비계획법」에 따른 과밀억제권역에 포함된 지역과 군지역은 제외한다), 안산시, 용인시, 김포시 및 광주시는 2,000만원까지, 그 밖의 지역은 1,700만원까지)과 ② 채무자 및 그 피부양자의 생활에 필요한 6월간의 생계비에 사용할 특정한 재산으로서 일정 부분(금 900만원까지)입니다(같은 법 제383조, 같은 법 시행령 제16조 제1항, 제2항).

그런데 같은 법 제383조 제2항의 규정상 채무자는 위에서 제시한 면제재산 중 어느 하나만을 선택하여 신청할 수 있는 것으로 해석될 여지가 있으나, 이는 구 「개인채무자회생법」에 규정된 면제재산의 규정 중 "각 호의 1에 해당하는 재산"을 풀어 쓴 것에 지나지 않으므로 두 재산 모두가 면제재산이 될 수 있습니다.

구체적으로 위 면제재산을 인정받기 위해서는 파산을 신청한 법원에 그 신청일 이후 파산 선고 후 14일 이내에 면제재산목록 및 소명에 필요한 자료를 첨부한 서면을 제출해야 합니다(같은 법 제383조 제3항). 또한 파산을 신청하려고 하거나 이미 신청한 경우에 위 면제재산에 대하여 채권자가 강제집행, 가압류, 가처분을 할 염려가 있거나 이미 이를 실행한 경우, 법원은 채무자의 신청 또는 직권으로 파산선고가 있을 때까지 위 면제재산에 대한 강제집행, 가압류 또는 가처분의 중지 또는 금지를 명할 수 있으므로(같은 법 제383조 제8항), 이러한 경우 채무자는 면제재산신청과 동시 또는 그 이후에 강제집행 등의 중지 또는 금지를 신청하여 면제재산에 대한 집행을 저지시킬 수 있습니다.

따라서 귀하의 경우 귀하의 임대보증금 및 적금이 면제재산 범위 내에 속하므로 별도의 처분을 할 필요는 없어 보입니다.

■ 부인권(否認權)의 대상행위는 어떤 것이 있나요?

[질문]

저는 농업 실패로 인하여 그 동안 이자만 갚아 왔던 은행 대출금 5,000만원을 전혀 변제하지 못하는 상황에 이르게 되었고, 이에 은행에서는 연체이자라도 빨리 갚으라고 독촉하며 그렇지 않을 경우 전세보증금에 압류를 하겠다고 하였습니다. 저는 당장의 급한 불을 끄기 위해 일간지에 사채 광고를 보고 연락하여 유일한 재산인 금 3,000만원의 전세보증금 계약서를 담보로 약 2,000만원의 사채를 사용하게 되었는데 그 돈도 다른 채무 및 사채이자 변제, 생활비에 사용하고 나니 한 푼도 남지 않게 되었습니다. 사채업자는 제 전세계약서를 가지고 제 명의로 집주인에게 전세보증금채권 양도통지를 한 후 제가 전셋집을 나가면 보증금을 자기가 갖는다고 합니다. 저와 같은 경우 파산신청을 하면 어떻게 되는지요?

[답변]

파산절차란 채권자의 개별적 집행대신 채무자가 파산선고 시 보유하고 있는 재산 즉, 파산재단을 환가하여 채권자들에게 평등 배당하는 것을 제도적인 취지로 하고 있습니다. 채무자에게 파산절차비용을 초과하는 재산이 있는 경우 법원은 파산재단을 환가하여 배당하는 업무를 수행할 파산관재인을 선임하고 청산 및 배당절차를 진행시키게 됩니다.

그러나 파산관재인은 채무자가 보유한 재산뿐 아니라 파산선고 전 채무자가 파산채권자들을 해하는 행위를 한 경우 그러한 행위의 효력을 부인하여 일탈한 재산을 파산재단에 회복시키는 권리를 행사할 수 있는데 이러한 권리를 부인권(否認權)이라고 합니다(채무자 회생 및 파산에 관한 법률 제391조). 채무자에게 파산선고 당시 청산절차를 진행할 비용을 넘는 재산이 없다고 하더라도 채권자를 해하는 행위가 있는 경우 부인권 행사를 위하여 법원은 파산관재인을 선임하고 파산재단을 충실히 한 후 이를 환가하여 배당하게 됩니다.

파산관재인이 부인할 수 있는 채무자의 행위는 ① 채무자가 파산채권자를 해한다는 사실을 알고 한 행위(고의부인) ② 채무자의 사해의사와 관계없이, 채무자가 지급정지나 파산신청 등 위기의 시기에 한 담보제공, 변제 등 채무소멸에 관한 행위로 인하여 다른 파산채권자의 이익을 해하는 행위(위기부인) ③ 채무자가 지급정지 또는 파산신청이 있는 또는 그 전 6월 이내에 한 무상

행위 및 이와 동일시할 수 있는 유상행위(무상부인)으로 나눌 수 있습니다. 다만 ① ②의 경우 채무자의 행위로 이익을 받은 자가 그 행위 당시 파산채권자를 해하게 되는 사실을 알지 못한 경우 또는 지급정지나 파산신청이 있은 것을 알지 못하는 경우 부인 대상행위에 해당하지 않습니다.

부인 대상행위에 해당할 경우 법원은 파산채권자의 신청 또는 직권으로 파산관재인에게 부인권의 행사를 명할 수 있고, 파산관재인은 파산선고가 있은 날로부터 2년, 부인 대상행위가 있은 날로부터 10년 내 부인의 소, 부인의 청구 또는 부인의 항변의 방법으로 부인권을 행사합니다(같은 법 제396조, 제405조). 적법한 부인권 행사에 의하여 일탈되었던 재산은 파산재단에 당연히 복귀하는 것으로 해석되고 있습니다.

귀하의 경우, 채무초과로 지급불능상태에서 사채업자에게 유일한 재산인 전세보증금반환채권을 담보로 제공하고 자금을 차용하여 기존의 채무 중 일부 채무자에 대하여 변제를 하고 나머지는 생활비로 사용하였다고 하므로 이는 다른 파산채권자가 귀하의 책임재산을 평등하게 배당받아 갈 권리를 해한 것으로서 귀하도 사해의사가 있었다고 볼 수 있고, 그렇지 않다고 하더라도 귀하가 객관적으로 변제가 불가능하게 되었던 시기 이후에 다른 파산채권자들을 해하는 행위를 한 것으로 판단되어 부인대상행위로서 위기부인에 해당할 수 있다고 보입니다. 다만 고의부인에 있어서 사채업자가 담보를 제공 받음으로써 귀하에 대한 다른 채권자들을 해한다는 사실을 알지 못한 경우, 위기부인에 있어서 사채업자가 귀하의 지급불능 사실을 알지 못한 경우에는 파산관재인은 귀하의 담보제공행위를 부인할 수 없게 됩니다.

■ 채권자의 강제집행을 막을 방법은 없는지요?

[질문]

저는 사업실패로 인하여 금융권의 대출금 및 신용카드대금 연체, 그리고 세무서에 부가가치세가 체납되어 있는데 현재 교통사고로 장애인이 되어 더 이상 변제할 능력이 없어 최근 법원에 파산을 신청하여 그 결과를 기다리고 있습니다. 그런데 파산을 신청한지 얼마 후 신용카드사에서 저의 집안의 TV, 냉장고 등 유체동산에 압류집행을 하였고, 또 세무서에서는 체납처분으로 본인 소유 장애인용 자동차를 공매한다고 통지해 왔습니다. 위 집기류와 장애인용 자동차는 제가 기본적인 생활을 해 나가기 위한 최소한의 필수적은 재산입니다. 채권자의 강제집행을 막을 방법은 없는지요?

[답변]

원칙적으로 파산신청이 있다고 하여 채권자의 강제집행이나 보전처분의 집행이 중지되는 것은 아니며, 파산선고로 인하여 비로소 파산채권을 근거로 한 채무자의 재산에 대하여 행하여진 강제집행 및 보전처분의 집행은 파산재단에 대하여 그 효력을 잃게 됩니다(채무자 회생 및 파산에 관한 법률 제348조 제1항). 파산선고 후 채무자의 재산에 대한 관리처분권은 파산관재인에게 전속하며 따라서 파산선고 후 채권자의 개별적 강제집행 또한 금지됩니다.

그러나 일반적으로 개인파산사건은 환가할 재산이 없는 경우가 대부분으로서 위와 같이 파산관재인이 선임되어 청산절차를 진행하지 않고 파산선고와 동시에 청산절차로서의 파산절차를 폐지하는 결정(동시폐지 결정)을 하는 경우, 채무자는 자신 소유 재산에 대한 관리처분권을 상실하지 않고 파산재단 자체가 형성되지 않아 채권자는 개별적으로 강제집행 할 수 있다고 보는 것이 구「파산법」상의 해석론이었습니다.

「채무자 회생 및 파산에 관한 법률」은 위와 같이 동시폐지결정이 선고될 경우 채권자가 개별적인 강제집행을 허용하는 입법적 불비를 보완하여, 면책신청이 있고 파산폐지결정의 확정 또는 파산종결결정이 있는 때에는 면책신청에 관한 재판이 확정될 때까지 채무자의 재산에 대하여 파산채권에 기한 강제집행·가압류 또는 가처분을 할 수 없고, 채무자의 재산에 대하여 파산선고 전에 이미 행하여지고 있던 강제집행·가압류 또는 가처분은 중지된다고 규정하고 있습니다(같은 법 제557조 제1항).

귀하의 경우 파산선고 및 동시폐지결정이 선고되고 파산선고 등의 사실이 공고된 후부터 14일 이내 동시폐지결정에 대한 즉시항고(같은 법 제317조 제3항)가 제기되지 않아 동시폐지결정이 확정된 경우, 유체동산 압류 및 매각절차의 속행을 중지시키고 체납처분으로서 자동차 공매를 금지시킬 수 있습니다. 구체적으로는 ① 면책신청 접수증명원과 ② 동시폐지결정이 있는 파산선고결정 정본 및 그 확정증명원을 압류 집행한 집행관과 관할 세무서에 제출함으로써 유체동산 압류 및 매각절차와 자동차 공매절차를 중지 또는 금지시킬 수 있습니다.

다만, 파산선고 및 동시폐지결정 전 유체동산 매각절차가 속행되어 강제집행이 종료될 우려가 있는 경우, 위 압류된 유체동산이 6개월간의 생계비에 사용할 특정재산에 해당한다고 주장하며 면제재산을 신청하고(같은 법 제383조 제2항 제2호), 그와 동시에 면제재산에 대한 유체동산 매각절차의 중지를 신청하여 법원의 결정으로 이를 중지시킬 수는 있습니다(같은 법 제383조 제8항).

■ 개인 채무자가 파산원인인 지급불능상태에 있는지 여부의 판단 방법은?

[질문]

저는 이혼한 50세의 여성으로서 약 900만원의 채무가 있고 재산으로는 임대차보증금 300만원이 있으며 현재 식당에서 아르바이트를 하며 월 90만원 정도의 소득이 있습니다. 자녀들은 모두 성인입니다. 파산신청이 가능할지요?

[답변]

파산은 채무에 대한 지급불능을 요건으로 합니다. 일단 지급불능을 판단하는 기준에 관하여 판례는 "채무자 회생 및 파산에 관한 법률 제305조 제1항에서 파산원인으로 정하고 있는 채무자가 지급을 할 수 없는 때라고 함은 채무자가 변제능력이 부족하여 즉시 변제하여야 할 채무를 일반적·계속적으로 변제할 수 없는 객관적 상태를 말한다. 그리고 채무자가 개인인 경우 그러한 지급불능이 있다고 하려면 채무자의 연령, 직업 및 경력, 자격 또는 기술, 노동능력, 가족관계, 재산·부채의 내역 및 규모 등을 종합적으로 고려하여, 채무자의 재산·신용·수입에 의하더라도 채무의 일반적·계속적 변제가 불가능하다고 객관적으로 판단되어야 한다"라고 하였고(대법원 2009. 3. 2.자 2008마1651 결정 등 참조), "총 채무액이 8,708,510원에 불과하고, 그 구체적 내역도 그 채무의 대부분이 채무자의 전 배우자가 채무자 명의로 할부구입한 차량에 대한 할부금채무라는 것이고, 그 할부금채무를 제외한 나머지 채무 909,440원은 재항고인의 이동전화단말기 내지 이동전화사용료 미납금에 불과한 점, 재항고인은 48세의 건강한 여성으로서 현재 월 100만 원 정도의 소득을 올리고 있는 점, 재항고인은 부양가족으로 현재의 배우자 및 자녀 3명이 있다고 하나 자녀 3명이 모두 성인으로서 그 노력 여하에 따라 얼마든지 경제능력이 있는 것으로 보이는 점, 재항고인은 자신의 주거에 관하여 임대차보증금 500만 원에 월 차임 32만 원을 지급하고 있으며 위에서 본 소득 중 월 136,050원의 보험료를 납입하고 있는 점 등을 알 수 있다. 이러한 채무의 내역 및 규모, 재항고인의 연령, 수입 정도, 가동능력, 가족관계 등을 종합적으로 고려하여 보면, 재항고인이 파산원인인 지급불능의 상태에 있다고 인정되지 아니한다."라고 한 바 있습니다(대법원 2010.1.25.자 2009마2183 결정). 각 사안마다 구체적 사정에 따라 다르게 판단될 여지는 있으나 위 판례의 취지를 종합하여 보았을 때, 귀하의 경우 채무액이 900만원 정도인 점,

소득활동을 할 수 있는 점, 부양할 미성년 자녀가 없는 점 등에 비추어 지급
불능상태라 보기 어려워 파산신청은 어려워 보입니다.

■ 소송계속 중 채무자에게 파산선고가 된 경우 파산채권의 확정 절차는 어떻게 되나요?

[질문]

저는 법인을 상대로 물품대금청구의 소를 제기하였고 소송이 진행중위 법인은 파산선고를 받고 파산관재인이 선임되었습니다. 파산사건의 채권조사기일에 파산관재인이 저의 물품대금채권에 대하여 전부 이의를 하였습니다. 이 때 제가 물품대금청구 소송에서 취해야 할 조치가 있는지요?

[답변]

소송계속 중 당해 채권과 관련하여 파산사건의 채권조사기일에 채무자가 이의를 한 경우에는 현재 진행중인 소송에서 소송수계절차를 거쳐야 합니다. 채무자회생 및 파산에 관한 법률 제464조는 "이의채권에 관하여 파산선고 당시 소송이 계속되어 있는 경우 채권자가 그 권리의 확정을 구하고자 하는 때에는 이의자 전원을 그 소송의 상대방으로 하여 소송을 수계하여야 한다." 라고 규정하고 있고, 제359조는 "파산재단에 관한 소송에서는 파산관재인이 당사자가 된다."라고 규정하고 있으며 제347조 제1항은 "파산재단에 속하는 재산에 관하여 파산선고 당시 법원에 계속되어 있는 소송은 파산관재인 또는 상대방이 이를 수계할 수 있다."라고 규정하고 있습니다. 따라서 귀하는 현재 진행중인 물품대금소송에서 피고의 소송을 파산관재인이 수계할 수 있도록 소송수계신청을 하여야 합니다. 또한, 청구취지 등을 채권확정소송으로 변경하여야 하므로(대법원 2013.09.12. 선고 2012다95486 판결) 기존의 "금 000원을 지급하라"는 형식의 청구취지를 "원고의 파산자 000에 대한 파산채권은 금 000원임을 확정한다."라는 형식으로 변경하여야 할 것입니다.

■ 파산·면책이 확정된 채권에 대하여 채권자가 추심을 할 경우의 대응방법은?

[질문]

채권자 甲은 채무자인 저에 대해 대여금청구의 소를 제기하여 승소판결이 확정되었습니다. 이후 저는 甲에 대한 채무를 포함하여 파산면책을 신청하여 면책이 확정되었습니다. 그런데 甲은 얼마 전 위 승소판결을 집행권으로 하여 저의 은행예금에 압류추심명령을 신청하였습니다. 저는 어떤 조치를 취해야 하는지요?

[답변]

면책을 받은 개인인 채무자에 대하여 면책된 사실을 알면서 면책된 채권에 기하여 강제집행·가압류 또는 가처분의 방법으로 추심행위를 하는 것은 금지되어 있으나(채무자회생 및 파산에 관한 법률 제660조 제3항), 간혹 채권자가 파산면책 확정 전에 받은 집행권원(판결, 지급명령, 조정조서, 공정증서 등)을 근거로 강제집행을 하는 경우가 있습니다. 이러한 경우 파산면책이 확정된 사실은 청구이의의 사유가 되므로 채무자는 청구이의의 소를 제기하여 (민사집행법 제44조) 승소판결을 받아 강제집행을 취소할 수 있습니다. 한편, 청구이의의 소의 선고시까지는 상당한 기간이 소요되므로 급박한 경우에는 청구이의의 소를 제기하면서 잠정처분으로서 강제집행정지신청을 하여 법원의 결정이 나면 강제집행을 정지시켜 놓을 수도 있습니다. 참고로 별도의 집행권원을 가지고 있지 않은 채권자가 파산면책확정이 되었음에도 변제를 요구하는 경우에는 면책확인의 소를 제기하여 면책이 되었음을 확인 받을 수도 있습니다.

■ 보험자가 보험자대위에 기하여 취득한 채권이 '비면책채권'에 해당하는지 여부의 판단 기준은?

[질문]

저는 회사 공금 1,000만원을 횡령하였고, 회사와 신원보증보험계약을 체결한 보험사는 회사에 보험금을 지급한 후 저에게 보험자대위권에 기한 구상금청구를 하고 있습니다. 한편, 저는 위 구상금채권을 채권목록에 포함시켜 파산면책신청을 할 예정인데, 위 채권이 비면책채권에 해당하는지요?

[답변]

채무자가 고의로 가한 불법행위로 인한 손해배상은 비면책채권임은 명백하나 (채무자회생 및 파산에 관한 법률 제566조 제3호), 위 사안과 같이 고의로 가한 불법행위로 인한 손해배상채권에 대하여 보험사가 피해자에게 보험금을 지급한 후 보험자대위권에 의하여 취득한 구상금채권이 비면책채권인지 여부에 대해서는 명확한 규정이 없습니다. 그런데 위 사안과 유사한 사례에서 판례는, "구 파산법(2005. 3. 31. 법률 제7428호로 제정된 채무자 회생 및 파산에 관한 법률 부칙 제2조에 의하여 폐지되기 전의 것) 제349조 단서 제3호에서 '파산자가 악의로 가한 불법행위로 인한 손해배상청구권'을 비면책채권으로 규정하고 있는바, 이는 파산자의 채무가 사회적으로 비난받을 만한 행위로 인한 경우까지 면책결정에 의하여 그 채무에 관한 책임을 면제하는 것은 정의의 관념에 반하는 결과가 된다는 점을 고려한 것이다."라고 하면서 "소외인 주식회사의 피고에 대한 손해배상청구권은 파산자인 피고가 악의로 가한 불법행위로 인한 것으로서 구 파산법 제349조 단서 제3호에서 정하고 있는 비면책채권에 해당한다고 할 것이고, 한편 보험자대위의 법리에 따라 피보험자인 소외인 주식회사의 피고에 대한 권리는 동일성을 잃지 않고 그대로 보험자인 원고에게 이전되는 것이므로, 원고의 피고에 대한 권리 또한 비면책채권에 해당한다고 할 것이다."라고 하였습니다(대법원 2009.05.28. 선고 2009다3470 판결). 따라서 귀하가 파산면책신청을 하더라도 보험사의 귀하에 대한 구상금채권은 면책되기 어렵다 할 것입니다.

■ 채권자목록에 원본 채권만 기재하고 부수채권을 따로 기재하지 않은 경우의 효력은 있나요?

[질문]

저는 파산면책신청시 채권자목록에 원금을 기재하면 이자채권도 당연히 포함되는 것이라 생각하여 대여금채권 원금만 기재하고 미변제한 이자채권은 기재하지 않고 면책결정까지 받았는데, 혹시 이자채권은 면책받지 못하는 것인지요?

[답변]

위와 유사한 사례에서 판례는 "채무자 회생 및 파산에 관한 법률(이하 '채무자회생법'이라 한다)에 의하면, 파산 및 면책결정을 받은 채무자는 파산절차에 의한 배당을 제외하고는 파산채권자에 대한 채무의 전부에 관하여 그 책임이 면제되므로, 면책신청의 채권자목록에 기재하지 않은 파산채권이라도 면책 대상이 된다. 다만 채무자가 면책결정 이전에 채권의 존재 사실을 알면서도 이를 채권자목록에 기재하지 아니한 경우에는 그 파산채권에 대한 책임은 면제되지 아니하나, 그 경우에도 채권자가 파산선고가 있음을 알았다면 면책이 된다(제566조 제7호). 채무자회생법이 위와 같이 규정한 취지는, 채권자목록에 기재되지 아니한 채권자가 있을 경우 그 채권자로서는 면책절차 내에서 면책신청에 대한 이의 등을 신청할 기회를 박탈당하게 될 뿐 아니라 그에 따라 채무자회생법 제564조에서 정한 면책불허가사유에 대한 객관적 검증도 없이 면책이 허가, 확정되면 채무자는 원칙적으로 채무를 변제할 책임에서 벗어나게 되므로, 위와 같은 절차 참여의 기회를 갖지 못한 채 불이익을 받게 되는 채권자를 보호하려는 데에 있다(대법원 2010. 10. 14. 선고 2010다49083 판결 등 참조).

한편 면책을 신청한 자에 대하여 파산선고가 있는 경우 법원이 기일을 정하여 채무자를 심문하기로 결정한 때에는 그 결정을 공고하고 면책의 효력을 받을 파산채권자로서 법원이 알고 있는 파산채권자 등에게 송달하여야 한다. 또한 채무자심문기일을 정하지 않는 경우에도 법원은 이의신청할 수 있는 기간을 지정하는 결정을 하여 이를 면책의 효력을 받을 채권자에게 송달하여야 한다. 이에 대해 파산채권자는 심문기일부터 30일 내에 또는 법원이 정한 이의신청기간 내에 면책신청에 관하여 법원에 이의를 신청할 수 있다(채무자회생법 제558조 제1항, 제2항, 제562조 제1항 본문, 제8조).

위와 같은 채무자회생법의 규정 내용과 취지에 비추어 보면, 채무자가 면책신청의 채권자목록에 파산채권자 및 그 파산채권의 원본 내역을 기재하여 제출하면 그 채권자는 면책절차에 참여할 수 있는 기회가 보장된다 할 것이므로, 채무자가 채권자목록에 원본 채권만을 기재하고 이자 등 그에 부수하는 채권을 따로 기재하지 않았다고 하더라도, 그 부수채권이 채무자가 악의로 채권자목록에 기재하지 아니한 비면책채권에 해당한다고 할 것은 아니다."라고 하였습니다(대법원 2016. 04.02. 선고 2015다71177 판결). 따라서 위 판례의 취지에 따른다면 원금을 기재한 이상 파산면책절차에 채권자가 참여할 기회는 보장되었던 것이므로 기재하지 않은 이자채권까지 면책될 것으로 보입니다.

■ 파산선고 후 채무자에 대한 임금채권에 기한 강제집행이 가능한지요?

[질문]

저는 甲회사에서 근로하고 퇴직하였으나 甲회사는 저의 임금 1,000만원을 체불하였습니다. 제가 퇴직한 후 얼마 안 되어 甲회사는 파산선고를 받았는데, 제가 임금채권에 기하여 甲회사의 재산에 강제집행을 할 수 있는지요?

[답변]

임금채권은 재단채권이고(채무자 회생 및 파산에 관한 법률 제473조), 재단채권은 파산절차에 의하지 않고 파산관재인이 수시로 변제하여야 합니다(채무자 회생 및 파산에 관한 법률 제475조). 또한, 채무자 회생 및 파산에 관한 법률 제348조 제1항 본문은 "파산채권에 기하여 파산재단에 속하는 재산에 대하여 행하여진 강제집행·가압류 또는 가처분은 파산재단에 대하여는 그 효력을 잃는다."라고 되어 있어 파산채권이 아닌 재단채권에 기한 강제집행이 가능한지 여부에 대해서는 여러 견해가 있을 수 있습니다. 그런데, 판례는 "파산절차는 파산자에 대한 포괄적인 강제집행절차로서 이와 별도의 강제집행절차는 원칙적으로 필요하지 않는 것인바, 구 파산법(2005. 3. 31. 법률 제7428호 채무자 회생 및 파산에 관한 법률 부칙 제2조로 폐지)에 강제집행을 허용하는 특별한 규정이 있다거나 구 파산법의 해석상 강제집행을 허용하여야 할 특별한 사정이 있다고 인정되지 아니하는 한 파산재단에 속하는 재산에 대한 별도의 강제집행은 허용되지 않고, 이는 재단채권에 기한 강제집행에 있어서도 마찬가지로서 재단채권자의 정당한 변제요구에 대하여 파산관재인이 응하지 아니하면 재단채권자는 법원에 대하여 구 파산법 제151조, 제157조에 기한 감독권 발동을 촉구하든지, 파산관재인을 상대로 불법행위 손해배상청구를 하는 등의 별도의 조치를 취할 수는 있을 것이나, 그 채권 만족을 위해 파산재단에 대해 개별적 강제집행에 나아가는 것은 구 파산법상 허용되지 않는다."라고 하였습니다.(대법원 2007.07.12. 자 2006마1277 결정) 위 판례는 구파산법에 관한 판례이나 위 해석은 현행법상 하에서도 그대로 적용될 것으로 보이고, 위 판례가 나오기 이전에도 재단채권에 기한 개별집행은 허용되지 않는다는 것이 실무상 다수의 견해였습니다. 따라서 귀하는 임금채권에 기하여 甲회사의 재산에 강제집행을 할 수 없을 것으로 보입니다.

■ 파산절차에서의 즉시항고를 할 수 있는지요?

[질문]

저는 甲에 대하여 대여금채권을 가지고 있는데 甲은 현재 파산절차 진행중입니다. 파산절차 진행중의 개개의 재판에 대하여 제가 이해관계인으로서 즉시항고를 할 수 있는지요?

[답변]

채무자 회생 및 파산에 관한 법률(이하 '법'이라 함) 제13조 제1항은 "이 법의 규정에 의한 재판에 대하여 이해관계를 가진 자는 이 법에 따로 규정이 있는 때에 한하여 즉시항고를 할 수 있다."라고 규정하여 즉시항고의 대상이 되는 재판을 한정하고 있습니다. 즉시항고는 재판의 공고가 있는 때에는 그 공고가 있은 날부터 14일 이내에 하여야 하고(법 제13조 제2항), 재판의 공고를 하지 않는 경우에는 재판의 고지를 받은 날로부터 1주일이 즉시항고기간입니다(법 제33조). 또한, 즉시항고장은 서면으로 제출하여야 합니다(법 제14조). 법에서 정하고 있는 즉시항고 할 수 있는 재판의 예를 몇 가지 들자면 ① 사건기록의 열람 등 불허가결정(법 제28조 제5항), ② 파산신청에 관한 재판(법 제316조 제1항), ③ 파산재단에 속하는 재산의 면제 여부 및 그 범위를 정하는 결정(법 제383조 제6항), ④ 배당표에 대한 이의신청에 대한 결정(법 제514조 제3항), ⑤ 면책 여부에 관한 결정(법 제564조 제4항) 등이 있습니다.

■ 파산 폐지의 효과는 무엇인가요?

[질문]

저는 甲에 대한 채권자입니다. 현재 甲은 파산절차를 진행중인데, 파산폐지가 될 가능성이 있다고 합니다. 파산폐지는 무엇이고 그 효과는 무엇인가요?

[답변]

파산선고 후에 채무자 재산의 환가, 배당을 달성하지 않고 파산절차를 장래에 향하여 중지하는 것을 파산의 폐지라고 합니다. 파산의 폐지에는 동시폐지와 이시폐지가 있는데, 동시폐지는 파산재단으로 파산절차의 비용을 충당하기에 부족하다고 인정되는 때에 하며[채무자 회생 및 파산에 관한 법률(이하 '법'이라 함) 제317 제1항]), 이시폐지는 파산 선고 후 절차 진행 중 법원이 파산재단으로써 그 비용을 충당하기에 부족하다고 인정하고, 아무도 그 비용의 예납을 하지 않는 경우에 합니다(법 제545조). 파산폐지결정이 확정되면 채무자는 파산재단의 관리처분권을 회복합니다. 다만, 파산폐지결정에는 소급효가 없으므로 파산관재인이 파산절차 중에 행위는 유효합니다. 파산관재인의 임무는 종료하므로 파산 선고 전에 제기되어 파산선고로 중단되었거나 파산관재인 등이 수계한 소송은 채무자가 수계합니다(민사소송법 제240조). 파산채권자는 파산선고 전에 집행력 있는 집행권원을 가지고 있었거나, 파산절차에서 확정되어 파산채권자표에 기재된 경우에는 집행권원이나 파산채권자표의 기재에 의하여 강제집행을 할 수 있습니다(법 제548조 제1항, 제535조). 또한, 파산폐지결정이 확정된 때에는 파산관재인은 재단채권의 변제를 하여야 하며, 이의가 있는 것에 관하여는 채권자를 위하여 공탁을 하여야 하며(법 제547조),

파산관재인 또는 그 상속인은 지체 없이 채권자집회에 계산의 보고를 하여야 합니다(법 제365조).

■ 채권신고기간 경과 후의 채권신고가 가능한지요?

[질문]

저는 甲에 대하여 대여금채권을 가지고 있는데 甲은 파산절차에서 저의 채권을 채권자목록에 포함시키지 않아 제가 채권신고를 하려고 합니다. 채권신고기간이 지난 경우에도 채권신고가 가능한지요?

[답변]

채무자 회생 및 파산에 관한 법률(이하 '법'이라 함)상 채권신고의 종기를 제한하는 명문의 규정이 없으므로 최후배당의 배당제외기간까지의 채권신고는 유효합니다. 다만, 배당을 받으려면 특별조사기일이 개최되고 그 채권이 확정되어야 하므로(법 제456조, 제455조 등), 최후배당의 배당제외기간 만료 직전에 채권을 신고를 하면, 사실상 배당에 참가하지 못할 수 있습니다. 채권신고기간이 지난 후 일반조사기일 전까지 신고된 채권은 이의가 없으면 일반조사기일에 조사할 수 있지만, 이의가 있거나 일반조사기일 이후에 신고된 채권은 특별기일을 열어 조사하여야 합니다(법 제453조 제2항, 제455조). 또한, 특별조사기일을 여는 경우의 비용은 기간 후에 신고한 파산채권자가 부담하도록 되어 있고(법 제453조 제2항), 예납금을 내지 않으면 채권신고를 각하하므로 채권액과 예납금액을 비교하여 채권신고 여부를 결정할 필요가 있습니다.

■ 채권신고 취하의 효력은 어떻게 되는지요?

[질문]

甲은 현재 파산절차 진행중인데, 저는 甲의 채권자로서 채권신고를 하였으나 개인적 사정상 채권신고를 취하하고자 합니다. 채권신고 취하의 효력은 어떻게 되는지요?

[답변]

채권신고의 취하는 취하서의 정본과 부본을 법원에 제출하는 방식으로 합니다. 신고채권의 확정 전에 신고를 취하하면 처음부터 신고가 없었던 것으로 되고 신고의 효력도 소멸하므로, 시효중단의 효력도 생기지 않습니다(채무자회생 및 파산에 관한 법률 제32조 제2호). 그러나 일단 신고를 취하했어도 최후배당의 배당제외기간 종료시까지 다시 신고는 가능합니다(다만, 배당을 받으려면 특별조사기일이 개최되고 그 채권이 확정되어야 하므로, 최후배당의 배당제외기간 만료 직전에 채권신고를 하면, 사실상 배당에 참가하지 못할 수 있습니다). 채권이 확정 된 후에 신고를 취하하는 것이 허용되는가에 대하여는 견해가 대립되고 있습니다. 그러나 채권이 확정 된 후의 취하를 허용하는 견해에 의하더라도, 취하의 의사표시는 장래의 배당수령권 포기를 의미하는 것으로 보는 것이 일반적입니다. 따라서 동일한 채권에 대하여 다시 신고하는 것은 허용되지 않고 파산채권자는 이미 지급받은 배당금은 반환할 필요가 없으며 채권신고의 효력이나 파산채권자표 확정의 효력에는 영향이 없습니다.

■ 고용주가 파산신청을 한 경우에도 계속 근무하면서 임금을 지급받을 수 있는 것인지요?

[질문]

개인사업자에게 고용되어 근무 중인데 고용주가 최근 파산신청을 하였다고 합니다. 고용주에 대한 파산절차 진행 중에도 계속해서 근무해도 되는 것인지, 계속 근무할 경우 임금을 지급받을 수 있는 것인지요?

[답변]

고용주에 대한 파산절차가 개시되었다고 하더라도 그 사유만으로 근로관계가 곧바로 종료되는 것은 아닙니다. 따라서 파산절차 진행 중이라도 고용주와 근로자 사이의 근로계약에 따른 권리와 의무는 계속됩니다. 파산절차가 개시된 이후 채무자가 가진 모든 재산은 파산재단을 구성하고 그 파산재단을 관리 및 처분할 권리는 파산관재인에게 속하므로 파산관재인이 채무자의 포괄승계인과 같은 지위를 가지게 됩니다(대법원 2003. 6. 24. 선고 2002다48214 판결 참조). 따라서 파산절차 개시 이후에는 파산관재인을 근로계약상의 사용자로 보아야 할 것입니다.

다만 고용주가 파산한 경우 근로자에게 계속 근무를 강요할 수는 없을 것이므로 근로자는 자유롭게 근로계약을 해지할 수 있을 것입니다. 민법도 사용자가 파산선고를 받은 경우 고용기간의 약정이 있는 때에도 근로자 또는 파산관재인은 계약을 해지할 수 있고, 파산선고로 인한 해지의 경우에는 각 당사자가 계약해지로 인한 손해의 배상을 청구하지 못한다고 규정하고 있습니다(민법 제663조).

채무자가 고용한 근로자의 임금퇴직금 및 재해보상금, 개인회생절차개시결정 전의 원인으로 생긴 근로자의 임치금과 신원보증금의 반환청구권은 재단채권으로 분류됩니다(채무자회생및파산에관한법률 제583조 제1항 제3호, 제4호). 채무자에 대한 일반적인 채권인 회생채권은 원칙적으로 변제계획에 의하지 아니하고는 변제할 수 없는 데 반하여(동법 제582조), 위에서 열거한 임금과 같은 재단채권은 개인회생절차에 의하지 아니하고 채무자가 수시로 변제할 수 있습니다(동법 제583조 제2항, 제475조). 따라서 파산관재인은 재단채권인 임금에 대하여 본래의 변제기에 따라 그때그때 변제하여야 하며, 변제를 해태하는 경우에는 강제집행을 당할 수 있고, 이로 인하여 일반 회생채권에 대한 변제계획의 수행이 불가능하게 되는 경우 개인회생절차가 폐지될 수도 있습니다. 따라서 재단채권인 임금은 사실상 다른 회생채권보다 먼저 변제받을 수 있는 효과가 있습니다.

■ 파산선고를 받았다는 이유로 해고할 수 있는지요?

[질문]

저는 A라는 회사에 근무하고 있는 근로자입니다. 최근 과다한 채무 때문에 파산신청을 하였는데, 회사에서는 파산선고를 받을 경우 신뢰관계가 훼손된 것이므로 저를 해고할 수 있다고 합니다. 파산선고를 받은 이유만으로 해고 사유가 되는 것인지요?

[답변]

개인파산제도가 변제능력을 상실한 채무자에게 경제적 재기와 갱생의 기회를 부여하고자 하는 데에 그 목적이 있음에도 불구하고(헌법재판소 2013. 3. 21. 선고 2012헌마569 결정), 파산제도를 잘못 이해하여, 파산선고를 받았다는 사실만으로 사회적 불성실의 징표 또는 사회적 신뢰의 상실로 보아 취업규칙 등에 파산선고를 당연퇴직사유로 정하는 경우가 종종 있습니다.

그러나 채무자회생 및 파산에 관한 법률은 '누구든지 이 법에 따른 파산절차 중에 있다는 이유로 정당한 사유 없이 취업의 제한이나 해고 등 불이익한 처우를 받지 아니한다(채무자회생및파산에관한법률 제32조의2)'라고 규정되어 있습니다. 따라서 비록 회사의 사규나 취업규칙에 파산선고를 받는 것이 당연퇴직사유로 정하여졌다고 하더라도, 사용자는 근로자가 파산절차 중에 있다거나 그 절차에서 파산선고를 받았음을 이유로 그 근로자를 해고하거나 감봉 등 불이익한 처우를 할 수 없을 것입니다. 다만 해고나 감봉을 할 정당한 사유가 있는 때에는 예외적으로 불이익한 조치를 할 수도 있겠지만 정당한 사유가 있다는 점에 대해서는 사용자가 입증하여야 할 것입니다.

■ 생계에 필요한 재산들도 모두 파산재단에 귀속되는지요?

[질문]

채무가 많아 파산신청을 하려고 합니다. 파산이 선고될 경우 제가 가진 재산이 모두 파산재단에 귀속되고 이후 채권자들에게 배당, 분배된다고 들었습니다. 그렇다면 집에 있는 생계에 필요한 기본적인 생활필수품 까지도 모두 파산재산에 귀속되어 채권자들을 위해 분배, 처분되는 것인지요?

[답변]

채무자가 파산선고 시에 가진 재산은 모두 파산재단에 속하여야 하는 것이 원칙이나, 채무자회생 및 파산에 관한 법률은 `법원의 결정에 의하여 일정한 범위 내에서 파산재단에 속하는 것을 면제받아 자유 재산으로 변경된 재산을 허용하고 있습니다(동법 제383조 제2항). 위와 같이 파산재단에 귀속되지 않고 채무자의 자유 재산으로 변경된 재산을 `면제재산`이라 합니다.

소액의 임대차보증금은 면제대상이 될 수 있는데, 채무자회생 및 파산에 관한 법률은 `채무자 또는 그 피부양자의 주거용으로 사용되고 있는 건물에 관한 임차보증금반환청구권으로서 주택임대차보호법 제8조의 규정에 의하여 우선변제를 받을 수 있는 금액의 범위 안에서 대통령령이 정하는 금액을 초과하지 아니한 부분은 면제재산의 대상이 된다고 하고 있습니다(동법 제383조 제2항 제1호). 구체적으로 면제재산이 되는 임차보증금반환청구권의 상한액은 주택임대차보호법 시행령 제10조 제1항에서 정한 금액으로 하는데(채무자회생 및 파산에 관한 법률 시행령 제16조 제1항) 서울특별시는 3,200만 원, 수도권정비계획법에 따른 과밀억제권역은 2,700만 원, 광역시, 안산시, 용인시, 김포시 및 광주시는 2,000만 원, 그 밖의 지역은 1,500만 원입니다.

한편, 채무자 및 그 피부양자의 생활에 필요한 6월간의 생계비에 사용할 특정한 재산으로서 대통령령이 정하는 금액을 초과하지 아니한 부분 또한 면제재산이 될 수 있습니다(동법 제383조 제2항 제2호). 시행령이 정한 금액은 900만 원입니다(동법 시행령 제16조 제2항). 따라서 집안에 있는 생계에 필요한 물건들은 합하여 900만 원을 넘지 않는 범위 안에서는 파산재단에 귀속되지 않고 자유롭게 관리, 처분할 수 있는 자유 재산이 될 수 있습니다.

다만, 면제재산은 채무자가 신청하여야만 인정되므로 면제재산으로 인정받기를 원하는 경우 파산신청일 이후부터 파산선고 후 14일 이내에 면제재산이 되기를 원하는 재산에 관하여 `면제재산 목록`을 작성하고 이에 대한 소명자료를 첨부한 서면을 법원에 제출하여야 합니다.

■ 쌍무계약에서 매도인이 파산한 경우 매수인이 매도인에게 그대로 계약의 이행을 구할 수 있는지요?

[질문]

최근에 아파트를 매수하였습니다. 그런데 매매계약체결 이후 매도인이 파산선고를 받았다고 합니다. 이러할 경우 매매계약을 해제할 수 있는지, 또는 해제하지 않고 기존 매매계약에 따라 제 앞으로 아파트에 대한 이전등기를 마칠 수 있는 것인지요?

[답변]

`쌍무계약`이라고 함은 쌍방 당사자가 상호 대등한 대가관계에 있는 채무를 부담하는 계약을 말합니다. 아파트 매매계약의 경우에도 매도인은 소유권이전등기의무를 매수인은 매매대금 지급의무를 각각 부담하기 때문에 쌍무계약에 해당합니다.

파산선고 당시 양 당사자의 채무가 모두 미이행 상태인 `쌍무계약`의 경우 파산관재인은 계약의 이행 또는 해제에 관한 선택권을 가집니다. 즉, 파산관재인은 그 선택에 따라 계약을 해제하거나 채무자의 채무를 이행하고 상대방의 채무이행을 청구할 수 있습니다(채무자회생 및 파산에 관한 법률 제335조). 반면 파산자의 상대방은 파산관재인에게 계약을 이행하여 파산관재인의 해제권을 배제할 수도 없고 파산을 이유로 미이행 쌍무계약을 해제할 수도 없습니다.

위와 같이 파산자와 쌍무계약의 관계에 있는 상대방은 파산관재인의 선택에 따라 그 법적 지위가 달라지는 불안정한 상태에 놓이게 되는데 이에 대한 해결책으로 채무자회생 및 파산에 관한 법률은 상대방에게 최고권을 인정하여 불안정한 지위에서 벗어날 수 있도록 하고 있습니다. 즉, 상대방은 파산관재인에 대하여 이행 또는 해제 선택의 확답을 최고할 수 있고, 파산관재인이 확답을 하지 않으면 해제된 것으로 간주되는 것입니다(동법 제335조 제2항).

사안의 경우 미이행 쌍무계약이므로 매도인의 파산관재인은 채무의 이행 또는 계약의 해제를 선택할 수 있습니다. 매수인은 파산관재인에 대하여 이행 여부를 최고할 수 있고, 확답이 없으면 아파트 매매계약은 해제된 것으로 간주됩니다.

■ 임대인이 파산한 경우 임대차계약을 유지할 수 있는지 및 임대차보증금을 우선하여 반환받을 수 있는지요?

[질문]

다세대주택에 세 들어 살고 있는 임차인입니다. 최근 임대인이 파산하였다는 소식을 들었습니다. 임대인이 파산한 경우 임대차계약이 자동으로 해지되는 것인지가 궁금하고, 임대차보증금에 대하여 다른 파산 채권자들에게 우선하여 변제를 받을 수 있는 것인지도 궁금합니다.

[답변]

'쌍무계약'이라고 함은 쌍방 당사자가 상호 대등한 대가관계에 있는 채무를 부담하는 계약을 말합니다. 임대차 계약의 경우에도 임대인은 임차목적물을 인도하여 사용·수익하게 할 의무를 임차인은 차임을 지급할 의무를 각각 부담하기 때문에 쌍무계약에 해당합니다. 파산선고 당시 양 당사자의 채무가 모두 미이행 상태인 쌍무계약의 경우 파산관재인은 계약의 이행 또는 해제에 관한 선택권을 가집니다. 즉, 파산관재인은 그 선택에 따라 계약을 해제하거나 채무자의 채무를 이행하고 상대방의 채무이행을 청구할 수 있는 것이 원칙입니다(채무자회생 및 파산에 관한 법률 제335조). 따라서 원칙대로라면 임대인의 파산관재인은 그 선택에 따라 임대차계약을 해지할 수 있을 것입니다.

그러나 채무자회생 및 파산에 관한 법률은 주택임대차보호법과 상가건물임대차보호법상의 대항력을 갖춘 임차인을 보호하기 위하여 미이행 쌍무계약에 있어 파산관재인에게 계약해지의 선택권에 관한 위 규정의 적용을 배제하였습니다. 따라서 임차인은 임대인이 파산되더라도 파산관재인의 해지권행사로부터 보호됩니다. 다만 임대인의 파산여부와 상관없이 임차인은 임대인의 파산관재인에 대하여 차임지급의무를 계속적으로 부담하므로, 차임미지급, 무단전대 등 임차인에게 채무불이행 사유가 있는 경우에는 채무불이행에 해당하여 파산관재인으로부터 해지를 당할 수는 있습니다.

한편, 채무자회생 및 파산에 관한 법률은 대항요건과 확정일자를 갖춘 주택임차인은 파산재단이 속하는 주택의 환가대금에서 후순위권리자 그 밖의 채권자보다 우선하여 보증금을 변제받을 권리를 인정하고 있습니다(동법 제451조 제1항, 제3항). 다만 여기서 말하는 우선변제권은 파산절차 또는 경매절차에서 우선변제권을 갖는다는 뜻이지 경매신청권까지 부여된다는 뜻은 아닙니다.

■ 재단채권이란 무엇이며, 재단채권에 대하여 어떻게 변제받을 수 있는지요?

[질문]

식당에서 일하고 있는 근로자입니다. 몇 달간 영업이 어려워 임금이 체불되고 있었는데 최근 고용주가 파산신청을 하였다고 합니다. 임금은 재단채권에 해당되어 파산절차에도 불구하고 지급받을 수 있다는 말을 들었는데, 재단채권이란 어떤 채권을 말하는 것이고 또 어떻게 지급을 받을 수 있는 것인지요?

[답변]

재단채권은 파산재단 전체로부터 파산채권자에 우선하고 파산절차에 의하지 않고 파산재단으로부터 수시로 변제받을 수 있는 청구권을 말합니다. 주로 파산재단의 관리·처분·배당 등의 절차로 인한 비용이나 조세, 임금채권 등과 같이 공익성이 있는 채권의 경우 재단채권으로 분류됩니다.

채무자회생 및 파산에 관한 법률은 채무자의 근로자의 임금·퇴직금 및 재해보상금을 재단채권으로 정하고 있습니다(동법 제473조 제10호). 재단채권이 되는 임금에는 임금, 봉급, 급료, 수당, 상여 등 명칭의 여하를 묻지 않고 사용자가 근로자에게 근로의 대가로 지급하는 일체의 금품이 포함되고, 가족수당, 초과근무수당, 휴업수당 등도 포함됩니다. 퇴직금 역시 재단채권이며, 퇴직위로금이나 명예퇴직금도 마찬가지입니다(대법원 2000. 6. 8.자 2000마1439 결정 참조).

재단채권은 파산절차에 의하지 않고 파산관재인이 수시로 변제하여야 합니다(동법 제475조). 임금 등 재단채권을 변제하여야 할 경우 파산관재인은 재단채권 승인 및 임치금 반환 허가서를 법원에 제출하여 그 허가를 받고, 허가서 등본을 임치금 보관장소에 제시하고 금전을 인출하여 재단채권을 변제하게 됩니다.

한편, 실무 상 파산선고 후 재단채권에 기한 강제집행은 허용되지 않는다고 해석되고 있으며(대법원 2007. 7. 12.자 2006마1277 결정), 재단채권에 기해 파산선고 전에 파산재단에 속하는 재산에 대하여 행해진 강제처분은 파산선고로 인하여 실효됩니다(대법원 2008. 6. 27.자 2006마260 결정 참조). 즉, 체불된 임금을 이유로 소를 제기하고 강제집행을 하는 것 자체는 허용되지만 파산선고 후 강제집행이 불허되고 파산선고 전 행해진 강제집행도 파산선고로 실효되는 까닭에 소제기 및 강제집행을 통하여 실질적인 만족을 얻기는 상당히 어려울 수 있습니다.

다만, 재단채권자의 정당한 변제요구에 대하여 파산관재인이 응하지 아니하면 재단채권자는 법원에 대하여 파산관재인에 대한 감독권 발동을 촉구하든지, 파산관재인을 상대로 불법행위로 인한 손해배상청구를 하는 등의 방법을 강구해 볼 수는 있습니다.

■ 파산신청 전 배우자에게 재산분할을 하여 주는 경우 부인권의 대상이 되는지요?

[질문]

채무가 많아 파산신청을 고려하고 있습니다. 파산을 신청하기 전 제 명의로 되어 있는 부부 공동재산을 이혼 및 재산분할을 통해 배우자에게 청산하여 주려고 합니다. 배우자에게 재산분할을 하여 줄 경우 파산절차에서 나중에 문제가 될 수 있는지요?

[답변]

재정적 위기에 빠진 채무자가 파산신청을 하기 전 자신의 재산을 배우자에게 분할하여 주는 경우가 있을 수 있습니다. 재산분할 청구권은 민법 규정에 따라 인정되는 권리로 혼인 중에 취득한 실질적인 부부 공동재산을 청산·분배하는 것으로 목적으로 인정되는 권리입니다. 채무자가 배우자에게 재산을 분할하여 주는 것 자체도 일종의 재산처분행위라고 볼 수 있으므로 일정한 요건 하에 채무자회생 및 파산에 관한 법률에서 정한 `부인권`의 대상이 될 수 있습니다.

`부인권`이란 파산선고 전에 채무자가 파산채권자를 해하는 행위를 한 경우 그 행위의 효력을 부인하고 일탈된 재산을 파산재단에 회복하기 위하여 파산관재인이 행하는 권리입니다(동법 제391조). 부인의 대상이 되는 행위는 채무자 또는 예외적으로 제3자의 행위로서 부동산동산의 매각, 증여, 채권양도, 채무면제, 변제, 채무승인, 법정추인 등 일체의 행위를 포함합니다.

재산분할도 부인의 대상이 되는 행위임에는 분명하지만 이혼에 따른 재산분할은 공동재산의 청산분배 외에도 이혼 후 상대방에 대한 부양적 성격이 가미되어 있고, 분할자의 유책행위에 의하여 이혼함으로 인한 정신적 손해를 배상하기 위한 급부로서의 성질까지 포함될 수 있으므로(대법원 2001. 5. 8. 선고 2000다58804 판결) 재산분할이 부인권의 대상이 되는 경우는 흔하지 않을 것입니다.

또한 재산분할자가 당해 재산분할에 의하여 무자력이 되어 일반채권자에 대한 공동담보를 감소시키는 결과가 된다고 하더라도 그러한 재산분할이 민법 제839조의2 제2항의 규정 취지에 반하여 상당하다고 할 수 없을 정도로 과대하고, 재산분할을 구실로 이루어진 재산처분이라고 인정할 만한 특별한 사정이 있어 부인대상행위가 되는 경우에도 부인되는 범위는 그 상당한 부분을 초과하는 부분에 한정되며, 그와 같이 상당한 정도를 벗어나 과대한 재산분 할이라고 볼 만한 특별한 사정이 있다는 점에 관한 입증책임은 파산관재인이 부담한다고 보아야 할 것입니다(대법원 2005. 1. 28. 선고 2004다58963 판 결 참조).

■ 파산재단에 속한 부동산을 환가하는 방법은 어떠한지요?

[질문]

파산절차 진행 중인 채무자입니다. 건물 한 채를 보유하고 있는데 파산관재인은 위 건물을 법원 경매를 통해 매각하여 환가하겠다고 합니다. 법원 경매를 하게 되면 제 값을 받지 못할 것 같아 걱정입니다. 법원 경매 외에 부동산 중개업자 등을 통하여 임의로 매각하는 방법은 없는 것인지요?

[답변]

파산절차에서는 채무자의 재산을 전부 금전으로 환가하여 채권자들에게 배당하게 됩니다. 파산관재인은 선량한 관리자로서의 주의의무에 반하지 않는 한 원칙적으로 재단의 재산을 적당한 시기·방법으로 환가할 수 있는 재량권을 가집니다. 채무자회생 및 파산에 관한 법률은 민사집행법에서 환가방법을 정한 권리의 환가는 민사집행법에 따르도록 규정하고 있으므로(동법 제496조 제1항), 부동산의 환가는 민사집행법 제274조 제1항의 `그 밖의 법률이 규정하는 바에 따른 경매`에 해당하는 것으로 보아 담보권 실행을 위한 경매에 예에 따라 실시하게 됩니다. 그러나 현실적으로 법원의 경매절차보다 임의로 매각하는 것이 더 높은 가격으로 환가할 수 있기 때문에 채무자 재산의 보호를 위해서는 임의 매각하는 방법으로 환가하는 것이 채무자에게 더 유리한 경우가 많습니다. 한편, 채무자회생 및 파산에 관한 법률도 파산관재인이 법원의 허가를 얻어 다른 방법으로 환가할 수도 있다고 규정하고 있어(동법 제496조 제2항), 법원 허가를 조건으로 한 임의 매각을 허용하고 있습니다.

임의 매각은 파산관재인이 부동산중개업자에 의뢰하는 등으로 희망매수자를 모집하고, 매수희망자가 경합하는 경우에는 최고가매수희망자와 법원의 허가를 조건으로 하는 매매계약을 체결하는 방식으로 이루어집니다. 매수희망자가 나타나지 않아 이를 물색하는데 어려움이 있는 경우에는 별제권자, 공유자, 임차인 등 이해관계인, 채무자의 친족 등에게 매수의사를 타진하는 방법도 취할 수 있을 것입니다. 다만, 헐값에 처분되지 않도록 매매가격의 적정성을 확보하여야 하는데, 보통 인근 부동산 중개업자의 시가확인서, 토지에 대한 개별공시지가, 공동주택가격확인서, 개별주택가격확인서 등의 자료를 종합적으로 판단하여 적정한 매각 가격을 정하게 됩니다.

■ 파산채권자로서 파산절차에 참가하려는데 방법과 절차는 어떠한지요?

[질문]

특정 채무자에 대하여 금전채권을 가지고 있습니다. 그런데 채무자가 변제를 차일피일 미루더니 최근에 파산신청을 하였다고 합니다. 다른 채권자들도 많아 변제 자력이 부족한 것으로 알고 있는데 파산절차에 참가하는 방법과 절차는 어떠한지요?

[답변]

채권자는 파산채권을 신고함으로써 채무자에 대한 파산절차에 참가하게 됩니다. 채권자는 파산채권의 신고로서 파산절차상의 파산채권자가 되고, 파산재단으로부터 배당을 받을 수 있는 기회를 부여받게 됩니다. 또한 파산채권의 신고에 의하여 파산절차 종료 시까지 채권의 소멸시효를 중단시키는 효과도 얻게 됩니다(채무자회생 및 파산에 관한 법률 제32조 제2호). 파산채권의 신고는 채권신고기간 내에 하여야 하고 채권신고서 양식을 구하여 그 양식에 맞추어 신고하는 것을 권하고 있습니다. 채권자는 채권신고서에 ① 채권액 및 원인, ②일반의 우선권이 있는 경우에는 그 권리, ③ 후순위채권으로 되는 것이 있을 때에는 그 구분을 기재하여야 합니다(동법 제447조 제1항). 별제권자의 경우에는 그 밖에 별제권의 목적, 별제권의 행사로 변제받을 수 없는 채권액도 기재하여야 하고(동법 제447조 제1항, 제2항), 파산채권에 관하여 파산선고 당시 소송이 계속되어 있는 때에는 그 법원당사자사건명 및 사건번호도 기재하여 신고해야 합니다(동법 제447조 제3항).

채권자는 신고서와 함께 대리인의 의하여 채권신고를 하는 경우에는 대리권을 증명하는 서면, 파산채권이 집행력 있는 집행권원 또는 종국판결이 있는 것일 때에는 그 사본, 채권자의 주민등록등본 또는 법인등기부등본을 제출하여야 합니다(동법 규칙 제73조 제2항). 채권의 신고는 신고기간 내에 마치는 것이 좋습니다. 다만, 채권신고기간이 경과하더라도 신고의 종기를 제한하는 명문의 규정이 없으므로 최후배당의 배당제외기간까지는 유효하게 채권신고를 할 수 있습니다. 그러나 파산채권은 채권조사기일에 조사되어 이의가 없이 확정된 후에야 배당을 받을 수 있는 것이므로 특별조사기일을 개최하는 등 채권의 추가적 확정을 위한 절차를 취할 정도의 시간적 여유가 있는 날까지 채권신고를 하여야 할 것입니다.

■ 파산채권자로서 다른 채권자의 채권에 이의가 있는 경우 불복방법이 있는 지요?

[질문]

채권자로서 파산채권으로 신고하고 파산절차에 참가한 채권자입니다. 파산관재인이 공고한 파산채권자표를 보니 채권신고를 한 다른 채권자의 채권 내역이 잘못된 것 같습니다. 제가 다른 채권자의 채권 내용에 대하여 이의를 제기할 수 있는지, 제기할 수 있다면 언제까지 해야 하는지요?

[답변]

법원은 기간을 정하여 파산채권을 신고하도록 하고 파산채권자표 및 채권신고서류를 법원에 비치합니다(채무자회생 및 파산에 관한 법률 제449조). 이후 파산절차는 채권자집회를 열어 파산관재인의 보고를 듣고 채권 조사기일을 열어 파산채권을 확정시킨 후 채권자집회를 속행하여 결의사항에 대한 결의를 하는 방식으로 진행되게 됩니다.

채무자회생 및 파산에 관한 법률은 채무자, 신고한 파산채권자 또는 그 대리인이 채권조사기일에 출석하여 의견을 진술할 수 있도록 하고 있는데(동법 제451조), 파산채권자는 위 조사기일에 다른 파산채권에 대하여 이의가 있다는 의견을 진술할 수 있습니다. 이의를 받은 파산채권자가 채권조사기일에 출석하지 아니한 경우 법원은 이의가 있다는 사실을 그 파산채권자에게 통지하게 됩니다(동법 제461조). 한편, 채권조사기일에 이의를 진술하지 아니한 경우에는 후일 새로이 이의를 진술할 수 없지만, 반대로 이의를 진술한 경우에는 그 이의를 채권조사의 기일 중 기일 외를 묻지 않고 언제라도 철회할 수 있습니다.

파산절차에 있어서 채권조사기일에 파산관재인 및 파산채권자의 이의가 없는 때에는 채권액은 이로 인하여 확정되고, 확정채권에 관하여는 채권표의 기재는 파산채권자 전원에 대하여 확정판결과 동일한 효력을 가집니다(동법 제460조). 확정판결과 동일한 효력이라 함은 기판력이 아닌 확인적 효력을 가지고 파산절차 내부에 있어 불가쟁의 효력이 있다는 의미에 지나지 않고, 이미 소멸된 채권이 이의 없이 확정되어 채권표에 기재되어 있더라도 이로 인하여 채권이 있는 것으로 확정되는 것이 아니므로, 이것이 명백한 오류인 경우에는 파산법원의 경정결정에 의하여 이를 바로잡을 수 있으며 그렇지 아니한 경우에는 무효확인의 판결을 얻어 이를 바로잡을 수 있다고 할 것입니다. 그러나 채권조사기일 당시 유효하게 존재하였던 채권에 대하여 파산관재인 등으로부터의 이의가 없는 채로 채권표가 확정되어 그에 대하여 불가쟁의 효력이 발생한 경우에는 파산관재인으로서는 더 이상 부인권을 행사하여 그 채권의 존재를 다툴 수 없게 되었다고 할 것이고, 나아가 파산관재인이 사후에 한 그러한 부인권 행사의 적법성을 용인하는 전제에서 파산채권으로 이미 확정된 채권표 기재의 효력을 다투어 그 무효를 구하는 것 역시 허용될 수 없습니다(대법원 2006. 7. 6. 선고 2004다17463 판결). 따라서 다른 파산채권자에 대한 이의는 채권조사기일에 하여야 하며 그 때까지 하지 아니하여 파산채권자표가 확정적으로 기재된 경우에는 더 이상 이의를 하기가 힘듭니다.

반면, 파산채권조사에서 신고한 파산채권의 내용에 대하여 파산관재인 또는 파산채권자가 적법하게 이의를 한 때에는 그 파산채권을 보유한 파산채권자는 그 내용의 확정을 위하여 이의자 전원을 상대방으로 하여 법원에 채권조사확정의 재판을 신청할 수 있고(동법 제462조), 위 조사확정재판의 결정에 대하여 이의가 있는 이의를 당한 채권자 또는 이의를 한 채권자는 그 결정서의 송달을 받은 날부터 1월 이내에 이의의 소를 제기할 수 있습니다(동법 제463조).

■ 양육비채권도 파산면책을 통해서 사라지게 되나요?

[질문]

저는 남편과 이혼하면서 양육비를 받기로 하였습니다. 판결문에 양육비도 기재되어 있습니다. 그런데 남편이 최근에 개인파산을 신청하게 되었습니다. 저의 양육비채권도 파산면책을 통해서 사라지게 되나요?

[답변]

양육비채권은 재단채권임과 동시에 비면책채권이므로 면책되지 않습니다. 단, 개인파산절차에서는 현실적으로 환가와 배당이라는 절차가 진행되지 않으므로 파산관재인이 선임되더라도 재산이 없어 재단채권인 양육비채권에 대한 수시변제는 이루어지지 않을 것입니다.

※ 채무자 회생 및 파산에 관한 법률

제566조 (면책의 효력)

면책을 받은 채무자는 파산절차에 의한 배당을 제외하고는 파산채권자에 대한 채무의 전부에 관하여 그 책임이 면제된다. 다만, 다음 각호의 청구권에 대하여는 책임이 면제되지 아니한다. [개정 2010.1.22 제9935호(취업 후 학자금 상환 특별법)]

1. 조세
2. 벌금·과료·형사소송비용·추징금 및 과태료
3. 채무자가 고의로 가한 불법행위로 인한 손해배상
4. 채무자가 중대한 과실로 타인의 생명 또는 신체를 침해한불법행위로 인하여 발생한 손해배상
5. 채무자의 근로자의 임금·퇴직금 및 재해보상금
6. 채무자의 근로자의 임치금 및 신원보증금
7. 채무자가 악의로 채권자목록에 기재하지 아니한 청구권.다만, 채권자가 파산선고가 있음을 안 때에는 그러하지 아니하다.
8. 채무자가 양육자 또는 부양의무자로서 부담하여야 하는 비용
9. 「취업 후 학자금 상환 특별법」에 따른 취업 후 상환 학자금대출 원리금

■ 개인회생, 파산사건의 신청 관할 법원은 어디인가요? 채무자의 주소지 또는 채무자의 생활하는 장소의 의미는?

[질문]

저는 개인파산을 신청하려고 하는데 어디 법원에 신청해야 하나요? 주민등록 주소지만을 기준으로 관할 법원이 결정되나요?

[답변]

채무자회생 및 파산에 관한 법률

제3조 (재판관할)

① 회생사건, 간이회생사건 및 파산사건 또는 개인회생사건은 다음 각 호의 어느 한 곳을 관할하는 지방법원 본원의 관할에 전속한다. [개정 2014.5.20, 2014.12.30] [[시행일 2015.7.1]]

   1. 채무자의 보통재판적이 있는 곳

   2. 채무자의 주된 사무소나 영업소가 있는 곳 또는 채무자가계속하여 근무하는 사무소나 영업소가 있는 곳

   3. 제1호 또는 제2호에 해당하는 곳이 없는 경우에는 채무자의 재산이 있는 곳(채권의 경우에는 재판상의 청구를 할 수 있는 곳을 말한다)

주소는 일반적으로 주민등록법에 의해 주소로 등록된 곳을 의미합니다. 그런데 주민등록상 주소지와 생활의 근거되는 곳이 다른 경우 법적으로는 객관적으로 보아 채무자가 주로 생활하는 곳으로 판단되는 장소를 주소로 보고 그 장소를 관할하는 지방법원 본원에 파산을 신청해야 합니다.

다만, 주민등록상 주소와 실제 생활의 근거지가 상이한 경우 실제 생활의 근거지임을 소명해야 관할을 인정할 수 있으며, 그 소명자료로서는 신청인이 임차인으로 기재되어 있는 임대차계약서, 생활 근거지로 송달된 소장 등 소송서류나 우편물, 기타 이를 확인해 줄 수 있는 이해관계인(건물주 등)의 확인서 등이 있습니다.

■ 낭비로 인한 파산의 경우 면책불허가 사유인지요?

[질문]

저는 금융권에 대출을 받고 신용카드를 발급받아 현금서비스, 카드대출을 받아 주식에 투자하였으나 실패하여 많은 빚을 지게 되었고, 다시 빚을 갚아보고자 신용카드와 사채를 통해 만든 돈으로 다단계판매업에 뛰어들었으나 역시 큰 손해를 보았으며, 신용카드 돌려막기, 속칭 카드깡(물품거래를 가장하여 신용카드로 물품대금을 결제하고 거래처로부터 해당 매출금에서 수수료를 공제한 현금을 받는 행위 또는 신용카드에 의해 구입한 물품을 즉시 매각하여 현금으로 융통하는 행위)을 통해 빚을 갚고 생활비에 사용해 왔지만 이마저도 더 이상은 불가능하게 되어 파산을 신청하고자 합니다. 저의 경우에도 면책을 받을 수 있는지요?

[답변]

개인파산은 채무자의 재산을 환가하여 채권자들에게 안분·배당하는 절차인 파산절차와 채무증대 및 지급 불가능 경위에 있어서 「채무자 회생 및 파산에 관한 법률」에서 정한 면책불허가사유 유무를 판단하는 면책절차로 구분되며, 대부분의 개인파산사건의 경우 환가할 채무자의 재산이 없는 관계로 파산절차는 주로 파산원인으로서의 지급불능 즉, 채무자가 장래변제능력이 부족하여 변제기가 도래한 채무를 일반적·계속적으로 변제할 수 없는 객관적인 상태에 이르렀는지 여부를 심사하는 것에 초점을 맞추게 됩니다(다만, 현재 법원의 실무는 파산절차에서도 면책불허가사유 유무를 심사하고 있습니다).

그에 따라 파산원인으로서의 지급불능이 인정되고 파산 절차비용에 충당할 채무자의 재산이 없는 경우 법원은 파산선고와 동시에 파산절차를 폐지(동시폐지 결정)하고 면책심리에 나아가 채무자에게 면책불허가사유가 있는지 여부를 판단하게 됩니다. 면책불허가사유의 주요 내용은 다음과 같습니다(채무자 회생 및 파산에 관한 법률 제564조 제1항).

① 채무자가 파산선고의 전후를 불문하고 자기 또는 타인의 이익을 도모하거나 채권자를 해할 목적으로 파산재단에 속하는 재산을 은닉, 손괴 또는 채권자에게 불이익하게 처분하는 행위

② 채무자가 파산선고의 전후를 불문하고 자기 또는 타인의 이익을 도모하거나 채권자를 해할 목적으로 파산재단의 부담을 허위로 증가시키는 행위

③ 채무자가 파산선고의 전후를 불문하고 자기 또는 타인의 이익을 도모하거나 채권자를 해할 목적으로 법률의 규정에 의하여 작성하여야 할 상업장부를 작성하지 아니하거나 이에 재산의 현황을 알 수 있는 정도의 기재를 하지 아니하거나 또는 부실한 기재를 하는 행위 또는 이를 은닉하거나 손괴하는 행위

④ 채무자가 파산선고의 전후를 불문하고 신용거래로 상품을 구입하여 현저히 불이익한 조건으로 이를 처분하는 행위

⑤ 채무자가 파산선고의 전후를 불문하고 지급불능을 알면서 어느 채권자에게 특별한 이익을 줄 목적으로 한 담보의 제공 또는 채무의 소멸에 관한 행위로서, 채무자의 의무에 속하지 아니하거나 그 방법 또는 시기가 채무자의 의무에 속하지 아니하는 행위(아직 변제기가 도래하지 않은 일부 채권자에게만 변제하거나 원래 대물변제 약정이 없는데도 일부 채권자에게 대물변제하는 행위를 포함)

⑥ 채무자가 파산선고 전 1년 내에 지급불능임에도 불구하고 그 사실을 속이거나 감추고 신용거래로 인하여 재산을 취득한 사실이 있는 때

⑦ 채무자가 허위의 채권자목록 그 밖의 신청서류를 제출하거나 법원에 대하여 그 재산 상태에 관하여 허위의 진술을 한 때

⑧ 개인파산을 통해 면책을 받아 그 면책허가결정 확정일부터 7년이 경과되지 아니하거나, 개인채무자회생절차에서 면책을 받아 그 면책허가결정 확정일부터 5년이 경과되지 않은 때

⑨ 채무자가 채무자 회생 및 파산에 관한 법률에서 정하는 채무자의 의무를 위반한 때

⑩ 채무자가 파산선고 전후를 불문하고 과다한 낭비 또는 도박 기타 사행행위를 하여 현저히 재산을 감소시키거나 과대한 채무를 부담한 사실이 있는 때

귀하의 경우 위에서 제시한 면책불허가사유 중 과다한 낭비·도박 기타 사행행위, 신용거래 구입상품의 현저한 불이익 조건 처분이 문제될 수 있습니다.

면책불허가사유의 하나인 '낭비'라고 함은 '당해 채무자의 사회적 지위, 직업, 영업상태, 생활수준, 수지상황, 자산상태 등에 비추어 사회통념을 벗어나는 과다한 소비적 지출행위'를 말하며(대법원 2004. 4. 13.자 2004마86 결정),

'사행행위'란 우연에 의하여 이익을 얻는 행위로서 각종 투기외에 모험적 거래가 포함된다고 해석되고 있습니다. 귀하의 경우 ① 초단타매매와 같이 시세차익을 목적으로 한 과도한 주식투자 ② 모험적 투자행위로서 과도한 다단계 판매 매출행위 등이 있는 경우 이로 인하여 재산을 현저히 감소시키거나 과도한 채무를 부담하였다면 면책불허가사유에 해당할 수 있습니다.

또한 물품거래를 가장하여 신용카드로 물품대금을 결제하고 거래처로부터 해당 매출금에서 수수료를 공제한 현금을 받는 행위 또는 신용카드에 의해 구입한 물품을 즉시 매각하여 현금으로 융통하는 행위(속칭 카드깡)는 면책불허가사유 중 하나인 신용거래 구입상품의 현저한 불이익 조건 처분에 해당할 수 있습니다.

그러나 위와 같은 면책불허가사유가 있는 경우라도 파산에 이르게 된 경위, 그 밖의 사정을 고려하여 상당하다고 인정되는 경우 면책을 허가할 수 있습니다(같은 법 제564조 제2항). 이에 대하여 판례는 "면책불허가사유가 있는 경우라도 파산에 이르게 된 경위, 그 밖의 사정을 고려하여 상당하다고 인정되는 경우에는 면책을 허가할 수 있고, 또한 그와 같은 재량면책을 함에 있어서는 불허가사유의 경중이나 채무자의 경제적 여건 등 제반 사정을 고려하여 예외적으로 채무액의 일부만을 면책하는 소위 일부면책을 할 수도 있으나, 채무자의 경제적 갱생을 도모하려는 것이 개인파산제도의 근본 목적이라는 점을 감안할 때 채무자가 일정한 수입을 계속적으로 얻을 가능성이 있다는 등의 사정이 있어 잔존채무로 인하여 다시 파탄에 빠지지 않으리라는 점이 소명된 경우에 한하여 그러한 일부면책이 허용된다."라고 하였습니다(대법원 2006. 9. 22.자 2006마600 결정). 따라서 주식투자의 방법·시기·거래규모·채무변제 노력과 물품거래로 가장한 금액의 다과·횟수·융통 금원을 기존 채무의 변제나 생활비에 사용하였는지 여부 등을 감안하여 재량적으로 면책될 여지가 있을 수 있습니다.

■ 면책채권에 대한 지급약정의 효력은?

[질문]

저는 파산을 신청하여 파산선고를 받았는데, 면책결정을 기다리고 있는 상황에서 파산채권자 중 한 사람이 계속 돈을 갚으라고 독촉행위를 하며 얼마 전에는 저희 집에 찾아와 면책결정과 관계없이 빚을 갚는다는 각서를 쓰라고 강요하여 어쩔 수 없이 서명해 주었습니다. 지금은 면책결정을 받아 확정되었는데 그 채권자는 위 각서를 근거로 지금까지 계속적으로 빚을 갚으라고 독촉하고 있으며, 그렇지 않을 경우 집기류를 압류하겠다고 엄포를 놓고 있습니다. 그 채권자에 대해서 각서를 작성한 것으로 인해 그 채권은 면책되지 않는 것인지요?

[답변]

개인파산에서 면책결정이 선고되면 법원은 그 주문과 이유의 요지를 공고하여야 하고(채무자 회생 및 파산에 관한 법률 제564조 제3항), 공고가 있은 다음 날부터 14일이 경과할 때까지 즉시항고가 제기되지 않으면 면책결정은 확정됩니다. 면책결정은 확정되어야 그 효력이 발생하며(같은 법 제565조), 그 효력은 다음과 같습니다.

첫째, 파산채권자에 대하여 채무를 변제할 책임이 면제됩니다. 여기서 책임의 면제라는 의미는 채무 자체는 존속하나 채무자에게 변제의 책임을 물을 수 없다는 것(자연채무화)으로, 채권자는 통상의 채권이 가지는 소제기 권능과 집행력을 상실하여 채무자에게 채권을 추심하거나 기존의 판결문 등을 가지고 집행할 수 없게 됩니다. 다만, 채무 자체는 여전히 남아 있는 것으로 해석되므로 채무자가 파산채권자에게 임의로 변제하는 것은 유효하며 채무자에 대하여 부당이득이 되지는 않습니다.

둘째, 중지된 강제집행 등의 효력이 상실됩니다(같은 법 제557조 제2항). 즉, 파산선고 전 채무자의 재산에 대하여 행하여진 파산채권에 기한 강제집행·가압류 또는 가처분은 파산선고 및 동시폐지결정의 확정으로 중지되며, 중지된 강제집행·가압류 또는 가처분은 면책결정의 확정으로 당연히 실효됩니다.

위와 같이 채무자에 대한 면책결정 확정으로 채무자는 파산채권에 대하여 변제할 책임이 없게 되는데, 귀하의 사안과 같이 면책결정 확정 전 파산채권에 대하여 각서를 작성함으로써 새로운 채무부담행위를 한 경우 그 파산채권에 대해서는 면책의 효력을 주장할 수 없는지 문제됩니다. 만일 이를 허용하게 된다면, 파산채권자들은 채무자에 대하여 각서의 작성 등 새로운 채무부담행위를 강요하게 될 것이고, 면책결정을 기다리는 채무자로서는 면책 여부가 불투명한 불안하고 궁박한 상태에서 어쩔 수 없이 해당 파산채권자와의 개별적 합의를 통해 빨리 면책결정을 받으려고 할 것이므로, 채무자의 경제적 갱생과 재기의 기회를 부여하고자 하는 면책제도의 취지에 비추어 볼 때, 면책결정 확정 전 새로운 채무부담행위가 있다고 하더라도 그 파산채권에 대하여 면책의 효력이 미친다고 해석되고 있습니다.

또한 면책결정 확정 후에도, 채무자가 면책된 파산채권이라는 충분한 인식을 바탕으로 새로운 경제적 이익을 얻기 위해 동일한 채무에 대해 다시 새로운 채무부담행위를 한 경우에는 면책의 효력과 상관없이 그러한 채무부담행위의 효력을 인정할 수 있으나, 면책된 파산채권자의 강요나 기망에 의하여 새로운 채무부담행위를 한 경우 채무자에게 아무런 경제적 이익이 없다면 그러한 채무부담행위에 대하여 무효를 주장할 수 있을 것으로 생각됩니다.

그리고 파산채권자가 면책된 사실을 알면서 면책된 채권에 기하여 강제집행, 가압류·가처분 등의 방법으로 추심행위를 하면 500만원 이하의 과태료가 부과될 수 있습니다 (같은 법 제660조 제3항).

■ 채권자를 누락하거나 오기한 경우 면책의 효력은?

[질문]

저는 甲은행으로부터 본인 소유 아파트에 근저당권을 설정하여 대출을 받고 또한 甲은행의 신용카드를 발급받아 사용하였으며, 乙기금으로부터 사업자금을 대출받아 사업을 운영해 오던 중 거래업체의 연쇄 부도로 본인도 사업을 정리하게 되었습니다. 이로 인하여 甲은행은 근저당권자로서 본인 소유 아파트를 경매하여 대출금을 회수해 갔으며, 본인은 甲은행에 대한 대출금이 경매로 모두 변제한 것으로 생각하고 甲은행에 대한 신용카드대금 및 乙기금의 사업자금 대출금 채무에 대하여 파산을 신청하여 얼마 전 면책결정을 받아 확정되었습니다. 그런데 甲은행은 과거 본인 소유 아파트 경매 시 배당받지 못한 채권이 있다며 지금에 와서 이를 갚으라고 하고 있습니다. 또한, 乙기금은 면책결정이 확정 된 후 얼마 전 본인에게 소송을 제기해 왔고 본인이 신청한 파산신청서 상의 채권자 목록을 확인 한 결과 본인의 실수로 채권자의 명칭과 주소를 乙기금이 아닌 丙보증보험으로 기재한 사실을 알게 되었습니다. 이러한 경우 甲은행과 乙기금의 대출금을 모두 갚아야 하는지요?

[답변]

파산을 선고받고 면책심리를 통해 면책결정이 확정된 경우 면책결정의 효과로서 파산채권자에 대한 채무를 변제할 책임이 면제됩니다. 그러나 파산채권 중 채무자가 '악의'로 채권자목록에 기재하지 아니한 청구권은 면책되지 않습니다(채무자 회생 및 파산에 관한 법률 제566조 제7호). 이러한 규정의 취지는 파산채권자가 면책불허가 사유 유무 등에 대해 다툼으로써 채무자의 면책신청에 대한 이의를 제기할 수 있는 기회를 박탈당하였으므로 그 파산채권자에 대해서는 채무자의 면책을 정당화할 수 없기 때문에 이를 비면책채권으로 규정한 것입니다.

따라서 파산채권자가 어떠한 사유로든 파산선고 있었음을 알고 채무자의 면책신청에 대하여 이의를 제기할 수 있는 기회가 제공되었다면 채무자는 그 채권자에 대하여 면책의 효력을 주장할 수 있고, 이에 대하여 같은 법 제566조 제7호 단서는 '다만, 채권자가 파산선고 있음을 안 때에는 그러하지 아니한다.'라고 규정하고 있습니다.

이에 대하여 판례는 "채무자 회생 및 파산에 관한 법률 제566조 제7호에서 말하는 '채무자가 악의로 채권자목록에 기재하지 아니한 청구권'이라고 함은 채무자가 면책결정 이전에 파산채권자에 대한 채무의 존재 사실을 알면서도 이를 채권자목록에 기재하지 않은 경우를 뜻하므로, 채무자가 채무의 존재 사실을 알지 못한 때에는 비록 그와 같이 알지 못한 데에 과실이 있더라도 위 법조항에 정한 비면책채권에 해당하지 아니하지만, 이와 달리 채무자가 채무의 존재를 알고 있었다면 과실로 채권자목록에 이를 기재하지 못하였다고 하더라도 위 법조항에서 정하는 비면책채권에 해당합니다. 이와 같이 채권자목록에 기재하지 아니한 청구권을 면책대상에서 제외한 이유는, 채권자목록에 기재되지 아니한 채권자가 있을 경우 그 채권자로서는 면책절차 내에서 면책신청에 대한 이의 등을 신청할 기회를 박탈당하게 될 뿐만 아니라 그에 따라 위 법 제564조에서 정한 면책불허가사유에 대한 객관적 검증도 없이 면책이 허가, 확정되면 원칙적으로 채무자가 채무를 변제할 책임에서 벗어나게 되므로, 위와 같은 절차 참여의 기회를 갖지 못한 채 불이익을 받게 되는 채권자를 보호하기 위한 것입니다. 따라서 사실과 맞지 아니하는 채권자목록의 작성에 관한 채무자의 악의 여부는 위에서 본 위 법 제566조 제7호의 규정 취지를 충분히 감안하여, 누락된 채권의 내역과 채무자와의 견련성, 그 채권자와 채무자의 관계, 누락의 경위에 관한 채무자의 소명과 객관적 자료와의 부합 여부 등 여러 사정을 종합하여 판단하여야 하고, 단순히 채무자가 제출한 자료만으로는 면책불허가 사유가 보이지 않는다는 등의 점만을 들어 채무자의 선의를 쉽게 인정하여서는 아니된다."라고 하였습니다(대법원 2010. 10. 14. 선고 2010다49083 판결).

따라서 채무자가 채무의 존재 사실을 알지 못한 때에는 비록 그와 같이 알지 못한 데에 과실이 있더라도 위 법조항에 정한 비면책채권에 해당하지 아니하지만, 이와 달리 채무자가 채무의 존재를 알고 있었다면 과실로 채권자목록에 이를 기재하지 못하였다고 하더라도 위 법조항에서 정하는 비면책채권에 해당합니다.

귀하의 경우 甲은행에 대한 신용카드대금채무에 대해서는 이를 채권자목록에 기재하면서 甲은행에 대한 대출금채무에 대해서는 이를 기재하지 않았으나 ① 甲은행에 대한 대출금채무는 귀하 아파트 경매로 인한 배당으로 모두 변제완료된 것으로 생각하여 이를 기재하지 않은 점 ② 일반적으로 대출채권의 존재를 알면서 채권자목록에 이를 기재하지 않을 이유가 없는 점에 비추어 볼 때, 귀하가 甲은행의 대출금채권의 존재를 알지 못한 데 과실이 있다고는 할 수 있으나 이를 알면서 채권자목록에 기재하지 않았다고 볼 수는 없으므로 귀하는 甲은행의 대출금채권에 대하여 면책의 효력을 주장할 수 있을 것으로 보입니다.

또한 귀하는 甲은행에 대한 신용카드대금채무를 채권자목록에 기재하여 파산을 신청하여 파산을 선고받아 그 파산선고결정문이 甲은행에 송달되었을 것이므로 甲은행은 이미 귀하의 파산선고사실을 알고 있는 경우에 해당하여 같은 법 제566조 제7호 단서에 의해서도 비면책채권에서 제외될 수 있을 것으로 보입니다.

그러나 귀하가 乙기금에 대하여 채권자명칭을 丙보증보험으로 기재한 것은 채권자목록 작성에 있어서 단순한 기재의 오류라고 볼 수는 있으나, 최소한 乙기금에 대한 대출금채무의 존재 사실은 인식하고 있는 것으로 평가되므로 과실로 채권자목록에 이를 기재하지 못하였다고 하더라도 乙기금의 대출금채권은 '악의로 채권자목록에 기재하지 않은 청구권'에 해당 될 수 있어, 乙기금이 귀하의 파산선고사실을 알지 못하여 면책 이의를 제기할 기회를 박탈당하였다면 귀하는 乙기금의 대출금채권에 대하여 면책의 효력을 주장하기 어려울 것으로 보입니다.

■ 면책의 효력을 주장하여 가압류나 압류를 해제할 수는 없는지요? 가능하다면 절차는 어떻게 되는지요?

[질문]

저는 친척에게 여러 건의 연대보증을 서 준 관계로 보증채무가 발생하였고, 친척이 이를 갚지 못하여 부득이 얼마 전 파산을 신청하여 면책결정을 받아 확정되었습니다. 그러나 파산선고 전 ①일부 채권자는 본인 명의 상속 부동산(시골 논) 지분(시가 약 200만원)에 가압류를 하였고 ②일부 채권자는 본인 명의인 금 1,000만원 주택임대차보증금반환채권에 대해 채권압류 및 추심명령을 집행하였으나 아직 보증금을 회수해 가지 않았으며 ③다른 일부 채권자는 본인의 집기류(유체동산)에 압류를 해 놓았습니다. 이러한 상황에서 면책의 효력을 주장하여 가압류나 압류를 해제할 수는 없는지요? 가능하다면 절차는 어떻게 되는지요?

[답변]

개인파산에 있어서 파산선고가 되면 파산채권을 근거로 한 채무자의 재산에 대하여 행하여진 강제집행·가압류 또는 가처분의 집행은 파산재단에 대하여 그 효력을 잃게 되고(채무자 회생 및 파산에 관한 법률 제348조 제1항), 파산재단의 관리처분권이 파산관재인에게 전속하여 파산채권자들은 파산절차에 참가하여 그 권리를 행사할 수 있을 뿐입니다.

그러나 개인파산사건은 환가할 재산이 없는 경우가 많아 대부분 청산절차를 진행하지 않고 파산선고와 동시에 청산절차로서의 파산절차를 폐지하는 결정(동시폐지 결정)을 하며 이러한 경우, 면책신청이 있고 파산폐지결정의 확정 또는 파산종결결정이 있는 때에는 면책신청에 관한 재판이 확정될 때까지 채무자의 재산에 대하여 파산채권에 기한 강제집행·가압류 또는 가처분을 할 수 없고, 채무자의 재산에 대하여 파산선고 전에 이미 행하여지고 있던 강제집행·가압류 또는 가처분은 중지됩니다(같은 법 제557조 제1항). 또한 동시폐지결정 등의 확정으로 중지된 강제집행·가압류 또는 가처분은 이후 면책결정의 확정에 의하여 별도의 조치 없이 당연히 그 효력을 상실하게 됩니다(같은 법 제557조 제2항).

따라서, 파산선고 전 채무자의 재산에 대하여 이미 행하여지고 있던 강제집행·가압류 또는 가처분은 면책결정 확정 이후부터는 법적으로 효력이 없게 되는 것입니다. 그러나 법적으로 효력이 없음에도 불구하고 현실적으로는 부동산(가)압류에서의 (가)압류 기입등기 등과 같이 강제집행·가압류 또는 가처분 집행 결과는 여전히 남아있어 이러한 외관을 제거해야할 필요성은 있습니다.

부동산가압류 또는 강제경매신청에 의한 압류기입등기는 가압류를 명한 법원 또는 경매를 진행하는 집행법원에 ① 면책결정 정본 및 파산 채권자목록 ② 그 확정증명을 첨부하여 부동산(가)압류 집행해제신청을 하여 부동산(가)압류 기입등기를 말소할 수 있습니다.

채권가압류나 채권 압류 및 추심명령의 경우 가압류 또는 압류법원에 위 ① ②의 서류를 첨부하여 집행해제신청을 하면 집행법원은 가압류 또는 압류가 실효되었다는 취지를 제3채무자에게 통지함으로써 그 외관을 제거합니다(민사집행규칙 제160조). 다만, 채권 압류 및 전부명령에 있어서 파산 동시폐지결정 확정 전에 이미 전부명령이 확정되었거나, 채권 압류 및 추심명령에 있어서 파산 동시폐지결정 확정 전에 이미 압류채권자의 추심권 행사로 채권자가 추심금을 모두 수령하여 추심신고가 이루어졌다면 강제집행은 이미 종료된 것이므로 소급하여 무효로 되지는 않습니다. 유체동산 압류의 경우 위 ① ②의 서류를 해당 집행관에게 제출하면 집행관은 압류 표지를 부착하여 채무자 등에게 보관 중인 유체동산의 압류를 해제하고 이를 채무자에게 교부합니다.

귀하의 경우 파산 및 면책결정이 확정되었다고 하므로 위에서 제시한 각 경우에 따라 강제집행·가압류 또는 가처분의 해제를 신청할 수 있을 것으로 보입니다.

■ 신청서를 일부 잘못 기재하였다고 형사처벌을 받고 면책의 효력도 취소될 수 있는지요?

[질문]

저는 사업에 실패하고 빌려준 돈 3,000만원을 받지 못하여 많은 빚을 지게 되면서 신용카드로 돌려막기를 하며 빚을 갚고 생활비를 마련하여 생활하던 중, 신용카드 이용한도가 갑자기 축소되면서 더 이상 빚을 갚지 못하게 되었습니다. 이러한 상황에서 제가 가지고 있던 유일한 재산인 시가 약 1,800만원 정도의 차량에 채권금액 1,500만원의 근저당을 설정하고 사채업자에게 금 500만원을 빌려 생활비에 사용하다가 더 이상 사채 이자를 감당할 수 없어 사채업자에게 차량을 넘기고 등록명의는 이전하지 않은 채 파산을 신청하였는데, 파산신청서의 채권자목록에는 카드대금 1,000만원의 은행 및 잔여 사채대금 500만원의 사채업자를 채권자로 기재하였고, 본인 소유 차량과 대여금채권 3,000만원은 이를 재산목록에 기재하지 않았습니다. 얼마 전 법원으로부터 면책결정을 받아 확정되었는데, 이를 알게 된 사채업자가 본인을 파산범죄로 경찰에 고소하고 법원에는 면책취소신청을 해 놓았다고 합니다. 현재 저는 재산이 거의 없는 상태인데 신청서를 일부 잘못 기재하였다고 형사처벌을 받고 면책의 효력도 취소될 수 있는지요?

[답변]

일정한 사실관계의 존재에 대하여 입증하는 방법에 관하여, 이에 대한 확신을 얻은 상태에까지 입증해야 하는 일반의 민사소송절차에서의 '증명'과 달리, 파산 및 면책절차의 경우 파산원인으로서의 지급불능이나 면책불허가사유의 존부 등은 일응 그러한 사실관계가 확실할 것이라는 추측을 얻은 상태로 족하다고 보는 '소명'의 방법에 의하여 판단하게 됩니다. 이에 따라 법원은 신청인이 제출한 신청서, 진술서, 첨부서류 등에 의하여 이를 의심할 만한 특별한 사정이 없는 한 이를 진실한 것으로 인정하여 별도의 심문 없이 지급불능, 면책불허가사유 등의 요건사실을 인정하고 파산선고, 동시폐지결정, 면책결정을 하고 있습니다.

다만, 위와 같이 소명에 의한 입증의 진실성을 담보하기 위하여 「채무자 회생 및 파산에 관한 법률」은 신청인의 면책불허가사유 중 일정한 행위를 사기파산죄, 과태파산죄로 규정하여 형사처벌하고 있으며, 또한 일정한 경우 이미 확정된 면책결정을 취소할 수 있도록 하고 있습니다.

'사기파산죄'는 총 채권자의 이익을 보호함으로써 파산절차의 적정한 실현을 도모하기 위한 것으로서, 채무자가 파산선고의 전후를 불문하고 자기 또는 타인의 이익을 도모하거나 채권자를 해할 목적으로 ① 파산재단에 속하는 재산을 은닉 또는 손괴하거나 채권자에게 불이익하게 처분을 하는 행위, ② 파산재단의 부담을 허위로 증가시키는 행위, ③ 법률의 규정에 의하여 작성하여야 하는 상업장부를 작성하지 아니하거나, 그 상업장부에 재산의 현황을 알 수 있는 정도의 기재를 하지 아니하거나, 그 상업장부에 부실한 기재를 하거나, 그 상업장부를 은닉 또는 손괴하는 행위, ④ 제481조의 규정에 의하여 법원사무관등이 폐쇄한 장부에 변경을 가하거나 이를 은닉 또는 손괴하는 행위를 하고, 그 파산선고가 확정되었다면 10년 이하의 징역 또는 1억원 이하의 벌금에 처할 수 있도록 규정하고 있습니다(같은 법 제650조).

'과태파산죄'는 파산선고 전후를 불문하고 ① 파산의 선고를 지연시킬 목적으로 신용거래로 상품을 구입하여 현저히 불이익한 조건으로 이를 처분하는 행위, ② 파산의 원인인 사실이 있음을 알면서 어느 채권자에게 특별한 이익을 줄 목적으로 한 담보의 제공이나 채무의 소멸에 관한 행위로서 채무자의 의무에 속하지 아니하거나 그 방법 또는 시기가 채무자의 의무에 속하지 아니하는 행위, ③ 법률의 규정에 의하여 작성하여야 하는 상업장부를 작성하지 아니하거나, 그 상업장부에 재산의 현황을 알 수 있는 정도의 기재를 하지 아니하거나, 그 상업장부에 부정의 기재를 하거나, 그 상업장부를 은닉 또는 손괴하는 행위, ④ 제481조의 규정에 의하여 법원사무관등이 폐쇄한 장부에 변경을 가하거나 이를 은닉 또는 손괴하는 행위를 한 경우 그 파산선고가 확정되었다면 5년 이하의 징역 또는 5,000만원 이하의 벌금에 처할 수 있도록 규정하고 있습니다(같은 법 제651조).

면책취소결정은 면책결정을 받은 신청인이 ① 위 사기파산으로 유죄의 확정판결을 받은 때 파산채권자의 신청에 의하거나 법원의 직권으로 취소결정을 할 수 있고 ② 채무자가 부정한 방법으로 면책을 받은 경우에 파산채권자가 면책 후(면책결정 확정 후) 1년 이내에 면책의 취소를 신청한 경우에 역시 면책취소결정 할 수 있습니다(같은 법 제569조). 다만, 면책취소사유가 면책절차에서 심리되어 재량면책 된 경우이거나 그렇지 않은 경우라도 면책취소심리 시 재량면책 사유가 있다면 면책취소신청이 기각될 수 있습니다.

귀하의 경우, 파산재단에 속하는 1,800만원의 자동차에 대하여 원금 500만원을 담보하고자 채권최고액 1,500만원의 근저당권을 설정하고 이후 그 차량가액에 현저히 미달하는 채무를 변제하기 위해 차량은 양도한 점에 비추어 사기파산죄의 파산재단에 속하는 재산의 불이익 처분행위 또는 파산재단의 부담을 허위로 증가시키는 행위에 해당할 수 있습니다.

또한, ① 귀하가 사기파산으로 유죄의 확정판결을 받은 경우 또는 ② 재산목록 중 대여금채권을 기재하지 않아 재산상태에 관하여 허위의 진술한 것으로 평가되는 경우 부정한 방법으로 면책을 받은 것으로 보아 면책이 취소될 수 있습니다.

다만, 생계유지를 위한 것이거나 다른 채권자를 해하는 정도가 심하지 않는 등 일정한 재량면책사유가 있다고 인정될 경우 채권자의 면책취소신청은 기각될 수 있습니다.

■ 이혼에 따른 재산분할이 면책불허가 사유에 해당하는지요?

[질문]

저는 파산신청을 하여 파산선고를 받았고, 면책결정을 기다리고 있습니다. 그런데 저는 채권자들에게 1억 4,000여만 원의 채무를 부담하고 있는 상태에서 유일한 부동산을 처분하여 일부 채무변제에 사용한 후 매매대금 잔액 1억원 상당을 배우자와 이혼하면서 배우자에게 위자료 및 재산분할조로 지급하였는데, 저도 면책을 받을 수 있는지요?

[답변]

귀하의 경우에는 채무자회생 및 파산에 관한 법률 제564조 제1항 제1호, 제650조 제1항 제1호(재산의 은닉, 손괴 또는 불이익한 처분행위)에 해당하여 면책이 불허가되는 것이 아닌지 문제가 될 수 있습니다.

제564조 (면책허가)

① 법원은 다음 각호의 어느 하나에 해당하는 때를 제외하고는 면책을 허가하여야 한다.

 1. 채무자가 제650조·제651조·제653조·제656조 또는 제658조의 죄에 해당하는 행위가 있다고 인정하는 때

제650조 (사기파산죄)

① 채무자가 파산선고의 전후를 불문하고 자기 또는 타인의 이익을 도모하거나 채권자를 해할 목적으로 다음 각호의 어느 하나에 해당하는 행위를 하고, 그 파산선고가 확정된 때에는 10년 이하의 징역 또는 1억원 이하의 벌금에 처한다.

 1. 파산재단에 속하는 재산을 은닉 또는 손괴하거나 채권자에게 불이익하게 처분을 하는 행위

법 제650조 사기파산죄는 총 채권자의 이익을 보호함으로써 파산절차의 적정한 실현을 도모하기 위한 것입니다. 사기파산죄에 해당하는 행위를 면책불허가 사유로 삼은 것은 그와 같은 행위가 총 채권자에게 배당될 책임재산에 대한 직접적인 침해이므로 채무자에게 면책을 허가하는 것은 타당하지 않기 때문입니다.

'재산의 은닉, 손괴 또는 불이익한 처분 행위'는 채무자가 파산선고 전후를

불문하고 자기 또는 타인의 이익을 도모하거나 채권자를 해할 목적으로 파산재단에 속하는 재산을 은닉, 손괴 또는 채권자에게 불이익하게 처분하는 행위를 하는 경우를 말합니다.

귀하의 경우에는 재산의 불이익한 처분에 해당하는지 여부가 특히 문제가 됩니다.

'채권자에게 불이익한 처분'이란 은닉, 손괴와의 균형상 재산의 증여나 현저히 부당한 가격으로의 매각과 같이 모든 채권자에게 절대적으로 불이익한 처분행위를 말하는 것입니다. 따라서 채무자가 여러 채권자들 중 일부 채권자에게 채무의 내용에 좇아 변제를 하는 행위는 '채권자에게 불이익한 처분행위'에 해당한다고 할 수 없습니다(대법원 2008. 12. 29.자 2008마1656 결정 참조). 또한 채무자의 처분행위에 대하여 사해행위 취소소송이 제기되어 그 처분행위를 취소하는 판결이 확정된 경우에도 취소된 구체적인 행위가 염가매각 등이 아닌 거래시세대로의 매매행위라면 '불이익처분'에 해당하지 않는다고 할 것입니다.

이혼에 따른 재산분할은 그것이 상당한 정도를 벗어나는 과대한 것이라고 인정할 만한 특별한 사정이 없는 한 '불이익처분'에 해당하지는 않을 것이나, 채무자가 지급불능상태에서 유일한 재산을 매각한 후 그 매각대금의 대부분을 재산분할 또는 위자료 조로 배우자에게 지급하는 경우에는 위에서 규정하는 면책불허가 사유인 '불이익처분'에 해당한다고 볼 수 있는바, 귀하의 경우에도 위와 같은 사유로 면책이 불허가될 가능성도 있습니다.

■ 파산관재인의 설명요구에 불응시 면책이 불허가 되는지요?

[질문]

저는 파산선고를 받은 후 면책결정을 기다리고 있습니다. 저는 현재 배우자가 분양받은 아파트에 거주하고 있고, 지급불능상태에 이른 후에 배우자가 경매절차에서 임야를 경락받기도 하였는데, 파산관재인이 배우자의 경제활동 내역, 아파트 분양대금의 출처 및 임야를 경락받은 경위와 그 자금출처에 대하여 설명을 요구하였습니다. 만약 배우자의 개인정보 보호 및 지나치게 방대한 자료와 등에 대한 설명을 요구하는 것은 부당하다는 이유로 파산관재인의 요구에 응하지 않으면 면책이 불허가 될 수도 있는지요?

[답변]

귀하의 경우에는 채무자회생 및 파산에 관한 법률 제564조 제1항 제1호, 제658조(설명의무위반 행위)에 해당하여 면책이 불허가 되는 것이 아닌지 문제가 될 수 있습니다.

제564조 (면책허가)

① 법원은 다음 각호의 어느 하나에 해당하는 때를 제외하고는 면책을 허가하여야 한다.

1. 채무자가 제650조·제651조·제653조·제656조 또는 제658조의 죄에 해당하는 행위가 있다고 인정하는 때

제658조 (설명의무위반죄)

제321조 및 제578조의7에 따라 설명의 의무가 있는 자가 정당한 사유 없이 설명을 하지 아니하거나 허위의 설명을 한 때에는 1년 이하의 징역 또는 1천만원 이하의 벌금에 처한다.

제321조 (채무자 등의 설명의무)

① 다음 각호의 자는 파산관재인·감사위원 또는 채권자집회의 요청에 의하여 파산에 관하여 필요한 설명을 하여야 한다.

1. 채무자 및 그 대리인
2. 채무자의 이사
3. 채무자의 지배인
4. 상속재산에 대한 파산의 경우 상속인, 그 대리인, 상속재산관리인 및 유언집행자

② 제1항의 규정은 종전에 제1항의 규정에 의한 자격을 가졌던 자에 관하여 준용한다.

제578조의7 (파산선고를 받은 신탁의 수탁자 등의 설명의무)

① 유한책임신탁재산에 대한 파산선고를 받은 경우 제578조의6제1항 각 호의 자는 파산관재인·감사위원 또는 채권자집회의 요청에 의하여 파산에 관하여 필요한 설명을 하여야 한다.

② 종전에 제578조의6제1항 각 호의 자격을 가졌던 자에 대하여는 제1항을 준용한다.

설명의무위반 행위는 사기파산죄와 같이 파산채권자의 이익을 직접적으로 해치는 것은 아니지만, 파산절차의 원활한 진행을 방해하고, 파산재단의 형성을 방해한다는 점에서 면책불허가사유로 한 것입니다. 개인파산·면책절차는 기본적으로 채무자의 협조를 전제로 하고 있습니다. 개인파산?면책사건 심리에 필요한 대부분의 자료가 채무자 측에 편재되어 있고, 채권자나 기타 이해관계인이 채무자의 내부사정을 알기는 쉽지 않기 때문입니다.

설명의무위반을 파산범죄로 하고 더 나아가 면책불허가사유로까지 정한 것은 이러한 개인파산절차의 특성을 감안하여 절차진행을 원활하게 하려는 고려가 깔려있다고 할 것입니다. 다만 설명의무의 범위를 광범위하게 인정하면 채무자 및 그 가족들의 개인정보에 대한 권리, 프라이버시권 등과의 충돌을 일으킬 우려가 있습니다.

'파산에 관하여 필요한 설명'은 파산에 이른 사정, 파산재단, 파산채권, 재단채권, 부인권, 환취권, 별제권, 상계권 기타 파산관재 업무에 필요한 일체의 사항에 미친다고 할 것입니다. 항고심에서 '파산에 관하여 필요한 설명'에 해당한다고 본 구체적인 사례들로서는 실소유주가 채무자인 것으로 의심되는 가족 명의 재산의 취득자금 출처, 채무자가 파산신청에 임박해서 처분한 재산의 매각금액 및 그 대금의 구체적인 사용처, 채무자가 파산신청에 임박해서 가족·친지 등에 대한 채무를 변제하였다고 주장하는 경우에 그 채무자 실제로 있었음을 확인할 수 있는 소명자료, 지급불능에 이른 후에 채무자가 사용하고 있는 통장에서 일정 규모 이상의 금원거래내역이 발견되는 경우 그 구체적인 내용과 거래경위, 파산신청에 임박해서 차용한 돈의 사용처, 과거에 파산·면책을 신청하였다가 기각된 경위, 이혼에 따른 재산분할을 하지 않은 경위 또는 상속재산분할협의 과정에서 자신의 상속지분을 포기한 경위 등이 있습니다.

위에서 규정하고 있는 '파산에 관하여 필요한 설명'이라는 요건을 충족하려면, 관재인이 설명을 요구하는 사항 자체가 파산관재 업무에 필요한 것이어야 할 뿐만 아니라, 구체적인 개별사안에서 파산관재인이 그와 같은 설명을 요구하게 된 이유가 기록상 나타나는 여러 정황들에 비추어 합리적인 것으로 인정되어야 합니다.

'설명을 하지 않거나 허위의 설명을 하여야'합니다. 여기서의 '설명'은 문언 그대로의 설명 외에 자료제출까지도 포함하는 개념입니다. 일단 설명의무위반을 범한 채무자가 그 후에 파산법원에 그 사실을 설명하거나 자료를 제출한 때에도 면책불허가사유가 존재함에는 변함이 없으며, 다만 재량면책에서 고려할 수 있을 뿐입니다.

한편 '정당한 사유'가 있는 경우에는 설명이나 자료제출을 거절할 수 있습니다. 채무자의 지적능력, 연령, 사안의 복잡성 등에 비추어 그 채무자에게 온전한 설명을 기대하기 어려운 경우에는 채무자가 관재인의 설명요구에 응하지 못한 데 대하여 정당한 사유가 있다고 볼 여지도 있습니다. 또한 파산관재인이 설명을 요구하는 내용이 채무자가 보유 또는 지배하고 있는 정보의 범위를 넘어선다면, 채무자가 그에 대하여 제대로 설명을 하지 못하더라도 정당한 사유를 인정할 수도 있습니다.

이상 살펴본 바를 종합하면 귀하의 경우에는 실소유주가 채무자인 것으로 의심되는 가족 명의 재산의 취득자금 출처에 대한 설명을 요구한 것으로 '파산에 관하여 필요한 설명'의 대상이 된다고 볼 수 있으며, 귀가 정당한 사유 없이 설명에 불응할 경우 면책이 불허될 수도 있을 것으로 보여집니다.

■ 다시 파산신청을 하여 면책을 받을 수는 없는 건가요?

[질문]

저는 파산 및 면책 신청을 하여 파산선고 후 면책결정을 받고, 그 면책결정이 확정되었습니다. 그런데 채권자목록에 누락된 채권이 발견되었는데, 파산신청 후 1년 넘게 제가 이자를 갚고 있던 채권이어서 '악의로 채권자목록에 기재하지 아니한 청구권'으로 비면책채권에 해당하여 면책의 효력이 미치지 않는다고 하는데 과연 이것이 맞는지, 그렇다면 다시 파산신청을 하여 면책을 받을 수는 없는 건가요?

[답변]

'채무자가 악의로 채권자목록에 기재하지 아니한 청구권'(채무자 회생 및 파산에 관한 법률 제566조 제7호)을 면책대상에 제외한 이유는, 채권자목록에 기재하지 아니한 채권자가 있을 경우 그 채권자로서는 면책절차 내에서 면책신청에 대한 이의 등을 신청할 기회를 박탈당하게 될 뿐만 아니라 그에 따라 위 법 제564조에서 정한 면책불허가사유에 대한 객관적 검증도 없이 면책이 허가?확정되면 원칙적으로 채무자가 채무를 변제할 책임에서 벗어나게 되므로, 위와 같은 절차 참여의 기회를 갖지 못한 채 불이익을 받게 되는 채권자를 보호하기 위한 것입니다.

여기서 채무자가 악의로 채권자목록에 기재하지 아니한 청구권이라 함은 채무자가 면책결정 이전에 '채권의 존재 사실을 알면서도' 이를 채권자목록에 기재하지 않은 경우를 뜻하므로, 채무자가 채무의 존재 사실을 알지 못한 때에는 비록 그와 같이 알지 못한 데에 과실이 있더라도 위 법조항에 정한 비면책채권에 해당하지 아니하지만, 이와 달리 채무자가 채무의 존재를 알고 있었다면 과실로 채권자목록에 이를 기재하지 못하였다고 하더라도 위 법조항에서 정하는 비면책채권에 해당합니다.(대법원 2010. 10. 14. 선고 2010다49083 판결 참조)

따라서 귀하의 경우 채무의 존재를 알고 있었으나 과실로 이를 채권자목록에 기재하지 못한 경우에 해당하는 것으로 문제된 채권은 면책결정에도 불구하고 면책이 되지 않는다고 봄이 타당합니다. 이에 대해 귀하가 다시 파산신청을 하여 면책을 받을 수 있는지 여부에 대해서는 재도의 파산신청이 가능한지 여부가 문제됩니다.

재도의 파산신청이라 함은 파산선고결정을 받았으나 면책결정을 받지 못한 채무자가 면책결정을 받기 위한 목적으로 다시 파산신청을 하는 것을 말하며, 면책허가결정을 받은 후 채권자목록에 누락된 채권이 있는 경우도 이에 해당됩니다.

재도의 파산신청 허용 여부에 대해서는 재도의 파산신청을 금지하는 규정이 없고, 파산신청은 면책을 목적으로 하므로 면책을 법률상 이익으로 하여 다시 파산신청을 할 수 있고, 동시폐지사건에서 채무자가 새로 취득한 재산으로 변제를 하게 하는 경우 재도의 파산신청을 부정하는 것은 면책제도의 취지에 반한다는 것을 논거로 하여 긍정하는 견해와 파산제도는 총채권자를 위해 채무자의 총재산을 환가?배당하는 것을 목적으로 하므로 한 번 파산선고를 받은 이상 실질적으로 동일한 채무를 원인으로 하여 재도의 파산신청을 하는 것은 신청이익이 없고, 재도의 파산신청을 쉽게 허용한다면 면책신청기간을 정한 취지에 반한다는 것을 논거로 하여 부정하는 견해가 대립하고 있습니다.

이에 대하여 대법원은 2006. 12. 21.자 2006마877 결정에서 "면책신청기간을 도과하여 면책신청이 각하된 자가 면책결정을 받기 위한 목적으로 하는 재도의 파산신청은 구 파산법 제339조 제5항에 제한적으로 정한 면책신청 추완 규정을 면탈하게 하는 것이어서 허용될 수 없다"고 하여 최초로 재도의 파산신청에 대한 입장을 밝혔고, 이어 대법원 2009. 11. 6.자 2009마1583 결정에서 "파산결정을 받았으나 면책기각결정을 받아 위 결정이 확정된 후 오로지 면책을 받기 위하여 동일한 파산원인으로 재차 파산신청을 하는 이른바 재도의 파산은 허용될 수 없다"고 하였으며, 대법원 2011. 8. 16.자 2011마1071 결정에서는 "파산결정을 받았으나 면책불허가결정을 받아 그 결정이 확정된 후에는 동일한 파산에 대한 재차 면책신청이나 오로지 면책을 받기 위하여 동일한 파산원인으로 재차 파산신청을 하는 이른바 재도의 파산 신청은 허용되지 않는다"라고 하여 재도의 파산신청은 부적법하다고 판시하였습니다. 이런 대법원의 판례 태도에 따르면 귀하의 경우와 같이 면책허가 결정전에 발생한 채권이 채권자목록에 누락된 경우, 이에 대해 다시 면책을 받기 위해 파산 및 면책을 신청하는 것은 법원에서 받아들여지기 어려울 것으로 보여집니다.

■ 면책결정 후 파산채권자가 채무자에게 이행청구소송을 제기한 한 경우 대응방법은?

[질문]

저는 파산 및 면책신청을 하여, 파산선고 후 면책결정을 받아 면책결정이 확정이 되었습니다. 그런데 파산채권자 1명이 저를 상대로 이행청구소송을 제기하였는데, 저는 어떻게 하면 되나요?

[답변]

면책을 받은 채무자는 파산절차에 의한 배당을 제외하고는 파산채권자에 대한 채무의 전부에 관하여 그 책임이 면제된다(채무자 회생 및 파산에 관한 법률 제566조 본문 참조)라고 규정되어 있습니다. 면책된 채무는 채무 자체가 소멸하는 것인지, 채무 자체는 존속하고 채무자에게 책임을 물을 수 없는 자연채무로 되는 것인지가 다투어지고 있습니다.

채무소멸설에 의하면 파산채권자는 채무자에게 임의의 변제를 구할 수 없고, 채무자로부터 수령한 변제는 부당이득으로 보게 되나, 자연채무설에 의하면 파산채권자는 면책 후 강제집행에 의한 만족을 얻지 못하지만, 채무자로부터 임의의 변제를 받을 권한은 인정된다고 보고 있습니다.

대법원 2001. 7. 24. 선고 2001다3122 판결은 "구 회사정리법 제241조는, 정리계획인가의 결정이 있는 때에는 계획의 규정 또는 같은 법의 규정에 의하여 인정된 권리를 제외하고는 회사는 모든 정리채권과 정리담보권에 관하여 그 책임을 면한다고 정하였는데, 위 면책에 대하여 채무 자체는 자연채무 상태로 남게 되지만 회사에 대하여 이행을 강제할 수 없다는 의미"라고 해석하였으며, 같은 취지로 대법원 2005. 2. 17. 선고 2004다39579 판결 또한 "회사정리법 제241조에서 말하는 면책이라 함은 채무 자체는 존속하지만 회사에 대하여 이행을 강제할 수 없다는 의미라고 봄이 상당하므로, 위와 같이 면책된 채무는 이른바 자연채무"라고 판시하였습니다. 면책된 채권은 통상 채권이 가지는 소 제기의 권능과 집행력을 상실하게 됩니다.

따라서 면책결정 후 파산채권자가 채무자에게 이행청구소송을 제기하는 경우, 채무자가 면책항변시 서울고등법원 2009. 1. 22. 선고 2008나30347 판결 등 다수의 하급심이 통상 채권이 가지는 소제기의 권능과 집행력을 상실하여 권리보호 이익이 없어 부적법함을 이유로 소를 각하하고 있습니다.

귀하의 경우에도 면책결정을 받았고, 면책이 확정되어 문제되는 채권이 면책되었다고 항변하시면 소는 각하될 것으로 보여집니다.

■ 채무자에 대한 면책의 효력이 보증인에 대해서까지 미치는지요?

[질문]

저는 파산 및 면책신청을 할 예정인데, 파산채권 중 일부에 제 친한 친구가 보증을 선 것이 있습니다. 제가 나중에 면책을 받으면 제 친구도 보증채무가 면책이 되는 것인지, 만약 면책이 되지 않는다면 제 친구가 채권자에게 보증채무를 이행하고 구상권을 취득한 후 저에게 구상금청구를 할 경우 저는 구상금채무를 이행하여야 하는지요?

[답변]

채무자의 면책은 그 보증인, 기타 채무자와 공동으로 채무를 부담하는 공동 채무자, 중첩적 채무인수인 등의 변제책임과 물상보증인이 제공한 담보에 아무런 영향을 미치지 않습니다(채무자 회생 및 파산에 관한 법률 제567조 참조). 일반적으로 인적?물적 담보가 제 기능을 발휘하는 것은 주채무자가 무자력인 경우이므로 면책의 효과가 보증채무에 미치지 않는 것은 당연합니다.

또 면책결정의 확정으로 파산채권은 자연채무로 남게 되고, 당해 채권의 책임재산이 파산재단에 한정되는 데 불과하므로, 보증채무 또는 담보권의 부종에 반하는 것도 아니라고 할 것입니다.

따라서 귀하를 위해 보증을 선 친구의 보증채무는 귀하가 면책을 받는다고 하더라도 면책이 되는 것은 아니며, 귀하의 친구는 보증채무를 이행을 하여야 합니다.

그리고 보증인이 주채무자에 대한 면책결정 확정 후 채권자에게 보증채무를 이행하고 채무자에 대한 구상채권을 취득하더라도 이는 면책 후에 새로이 취득한 채권이 아니라 이미 채무자에 대한 장래의 구상권(채무자 회생 및 파산에 관한 법률 제427조 제2항)으로 취득한 파산채권이 현실화된 것일 뿐이므로 당연히 면책의 효력을 받습니다.

따라서 보증인은 채무자에 대하여 구상권을 행사할 수 없습니다. 보증인은 파산절차에서 일정한 요건 하에 파산절차에 참가하여 배당받을 수 있는 권리가 보장되어 있으며(법 제430조 참조), 보증인 등의 구상권에 면책의 효력이 미치지 않는 점을 고려하여 파산 및 면책절차에서의 채권자목록에 채무자를 위하여 보증을 선 사람을 보증인으로 기재하도록 하고, 이들에게도 절차 참여의 기회를 부여하고 있습니다.

귀하의 경우, 파산 및 면책신청시 귀하의 친구를 장래의 구상권자로 채권자 목록에 기재하여 면책결정을 받게 되면, 추후 귀하의 친구가 보증채무를 이 행하더라도 귀하에게 구상금을 청구할 수 없게 됩니다.

■ 면책 후 별제권 행사 가능 여부 및 별제권 행사 후 잔여채무에 대한 면책 여부는?

[질문]

저는 파산선고를 받은 채무자의 재산에 대해 저당권을 가진 채권자인데, 제가 별제권을 행사하지 않고 있는 사이에 채무자가 면책결정을 받고 그 면책결정이 확정되었는데 저의 저당권은 위 면책결정으로 인해 행사할 수 없게 되는 건가요? 만약 제가 별제권을 행사할 수 있다고 하면 별제권 행사 후 잔여채권은 어떻게 되는 건가요?

[답변]

파산을 선고받은 채무자의 재산에 대한 유치권·질권·저당권·「동산·채권 등의 담보에 관한 법률」에 따른 담보권 또는 전세권을 가진 채권자는 별제권자로 면책결정 후에도 그 재산에 대해 별제권을 행사할 수 있습니다(채무자 회생 및 파산에 관한 법률 제411조, 제412조 참조).

판례는 채무자가 면책결정이 확정된 후 자신 소유의 자동차에 관한 저당권자를 상대로 면책결정으로 인하여 피담보채무가 소멸되었음을 이유로 저당권설정등록의 말소등록절차의 이행을 구한 사안에서 면책결정 후에도 별제권을 행사할 수 있음을 이유로 이를 기각하였습니다(서울중앙지방법원 2010. 8. 20. 선고 2010가단33260 판결, 서울남부지방법원 2009. 12. 9. 선고 2009가단5886 판결 참조).

별제권의 행사는 채무자의 재산에 대한 것이므로 별제권 행사 후 남은 채권은 파산채권으로서 이에 대해서는 면책결정의 효력이 미칩니다. 별제권자가 별제권을 행사하지 아니하고 파산채권의 이행을 구한 경우에 대하여 대법원 판결은 "채무자 회생 및 파산에 관한 법률 제566조는 '면책을 받은 채무자는 파산절차에 의한 배당을 제외하고는 파산채권자에 대한 채무의 전부에 관하여 그 책임이 면제된다. 다만 다음 각 호의 청구권에 대하여는 책임이 면제되지 아니한다.'고 규정하면서 같은 법 제411조의 별제권자가 채무자에 대하여 가지는 파산채권을 면책에서 제외되는 청구권으로 규정하고 있지 아니하므로, 같은 법 제564조에 의한 면책결정의 효력은 별제권자의 파산채권에도 미친다. 따라서 별제권자가 별제권을 행사하지 아니한 상태에서 파산절차가 폐지되었다고 하더라도, 같은 법 제564조에 의한 면책결정이 확정된 이상,

별제권자였던 자로서는 담보권을 실행할 수 있을 뿐 채무자를 상대로 종전 파산채권의 이행을 소구할 수는 없다."고 하였습니다.(대법원 2011. 11. 10. 선고 2011다27219 판결 참조)

이상의 사항을 종합하면, 귀하의 경우 채무자가 면책결정을 받은 후에도 여전히 별제권을 실행하여 채권의 만족을 얻을 수 있으나, 별제권 행사 후 남은 채권에 대해서는 면책결정의 효력이 미친다고 할 것입니다.

■ 재산분할도 비면책사유가 되나요?

[질문]

저는 남편과 결혼하여 15년을 살았습니다. 남편이 사업을 하면서 손해만 보아 결국 개인파산을 신청하였습니다. 남편의 경제적 어려움 때문에 저와 남편이 사이가 벌어져 결국 이혼을 하게 되었습니다. 남편은 저에게 재산분할이라고 하면서 사업체 보증금 중 3000만원을 주었습니다. 위 보증금이 파산비면책사유가 되나요?

[답변]

채무자 회생 및 파산에 관한 법률 제564조에는 비면책사유가 규정되어 있습니다. 특히, 재산분할은 재산의 은닉 또는 불이익한 처분행위에 해당할 수 있습니다. 은닉은 재산의 소유관계를 불명분하게 하는 것이고 불이익한 처분은 모든 채권자에게 절대적인 불이익을 미치는 처분행위를 의미합니다.

채무초과상태에서 허위, 가장이혼을 하면서 재산분할로 재산을 은닉하거나 처분하는 경우가 많아 파산관재인의 집중적인 의심을 받습니다. 실무에서 파산관재인이 명령으로 분할하여 받은 재산을 파산재산에 돌려놓고 면책을 받는 방식으로 해결되고 있습니다. 면책불허가가 된다면 1주일 내 즉시항고를 통하여 다투어야 하겠습니다. 또는 재량면책을 고려해 볼 수 있습니다.

제564조 (면책허가)

① 법원은 다음 각호의 어느 하나에 해당하는 때를 제외하고는 면책을 허가하여야 한다.

    1. 채무자가 제650조·제651조·제653조·제656조 또는 제658조의 죄에 해당하는 행위가 있다고 인정하는 때

제650조 (사기파산죄)

① 채무자가 파산선고의 전후를 불문하고 자기 또는 타인의 이익을 도모하거나 채권자를 해할 목적으로 다음 각호의 어느 하나에 해당하는 행위를 하고, 그 파산선고가 확정된 때에는 10년 이하의 징역 또는 1억원 이하의 벌금에 처한다.

    1. 파산재단에 속하는 재산을 은닉 또는 손괴하거나 채권자에게 불이익하게 처분을 하는 행위

■ 파산채권이 양도되어도 면책효력이 미치는지요?

[질문]

개인파산면책을 신청하면서 채권자목록을 제출하였습니다. 그런데 파산선고 후 면책결정 전에 채권 중 일부가 양도되어 채권자가 변경되었습니다. 파산 채권자목록을 수정하지 못하고 면책결정이 되었는데 면책의 효과가 있나요?

[답변]

면책결정 전에 파산채권의 양도로 파산채권자의 변경이 있으면 보정서를 통해서 수정된 파산채권자목록을 제출하면 될 것입니다.

그런데 채권자목록을 수정하지 못하였더라도 이미 파산채권자가 파산선고가 있음을 알았을 것이므로 면책의 효력이 미친다고 볼 수 있습니다. 비면책채권으로 보기는 어렵겠습니다.

제566조 (면책의 효력)

면책을 받은 채무자는 파산절차에 의한 배당을 제외하고는 파산채권자에 대한 채무의 전부에 관하여 그 책임이 면제된다. 다만, 다음 각호의 청구권에 대하여는 책임이 면제되지 아니한다.

1. 조세
2. 벌금·과료·형사소송비용·추징금 및 과태료
3. 채무자가 고의로 가한 불법행위로 인한 손해배상
4. 채무자가 중대한 과실로 타인의 생명 또는 신체를 침해한불법행위로 인하여 발생한 손해배상
5. 채무자의 근로자의 임금·퇴직금 및 재해보상금
6. 채무자의 근로자의 임치금 및 신원보증금
7. 채무자가 악의로 채권자목록에 기재하지 아니한 청구권.다만, 채권자가 파산선고가 있음을 안 때에는 그러하지 아니하다.
8. 채무자가 양육자 또는 부양의무자로서 부담하여야 하는 비용
9. 「취업 후 학자금 상환 특별법」에 따른 취업 후 상환 학자금대출 원리금

■ 파산채무자의 면책에 대한 이의신청기간은 언제인가요?

[질문]

채무자가 개인파산면책을 신청하였습니다. 그런데 채무자가 자신의 재산을 숨기고 면책을 받으려고 합니다. 채권자로서 파산채무자의 면책에 대한 이의신청은 언제해야 하나요?

[답변]

면책을 신청한 자에 대하여 파산선고가 있는 때에는 법원은 기일을 정하여 채무자를 심문할 수 있습니다. 법원은 심문기일을 정하는 결정을 한 때에는 이를 공고하고, 파산관재인과 면책의 효력을 받을 파산채권자로서 법원이 알고 있는 파산채권자에게 송달하여야 합니다. 심문기일은 채권자집회 또는 채권조사의 기일과 병합할 수 있습니다.

파산채권자는 위 심문기일부터 30일(심문기일을 정하지 않은 경우에는 법원이 정하는 날) 이내에 면책신청에 관하여 법원에 이의를 신청할 수 있습니다. 다만, 법원은 상당한 이유가 있는 때에는 신청에 의하여 그 기간을 늘일 수 있습니다.

■ 이미 면책된 채권에 근거한 강제집행에 대한 구제방법은?

[질문]

저는 개인파산을 신청하여 면책까지 받아 안심하고 생활하고 있습니다. 그런데 파산채권자가 면책되었음에도 저의 자동차에 경매를 신청했습니다. 구제방법은?

[답변]

파산선고 전에 파산채권에 근거한 강제집행은 파산선고를 통해서 강제집행이 중지, 금지되고(파산절차가 동시폐지되는 경우)이후 면책결정으로 집행이 실효됩니다. 단 외관제거 위해서는 집행취소는 필요합니다.

하지만 파산면책 후 면책된 채권에 근거한 강제집행에 대한 구제방법은 청구이의 소를 제기해야 합니다.

채무자 회생 및 파산에 관한 법률에 의한 면책결정이 확정되어 채무자의 채무를 변제할 책임이 면제되었다고 하더라도, 이는 면책된 채무에 관한 집행권원의 효력을 당연히 상실시키는 사유는 되지 아니하고 다만 청구이의의 소를 통하여 그 집행권원의 집행력을 배제시킬 수 있는 실체상의 사유에 불과합니다.

■ 이미 면책된 채권에 근거하여 소를 제기하였습니다. 재판의 효력은?

[질문]

저는 개인파산을 신청하여 면책까지 받아 안심하고 생활하고 있습니다. 그런데 파산채권자가 면책되었음에도 또 다시 파산채권에 근거한 소제기를 하였습니다. 재판이 유효한가요?

[답변]

대법원 2015. 9. 10. 선고 2015다28173 판결(대여금)에 의하면 "채무자 회생 및 파산에 관한 법률 제566조 본문은 면책을 받은 채무자는 파산절차에 의한 배당을 제외하고는 파산채권자에 대한 채무의 전부에 관하여 그 책임이 면제된다고 규정하고 있다. 여기서 면책이라 함은 채무 자체는 존속하지만 파산채무자에 대하여 이행을 강제할 수 없다는 의미이다. 따라서 파산채무자에 대한 면책결정이 확정되면, 면책된 채권은 통상의 채권이 가지는 소 제기 권능을 상실하게 된다."라고 합니다.

따라서 이미 면책된 채권에 근거하여 재판을 청구했다면 소 제기 권능을 상실한 상태로 소제기를 한 것이므로 각하 판결을 선고해야 합니다.

■ **파산·면책을 신청한 채무자가 채권자목록에 원본만 기재한 경우 그에 관한 이자를 지급해야 하나요?**

[질문]

저는 개인파산을 신청하여 면책까지 받아 안심하고 생활하고 있습니다. 그런데 파산채권자가 파산채권자목록에 원본만 기재되어 있다는 이유로 이자의 지급을 청구합니다. 지급해야 하나요?

[답변]

2015다71177 청구이의 (다) 파기환송 판결은 파산·면책을 신청한 채무자가 채권자목록에 원본만 기재한 경우 그에 관한 이자 등 부수채권이 비면책채권에 해당하는지 여부에 관하여 판시하였는데 "채무자인 원고가 파산 및 면책 신청을 하면서 채권자목록에 피고의 원고에 대한 대여금채권 중 원금 부분만 기재하고 이자 부분은 기재하지 않은 채로 면책결정을 받아 위 결정이 확정된 상태에서 피고의 위 이자 채권 등에 관한 집행권원인 화해권고결정에 기한 강제집행의 불허를 구한 사건에서, 원고가 위 채권자목록에 파산채권자로 피고를 기재하고 위 대여금채권의 원본을 기재한 이상 피고는 파산채권자로서 원고의 면책절차에 참여할 수 있었다고 볼 여지가 충분하다는 이유로 이와 달리 이자 채권은 비면책채권에 해당한다"고 하였습니다.

이미 원본을 파산채권자목록에 기재한 이상 파산채권자의 파산절차 참여권이 보장되었으므로 원본, 이자 전체에 대하여 면책의 효력이 미치게 됩니다.

■ 상속재산 파산신청서의 구체적인 작성방식은?

[질문]

저는 법원에 상속재산 파산신청서를 작성하여 접수하려고 합니다. 신청취지, 신청이유는 어떤 방식으로 작성하여야 하고, 어떠한 서류를 첨부하여야 하는지요?

[답변]

상속재산 파산신청서는 다음과 같은 방법으로 작성합니다. 먼저 당사자란에는 1) 신청인란에 상속인 甲을, 채무자란에 피상속인 망 000의 상속재산을 각 기재합니다. 다음 신청취지에는 1) 망 000의 상속재산에 대하여 파산을 선고한다. 2) 이 사건 파산절차에 파산관재인을 선임한다. 라는 결정을 구합니다. 라고 기재합니다. 다음으로 신청이유에는 '망 000는 2017. 0. 0. 사망하였는데, 상속인으로 배우자 000, 자 000, 자 甲(이 사건 신청인)이 있습니다. 망 000의 사망당시 상속재산은 약 5,000,000원이나, 상속채무는 약 50,000,000원에 달하여 망 000의 상속재산으로는 상속채권자들에 대한 채무를 완제할 수 없는 상태에 있습니다. 이에 망 000의 상속인 甲은 서울가정법원 2017느단00호로 상속한정승인신고를 하여 2017. 0. 0. 한정승인신고가 수리되었는 바, 채무자의 회생 및 파산에 관한 법률 제299조 제1항 및 제2항, 동법 제307조에 따라 망 000의 상속재산에 대하여 파산을 신청하오니 신청취지와 같은 결정을 내려주시기 바랍니다'라는 취지로 기재합니다. 마지막으로 첨부서류에는 1)피상속인(亡人)의 기본증명서, 가족관계증명서, 말소자초본, 2)상속인의 가족관계증명서 3)상속인의 인감증명서 4)채권자목록, 채권자주소, 재산목록 5)채권신고서 6)기타 상속인의 재산 및 채무를 입증할 수 있는 서류를 첨부하시면 됩니다.

■ 개인파산 예납금 납부기분은?

[질문]

저는 회생법원에 개인파산을 신청하였습니다. 법원에서 파산관재인 비용으로 예납금을 납부하라는 명령이 내려졌는데, 경제적 형편이 어려워 예납금을 감액받기를 원하는데 가능한지요?

[답변]

개인파산관재인의 실질적인 조사업무 수행을 위해 개인파산 사건의 경우 법원은 신청인으로부터 파산관재인 비용을 예납받고 있습니다. 개인파산 사건에서 동시폐지를 하지 아니하는 경우의 예납금은 30만원을 기본으로 하고 있으며, 서울회생법원에 계속중인 사건의 경우 위 금액은 물가상승률, 파산관재인의 업무 수행환경 및 개인파산사건 실무 변경 등 여러 요인을 고려하여 증액하거나 감액할 수 있습니다. 예납금을 감액할 수 있는 경우는 ① 채무자가 생계급여 수급자인 경우, ②지급불능에 이른 시기가 파산신청 10년 이전인 경우, ③ 채무자 및 직계존비속인 부양가족에 대하여 의료비가 지속적으로 지출되어야 하는 불가피한 사정이 있는 경우, ④ 채무자에게 질병이 있거나, 재산이나 수입이 전혀 없는 등 예납금의 납입이 곤란한 특별한 사정이 인정되는 경우 등입니다(서울회생법원 실무준칙 제361호 개인파산 예납금 납부기준). 따라서 귀하에게 위에서 정한 감액사유가 있다면 예납금을 감액받을 수도 있습니다

■ 파산관재인의 현장방문 조사에 응하여야 하는지요?

[질문]

저는 회생법원에 개인파산을 신청하였습니다. 파산절차 진행 중 파산관재인이 선임되었는데, 파산관재인은 甲에게 甲이 거주하는 주소지에 직접 방문하여 조사하겠다는 의사를 전달하였습니다. 甲은 위와 같은 현장조사 요구에 응하여야만 하는 것인지요?

[답변]

개인파산절차의 공정성을 제고하고 채무자에 대한 권리침해를 방지하기 위하여 서울회생법원은 실무준칙 제373호에서 파산관재인이 현장방문조사를 할 때 유의해야 할 사항을 정하고 있습니다. 위 준칙에 의하면 파산관재인은 파산재단의 관리 및 면책불허가사유의 조사에 관한 권한을 행사하기 위하여 필요한 경우 채무자가 운영하는 것으로 보이는 사업장 또는 채무자가 실제 거주하는 것으로 보이는 주거지를 방문하여 조사할 수 있습니다. 그러나 이 때에도 파산관재인은 현장방문 조사를 하기 전에 채무자로부터 동의를 받아야 하며, 현장방문 조사 시 사생활이 침해되거나 영업이 방해되지 않도록 주의하여야 합니다. 파산관재인은 현장방문 후 파악한 채무자의 재산, 소득 등 조사내용에 관한 현장방문 보고서를 제출하게 되는데, 결국 위 보고서 등에 근거하여 면책여부가 결정되게 됩니다. 따라서 정당한 이유 없이 위 현장방문 조사에 불응할 경우 면책불허가 등의 불이익을 받을 수 있습니다.

■ 복권절차 이용방법 및 복권의 효력은?

[질문]

저는 파산신청을 하여 파산선고는 받았으나 면책이 불허가되었습니다. 이 때 파산선고로 인한 공사법(公社法) 상의 불이익으로부터 벗어나기 위한 조치는 무엇인지요?

[답변]

파산자가 면책이 불허가되었거나, 면책신청을 기간 내에 신청하지 못한 경우에 변제 기타 방법에 의하여 파산채권자에 대한 채무 전부에 관하여 채무를 면한 때(변제, 면제, 상계 등)에는 파산자의 신청과 법원의 심리(재판)의 절차를 거쳐 복권됩니다. 복권이 되면 파산선고를 받기 전과 같은 상태로 돌아가며, 파산선고로 인한 공사법상의 불이익이 없어집니다. 다만, 개별 기업이나 금융기관과의 관계에서 취직 및 금융거래에 어느 정도의 제약을 받을 수 있습니다.

■ 파산자로서 복권되지 아니한 자'를 당연퇴직사유로 정한 인사규정에 따른 당연퇴직처분이 정당한지요?

[질문]

저는 지방공기업에 다니던 중인 '22. 6.경 파산신청을 하여 같은 해 '10경 파산선고를 받고, 이듬 해 2.경 면책결정을 받았습니다. 위 공기업 인사규정은 '파산자로서 복권되지 아니한 자'를 채용결격 사유 및 퇴직사유로 규정하고 있는 바, 위 공기업은 위 규정에 따라 甲에 대하여 당연퇴직처분을 발령하였습니다. 위 규정에 근거한 당연퇴직처분이 적법한 것인지요?

[답변]

먼저 '파산자로서 복권되지 아니한 자'를 당연퇴직 사유의 하나로 규정하고 있는 위 인사규정은 근로자나 사용자의 의사와 상관없이 이루어지는 근로관계의 자동소멸사유를 정한 것으로 볼 수는 없고, 오히려 사용자의 일방적 의사에 의한 근로관계의 종료사유를 정한 것으로 보아야 합니다. 따라서 위 공기업이 사건 인사규정에 근거하여 한 당연퇴직처분은 근로기준법의 제한을 받는 해고에 해당한다고 할 것이고, 따라서 그것이 유효한 것으로 인정되기 위해서는 근로기준법 제30조 소정의 정당한 이유가 있어야 합니다. 근로기준법 제30조 제1항 소정의 정당한 이유란 사회통념상 근로계약을 계속시킬 수 없는 정도로 근로자에게 책임있는 사유가 있는 경우를 뜻한다고 할 것인바, 사회통념상 당해 근로자와의 고용관계를 계속할 수 없을 정도인지는 당해 사용자의 사업의 목적과 성격, 사업장의 여건, 당해 근로자의 지위 및 담당직무의 내용, 비위행위의 동기와 경위, 이로 인하여 기업의 위계질서가 문란하게 될 위험성 등 기업질서에 미칠 영향, 과거의 근무태도 등 여러가지 사정을 종합적으로 검토하여 판단하여야 할 것입니다. 위 인사규정은 그 일응의 필요성과 취지에도 불구하고 정당한 이유 없이 해고 등을 하지 못한다고 규정하고 있는 근로기준법 제30조 제1항의 취지에 반할 소지가 있고, 채무자회생및파산에관한법률 제32조의 2 규정의 취지에도 명시적으로 반하는 것이며, 직원의 근로의 권리, 직업행사의 자유를 과도하게 침해하는 것으로 결국 그 사회통념상의 상당성을 인정하기 어렵다고 보입니다. 따라서 위 공기업이 귀하에게 내린 당연퇴직처분은 근로기준법 상의 정당한 이유가 없어 무효로 판단될 소지가 있다고 보입니다(서울중앙지방법원 2006가합17594판결 참조).

■ 과실로 알지 못한 채무의 경우 파산, 면책결정으로 면책되었다고 볼 수 있는지요?

[질문]

철강회사인 乙은 甲을 상대로 물품대금 청구소송을 제기하였고, 공시송달절차에 의하여 위 소송이 진행되어 채무이행을 명하는 판결이 선고되고 확정되었습니다. 한편, 위 판결상 甲의 채무는 남편의 사업상 채무에 대한 보증채무였습니다. 이후 甲은 신용정보조회서, 독촉장 및 소장을 근거로 채권자목록을 작성한 다음 파산 및 면책신청을 하였고, 이후 파산선고 및 면책결정을 받았으나, 乙에 대한 위 물품대금 채무는 과실로 알지 못한 채 채권자 목록에 기재하지 못하였습니다. 이 경우 과실로 알지 못한 위 채무에도 파산, 면책결정으로 면책되었다고 볼 수 있나요?

[답변]

채무자회생및파산에관한법률 제566조에 따르면 면책을 받은 채무자는 파산절차에 의한 배당을 제외하고는 파산채권자에 대한 채무의 전부에 관하여 그 책임이 면책되고, 다만 채무자가 악의로 채권자목록에 기재하지 아니한 청구원에 대하여는 그 책임이 면제되지 아니합니다. 위 사안에서 乙에 대한 甲의 채무는 남편의 사업상 채무에 대한 보증채무이고, 乙이 제기한 소송이 공시송달 절차로 진행되어 甲이 알 수 없었던 점, 파산 및 면책을 신청하면서 신용정보조회 등을 통해 채무를 파악하려 노력한 점 등을 고려할 때 채권자목록에 기재되지 않은 것은 甲이 그 채무를 알지 못하였기 때문으로 보이므로 채무자회생및파산에관한법률 제566조 제7호에서 정한 비면책채권에 해당하지 않고, 면책허가결정에 의하여 면책되었다고 볼 여지가 있습니다(서울북부지방법원 2014가단123122 판결 참조).

■ 파산신청이 파산절차의 남용에 해당하여 파산신청이 기각되는 경우가 있는지요?

[질문]

甲은 채권자 乙에 대하여 채무를 부담하고 있는 상황에서 부친 丙 의 상속재산에 관한 자신의 상속지분 일체를 포기하고 장남인 丁으로 하여금 단독으로 상속받도록 하였습니다. 이후 甲은 파산 및 면책신청을 하였으나 법원으로부터 기각결정을 받았습니다. 이에 甲은 파산선고및면책기각결정에 대하여 즉시항고를 제기하였는데, 위 항고가 인용될 가능성이 있는지요?

[답변]

채무자가 채권자에 대하여 채무를 부담하고 있는 상태에서 상속재산에 관한 자신의 상속지분 일체를 포기하고 장남으로 하여금 단독으로 상속을 받게 한 행위는 채무자회생및파산에관한법률 제564조 제1항 제1호, 제650조 제1호에 정해진 면책불허가사유인 "파산재단에 속하는 재산을 은닉 또는 손괴하거나 채권자에게 불이익하게 처분을 하는 행위"에 해당한다고 볼 수 있습니다. 따라서 채무자가 이러한 면책불허가사유에 해당하는 행위를 저지르면서 파산신청을 하는 것은 파산절차의 남용행위라고 할 수 있으므로 위 법률 제309조 제2항에 따라 파산신청이 기각될 가능성이 높습니다(대법원 2011. 1. 25. 자 2010마1554, 1555 결정 참조).

■ 간주면책신청이 무엇인지요?

[질문]

저는 법원에 파산신청을 하면서 별도로 면책신청을 하지는 않았습니다. 이 경우 파산선고가 내려진 이후 별도로 면책신청을 하여야만 하나요?

[답변]

채무자가 파산신청을 한 경우에는 반대의 의사표시를 하지 않는 한 파산신청과 동시에 면책신청을 한 것으로 간주됩니다(채무자회생및파산에관한법률 제556조 제3항), 구 파산법 하에서는 파산신청과 별도로 면책신청을 하여야 했으므로, 시간과 비용이 들고 면책신청기간을 도과하여 면책이 되지 않을 위험이 있었습니다.

그러나 현행법은 파산신청에 명시적인 반대가 없는 한 면책신청을 한 것으로 봄으로써 면책신청기간의 도과로 인한 위험을 해소하고 면책절차가 신속히 진행되도록 하고 있습니다. 참고로 서울중앙지방법원은 실무상 이와 같은 경우 당사자의 의사를 명확히 하기 위해 당사자로부터 별도로 면책신청서를 제출받고 있습니다.

■ 파산신청과 관련한 절차비용은 어느 정도 드나요?

[질문]

저는 법원에 파산신청을 하고자 합니다. 파산신청에 필요한 인지, 송달료 등 절차와 관련한 비용 등에 대해 알고 싶습니다.

[답변]

먼저 채무자가 파산신청과 면책신청을 동시에 하는 경우이거나 면책신청의 효과가 부여되는 파산신청(간주면책신청)에는 2,000원의 인지를 붙여야 합니다. 채권자가 파산신청하는 경우에는 30,000원의 인지를 붙이고, 채무자가 파산신청과 별도로 면책신청을 하는 경우에는 1,000원의 인지를 붙입니다[민사접수서류에 붙일 인지액 및 그 편철방법 등에 관한 예규(재민 91-1)]. 송달료는 채권자 수에 따라 달라지는데, 파산사건에 대하여 10회분 + (채권자수 x 3회분)의 송달료를, 면책사건에 대하여 10회분+(채권자수x3회분)의 송달료를 은행에 납부한 다음, 송달료 납부서를 신청서에 첨부하여야 합니다[송달료규칙의 시행에 따른 업무처리요령(재일 87-4)]. 법원이 신청서와 파산서고 요건을 검토한 후 파산관재인 선임이 필요하다고 판단하여 이를 위한 비용의 예납명령을 하면 신청인은 법원이 정한 금액을 민사예납금으로 납입하여야 합니다. 현재 서울회생법원에서는 파산관재인 선임을 위하여 원칙적으로 30만 원의 예납명령을 하되, 조사업무의 예상 난이도, 채무자의 경제적 사정 등을 고려하여 적절히 예납금을 가감하고 있습니다.

■ 파산선고에 대하여 어떠한 방법으로 불복하여 다툴 수 있는지요?

[질문]

저에 대하여 파산이 선고되었습니다. 甲의 채권자 乙은 위 파산선고에 대하여 어떠한 방법으로 불복하여 다툴 수 있는지요?

[답변]

파산선고, 파산신청 각하 또는 기각결정에 대하여는 즉시항고를 할 수 있습니다(채무자회생및파산에관한법률 제316조 제1항). 파산선고와 동시에 파산폐지가 된 경우 파산폐지결정에 대하여만 즉시항고할 수도 있습니다(동법 제317조 제1항, 제3항), 즉시항고는 채무자, 채권자 또는 상속재산의 파산신청권자가 할 수 있습니다. 파산선고는 공고 및 송달을 동시에 하여야 하므로, 파산선고에 대한 즉시항고기간은 공고의 효력이 발생한 날, 즉 관보에 게재된 날의 다음 날 또는 대법원규칙이 정하는 방법에 의한 공고가 있은 날의 다음 날 오전 0시부터 14일 이내입니다(동법 제13조 제2항). 한편, 파산신청 각하 또는 기각결정은 공고를 하지 않으므로 이에 대한 즉시항고기간은 신청인이 그 결정 정본을 받은 송달받은 날부터 1주일 이내입니다(동법 제33조, 민사소송법 제444조).

■ 재단채권의 경우에도 파산절차를 통해 변제를 받아야 하는 것인가요?

[질문]

근로자의 임금, 퇴직금 및 재해보상금 등은 채무자회생및파산에관한법률 제473조 제10호에 의한 재단채권에 해당한다고 들었습니다. 재단채권의 경우에도 파산절차를 통해 변제를 받아야 하는 것인가요?

[답변]

재단채권은 파산절차에 의하지 않고 파산관재인이 수시로 변제하여야 합니다(채무자회생및파산에관한법률 제475조). 파산관재인은 재단채권의 승인 및 임치금반환 허가서를 법원에 제출하여 그 허가를 받고, 이 허가서 등본을 임치금 보관장소에 제시하고 금전을 인출하여 재단채권을 변제하게 됩니다. 허가서에는 재단채권으로 승인하여야 하는 사유, 금액, 인출할 보관장소 등을 기재합니다. 다만, 학설상 논란은 있으나 파산선고 후 재단채권에 기한 강제집행은 허용되지 않는다고 해석하는 것이 실무의 대세이며, 재단채권자의 정당한 변제요구에 대하여 파산관재인이 응하지 아니하면 재단채권자는 법원에 대하여 구 파산법 제151조, 제157조에 기한 감독권 발동을 촉구하든지, 파산관재인을 상대로 불법행위에 기한 손해배상청구를 하는 등의 별도의 조치를 취할 수 있습니다.

■ 복권신청은 어떤 절차로 하나요?

[질문]

저는 파산신청을 하였고, 파산선고 이후 면책 결정이 확정되었습니다. 파산으로 인한 공사법상의 제한을 소멸시키기 위해 별도로 복권신청을 하여야 하는가요?

[답변]

복권은 채무자가 파산선고로 인하여 받고 있는 여러 가지 공적 또는 사적인 자격, 권리에 대한 제한을 소멸시켜 그 본래의 법적 지위를 회복시키는 것을 말합니다. 파산선고를 받은 채무자에게 다음과 같은 사유가 있으면 파산선고로 인한 각종 공, 사법상의 제한은 별도의 재판 없이 당연복권됩니다(채무자회생및파산에관한법률제574조) ① 면책의 결정이 확정된 때(1호) : 법 제56조 제1항 제2항에 의해 전부 면책을 받은 경우), ② 동의폐지결정이 확정된 때(2호) : 채권신고기간 내에 신고한 파산채권자가 전원의 동의를 얻거나 채권자 동의를 얻어 파산재단에서 담보를 제공하는 것을 요건으로 하는 파산폐지결정(법 제538조)이 확정된 때, ③ 파산선고 후 10년이 경과한 때(3호) : 파산선고를 받은 채무자가 파산선고 후 법 제650조 규정에 의한 사기파산으로 유죄의 확정판결을 받음이 없이 10년이 경과한 때는 특별한 절차 없이 당연복권됩니다. 따라서 귀하가 위 3가지 경우에 해당한다면 별도의 복권신청 없이도 당연복권되게 됩니다.

■ 파산신청기각결정에 불복하여 즉시항고를 하였을 경우, 구제받을 가능성이 있는가요?

[질문]

저는 파산신청을 하면서 자신 소유의 아파트를 매도한 사실을 신청서에 기재하지 아니하였습니다. 1심 법원은 甲이 파산신청 당시 아파트 처분사실을 알고도 보정요구나 심문 등을 통하여 이를 시정할 기회를 제공하지 아니한 채 파산신청을 기각하였고, 이에 저는 파산신청기각결정에 불복하여 즉시항고를 하였는 바, 구제받을 가능성이 있는가요?

[답변]

대법원은 채무자가 파산신청을 하면서 채무자 소유의 아파트를 매도한 사실을 신청서에 기재하지 아니하였는데, 제1심 법원이 채무자가 파산신청 당시 아파트 처분 사실을 누락한 사실을 알고도 보정요구나 심문 등을 통하여 이를 시정할 기회를 제공하지 아니한 채 파산신청을 기각하였고, 원심에 이르러 채무자가 아파트처분사실 및 경위를 설명하고 소명자료를 제출하였는데도 신청불성실을 이유로 제1심 결정을 유지한 사안에서, 아파트 처분사실의 신청누락이 채무자회생및파산에관한법률 제309조 제1항 제5호에서 정한 '신청이 성실하지 아니한 때'에 해당한다고 볼 수 없다고 판단한 바 있습니다(대법원 2011. 7. 28. 자 2011마958결정). 이에 비추어볼 때, 귀하는 즉시항고 이후 법원에 적극적으로 아파트 처분사실 및 경위를 상세히 설명하고 이를 소명할 수 있는 자료를 제출하여 파산신청 기각결정에 대해 다투어볼 수 있으며, 관련 내용이 소명될 경우 파산신청이 인용될 가능성이 있습니다.

■ 청산형 절차와 재건형 절차의 차이점이 무엇인지요?

[질문]

어쩌다보니 너무 많은 채무를 지게 되었습니다. 도저히 감당할 수 없어서 파산 혹은 회생 절차를 이용하려고 하는데, 두 절차의 차이점이 무엇인지요?

[답변]

도산절차는 전통적으로 그 목적에 착안해서 청산형 절차와 재건형 절차로 나뉩니다. 청산형 절차는 채무자의 총재산을 금전화하고 동시에 금전화한 총채무를 변제하는 것을 목적으로 하는 절차로서, 인적, 물적 자원을 구성하는 채무자의 총재산을 해체하여 이를 유용하게 이용할 수 있는 제3자에게 양도하고 그 청산가치를 채권자에게 배분하면서 채무자의 경제활동은 종료되는 절차입니다. 우리나라의 파산절차가 여기에 속합니다. 반면 재건형 절차는 수익이 생기는 기초인 채무자의 재산을 일체로서 유지하면서 채무자 자신이나 채무자를 대신하는 제3자의 재산을 기초로 경제활동을 계속하면서 수익을 실현하여 채권자에 대하여 그와 같은 계속기업가치를 금전이나 지분으로 배분하는 절차입니다. 우리나라의 경우 현행법의 회생절차 및 개인회생절차나 구회사정리절차나 화의절차가 여기에 속합니다.

■ 부채 초과 상태인 개인 채무자가 파산원인인 지급불능 상태에 있다고 판단할 수 있나요?

[질문]

甲이 파산원인인 지급불능 상태에 있는지가 문제된 사안에서, 甲의 장래 소득, 생계비, 가용소득의 규모 등에 관한 구체적·객관적인 평가를 거치지 아니한 채, 단지 甲이 충분한 노동능력이 있으며 부양자 수가 없다는 등의 추상적·주관적 사정에 기하여 지급불능 상태에 있다고 판단할 수 있나요?

[답변]

대법원은 " 채무자가 개인인 경우 그가 현재 보유하고 있는 자산보다 부채가 많음에도 불구하고 지급불능 상태가 아니라고 판단하기 위하여는, 채무자의 연령, 직업 및 경력, 자격 또는 기술, 노동능력 등을 고려하여 채무자가 향후 구체적으로 얻을 수 있는 장래 소득을 산정하고, 이러한 장래 소득에서 채무자가 필수적으로 지출하여야 하는 생계비 등을 공제하여 가용소득을 산출한 다음, 채무자가 보유 자산 및 가용소득으로 즉시 변제하여야 할 채무의 대부분을 계속적으로 변제할 수 있는 객관적 상태에 있다고 평가할 수 있어야 한다. 이와 같이 부채초과 상태에 있는 개인 채무자의 변제능력에 관하여 구체적·객관적인 평가 과정을 거치지 아니하고, 단지 그가 젊고 건강하다거나 장래 소득으로 채무를 일부라도 변제할 수 있을 것으로 보인다는 등의 추상적·주관적인 사정에 근거하여 함부로 그 채무자가 지급불능 상태에 있지 않다고 단정하여서는 안 된다."고 판시하고 있습니다(대법원 2011.4.29, 자, 2011마 422, 결정). 따라서 추상적·주관적 사정에 근거하여 지급불능 상태에 있다고 판단할 수는 없을 것입니다.

■ 별제권이 무엇인가요?

[질문]

별제권이 무엇인가요?

[답변]

파산재단에 속하는 재산상에 설정되어 있는 유치권, 질권, 저당권 또는 전세권을 별제권이라 하고(채무자회생및파산에관한법률 제 411조), 별제권자는 파산절차에 의하지 않고(즉, 파산에서의 배당절차와 관계없이) 담보권을 실행하여 채권의 만족을 얻을 수 있습니다. 이러한 파산절차상의 별제권 규정들(제411조부터 제415조까지)은 개인회생절차에 준용됩니다(제586조).

■ 한정승인심판 청구인도 상속재산 파산제도를 이용할 수 있는지요?

[질문]

저는 법원에 한정승인심판 청구를 하였고, 법원은 위 심판청구를 수리하였습니다. 그런데 이후 甲은 상속재산으로 망인의 채권자에 대한 채무를 변제할수 없는 것을 발견하였습니다. 이 경우 甲이 상속재산 파산신청을 통해 상속채무를 정리하는 것이 가능한지요?

[답변]

채무초과 상태의 채무자가 사망한 경우, 그 상속인은 상속재산 자체에 대하여 회생법원에 파산신청을 하여 법원이 선임한 파산관재인을 통하여 상속채무를 정리할 수 있습니다. 이것을 '상속재산 파산제도'라고 합니다. 상속재산 파산제도를 이용하면, ① 상속인은 스스로 상속채권자를 파악하고 상속재산의 환가를 통하여 상속채무를 변제하는 등 복잡한 청산절차를 이행하여야 하는 어려움을 해소할 있고, ② 상속에 따른 법률관계를 일거에 정리하여 상속채권자들의 개별적인 청구 및 집행에 따른 불안함과 불편을 최소화할 수 있습니다. 이 제도는 망인의 상속재산 및 상속채무를 정리하는 절차이므로 상속인의 경제적 신용도에는 아무런 영향을 미치지 않습니다. 한편, 한정승인심판 청구가 수리된 상속인은 상속재산으로 망인의 채권자에 대한 채무를 변제할수 없는 것을 발견한 경우에는 그 상속재산에 대하여 지체없이 회생법원에 파산신청을 하여야 합니다(채무자회생및파산에관한법률 제299조 제2항, 제3조 제6항). 아울러 한정승인신고 심판청구가 수리되지 않은 상속인도 상속포기를 하지 않은 경우라면 망인의 상속재산에 대하여 회생법원에 파산신청을 할 수 있습니다(채무자회생및파산에관한법률 제299조 제1항).

◨ 편 저 조 희 진 ◨

· 부산 동부 지방법원 민사과
· 부산 동부 지방법원 민사계장
· 부산지방법원 민원실장
· 부산지방법원 민사과장
· 부산지방법원 집행관
· 부산지방법원 법무사

개인회생, 파산·면책
이렇게 신청하세요!

2025년 1월 05일 2판 인쇄
2025년 1월 10일 2판 발행

편 저 조희진
발행인 김현호
발행처 법문북스
공급처 법률미디어

주소 서울 구로구 경인로 54길4(구로동 636-62)
전화 02)2636-2911~2, 팩스 02)2636-3012

홈페이지 www.lawb.co.kr
페이스북 www.facebook.com/bummun3011
인스타그램 www.instagram.com/bummun3011
네이버 블로그 blog.naver.com/bubmunk

등록일자 1979년 8월 27일
등록번호 제5-22호

ISBN 979-11-93350-55-3(13330)

정가 28,000원